耐久性水泥混凝土路面

牛开民　田　波　编著

人民交通出版社股份有限公司
China Communications Press Co.,Ltd.

内容提要

本书主要包括水泥混凝土路面结构分析与设计,精细化水泥混凝土路面施工技术研究,水泥路面使用性能评价和预养护技术研究。

本书可供相关科研人员及在校师生参考阅读。

图书在版编目(CIP)数据

耐久性水泥混凝土路面/牛开民,田波编著. —北京:人民交通出版社股份有限公司,2015.10

ISBN 978-7-114-12527-0

Ⅰ.①耐… Ⅱ.①牛… ②田… Ⅲ.①耐用性—水泥混凝土路面 Ⅳ.①U416.216

中国版本图书馆CIP数据核字(2015)第233004号

书　　名:耐久性水泥混凝土路面
著 作 者:牛开民　田　波
责任编辑:韩亚楠　赵瑞琴
出版发行:人民交通出版社股份有限公司
地　　址:(100011)北京市朝阳区安定门外外馆斜街3号
网　　址:http://www.ccpress.com.cn
销售电话:(010)59757973
总 经 销:人民交通出版社股份有限公司发行部
经　　销:各地新华书店
印　　刷:北京市密东印刷有限公司
开　　本:787×1092　1/16
印　　张:11.25
字　　数:279千
版　　次:2015年10月　第1版
印　　次:2015年10月　第1次印刷
书　　号:ISBN 978-7-114-12527-0
定　　价:38.00元

前　言

截至2013年底，全国公路铺装路面总里程达295万公里，其中水泥混凝土路面177万公里，沥青路面118万公里，水泥混凝土路面占60%。目前国省道干线公路中，水泥混凝土路面仍占有较大份额，并且几乎所有农村公路(60万公里)都是水泥混凝土路面。但是，其在11万公里高速公路中的比例逐渐减少，目前总里程大约在5 000公里的规模。

改性沥青的平均价格是水泥的10倍左右，因此沥青混凝土单方单价大约是水泥混凝土单方单价的3倍。考虑到沥青层厚度一般为15~24cm，而水泥混凝土板厚度为26~32cm，所以水泥混凝土路面建设投资相对于沥青路面而言，一般会低1/3左右。

与此同时，水泥混凝土路面养护费用比沥青路面(年平均20万)要低一半以上。据广西高速公路养护数据，在通车前5年每公里每年的养护费用为5万，5~10年期间每公里每年的养护费用在8万左右，10~15年期间每公里每年的费用在15万以内。如果按照水泥混凝土路面使用寿命为15年计算，其效益明显高于沥青路面8年的使用寿命。此外，旧水泥混凝土路面进行加铺沥青混凝土后，仍旧可以再使用8年左右，其总使用寿命达到20年以上，远高于沥青路面。

此外，水泥混凝土路面在长大纵坡、隧道、收费广场和服务区具有明显优势。2013年极端高温天气频繁出现，致使很多沥青路面出现车辙和推移现象。而水泥混凝土路面具有良好的温度稳定性，尤其在长大纵坡段可以提高路网的安全水平和服务水平。

与此形成鲜明对比的是欧美国家，其水泥混凝土路面总里程和份额不是很高，限制发展的主要原因是水泥混凝土路面先期投资要比沥青路面高1/3。但欧美发达国家水泥混凝土路面一般的使用寿命均在30年以上，且在我们国家让人诟病的水泥混凝土路面行驶不舒适的缺点，在这些国家基本不存在，其行车舒适程度不亚于沥青路面。

目前，我国水泥混凝土路面存在的主要问题如下：

(1)设计理念落后。目前水泥混凝土路面结构设计和沥青路面结构设计思路接近，在板厚确定后，降低板底应力主要靠调节基层厚度来解决。正确的思路是以混凝土板为主要承载层，半刚性基层仅为支持平台，重视土基顶面不均匀变形控制。

(2)平整度难控制,行车舒适性差。水泥混凝土路面本身行车舒适度不存在问题,欧美国家水泥混凝土路面的国际平整度指数也可以达到沥青路面1.2m/km的水平。但我国水泥混凝土路面的国际平整度指数多为2.5~4.5m/km。技术方面的原因是为了提高施工过程混凝土的工作性,就需要提高水泥混凝土的坍落度,但是大坍落度又会导致混凝土硬化阶段不均匀变形。

我国沥青路面施工,其机械化程度、精细化程度以及设备更新方面已经居世界先进行列。而水泥混凝土路面施工方面,由于近些年高等级公路水泥混凝土路面建设数量较少,这种市场容量不足于支撑专业施工企业的自我更新和提升,因此施工方式上仍旧保留廉价的三辊轴方式(即使三辊轴也不使用改型)和机龄高达15年以上的滑模摊铺机。目前施工市场上在用的摊铺机大部分工况较差,缺少定期维护保养。此外,专业施工技术人员流失严重,一线施工队伍缺乏经验和培训。这种机械和人员状况也极大影响了水泥混凝土路面的建设质量。

(3)养护费用少,养护技术低效。水泥混凝土路面养护维修费用低,部分原因是以牺牲使用性能为代价换来的,如裂缝、错台和抗滑不足不及时处理,积累等待大中修时处理。此外,水泥混凝土路面有效的养护维修技术还很少,机械化程度很低。

2008—2013年组织国内相关单位共同完成了西部交通建设科技项目"西部地区耐久性水泥混凝土路面关键技术研究"的研究工作,该项目在对路基路面各结构层次工作特性充分研究的基础上,通过对水泥混凝土路面结构设计技术及施工变异控制技术的研究,解决提高水泥混凝土路面耐久性的关键技术,提高水泥混凝土路面使用寿命,适应我国重交通发展需求并显著降低全寿命成本,为促进水泥混凝土路面在高等级公路中的应用提供技术支撑。

本书由该项目成果编著而成,其中第1篇第1章由凌建明和关盛飞执笔;第1篇第2章由张擎和侯荣国执笔;第1篇第5章由付智和罗翥执笔。第2篇第3章、第4章和第5章由梁军林执笔。第3篇的第1章和第3章由谈至明和周玉民执笔。第3篇第2章由韩森和徐欧明执笔。其余部分由牛开民和田波执笔。此外,参加项目研究的还有毛雪松、李志勇、黄晓明、谭华、侯仲杰、张超、董诚、王浩、权磊、李思李、刘英等。

编　者

2015年8月

目　录

第1篇　水泥混凝土路面结构分析与设计

第2篇　精细化水泥混凝土路面施工技术研究

第 3 篇　水泥路面使用性能评价和预养护技术研究

第1篇

水泥混凝土路面结构分析与设计

第1章　土基回弹模量和不均匀变形

1.1　路基回弹模量设计参考值

路基当量回弹模量计算可按土组类型和典型路面结构形式的不同，分别计算相应的路基当量回弹模量值，以此作为该路基设计指标的参考值。其主要计算步骤如下：

①根据交通等级确定相应的典型路面结构。由于在设计中所确定的交通等级为一个范围[I,II]，因此，以每级交通的分界轴次作为设计交通量，即得到该级交通状况下典型路面结构 A 的组合范围[A_{I},A_{II}]。

②按土组划分物性指标的范围，结合模型参数 k_i 的预估公式，通过计算获得不同土组模型参数 k_i 的范围[k_{i1},k_{i2}]（$i=1,2,3$）。

③将不同交通等级下典型路面结构与土组类型进行组合，每一组合可分别确定4组组合参数，即(A_{I},k_{i1})、(A_{I},k_{i2})、(A_{II},k_{i1})和(A_{II},k_{i2})（$i=1,2,3$）。

④对每一组合条件，分别按照相应的计算方法，确定相应路面结构和土组类型条件下路基的当量回弹模量 E。对于同一路面结构和土组类型组合，可以确定路基当量回弹模量的范围为[E_1,E_2]。而对于某一交通等级和土组类型组合，则可获得2个当量回弹模量范围：[E_1,E_2]A_{I} 和[E_3,E_4]A_{II}，那么该土组在交通水平[I,II]下，路基的当量回弹模量范围为[$\min(E_1,E_3)$,$\max(E_2,E_4)$]，并以4个模量界限值的均值作为相应的代表值。

路基回弹模量设计参考值的计算流程如图1-1-1所示。

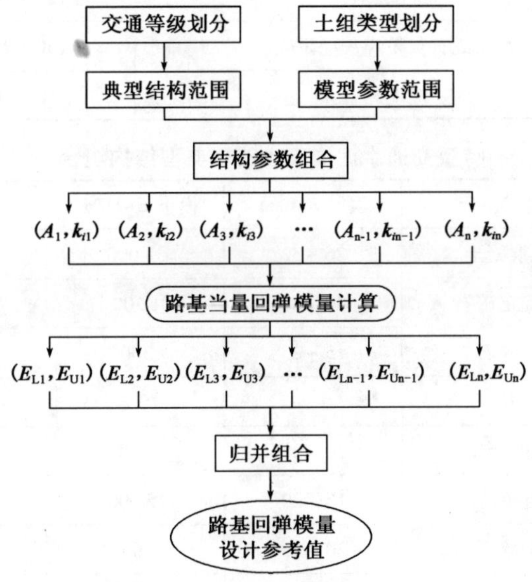

图1-1-1　路基回弹模量设计参考值计算流程

1.1.1 交通等级划分

根据《公路水泥混凝土路面设计规范》(JTG D40—2011)的规定,按设计基准期内设计车道所承受的标准轴载累计作用次数分为4级,分级标准如表1-1-1所示。

交通分级标准 表1-1-1

交通等级	特重	重	中等	轻
设计车道标准轴载累计作用次数 $N_e(10^4)$	>2 000	100~2 000	3~100	<3

在计算各交通等级下路基的当量应力水平时,以每级交通的分界轴次作为设计交通量。其中,将特重交通的上限设定为5 500万轴次,而轻交通的下限则设为1万轴次。

1.1.2 典型路面结构

在参考相关研究成果的基础上,结合《公路水泥混凝土路面设计规范》(JTG D40—2011)的相关要求和实际工程应用情况,对各交通等级分别拟订相应的典型路面结构组合,如表1-1-2~表1-1-6所示。由于在非线性分析中,路基回弹模量的初始取值对计算结果并无影响,因此在典型路面结构组合设计时,统一将路基回弹模量取为30MPa。

水泥混凝土路面结构参考组合 表1-1-2

交通等级	基层类型	基层厚度(mm)	面层厚度(mm)
特重交通	贫混凝土或碾压混凝土	120~200	≥240
	沥青混凝土	40~60	
重交通	水泥稳定碎石	150~250	280~240
	沥青稳定碎石	80~100	
中等交通	水泥或石灰粉煤灰稳定碎石	150~250	260~220
	级配碎石	150~200	
轻交通	水泥或石灰粉煤灰稳定碎石	150~250	≤240
	级配碎石	150~200	

特重交通水泥混凝土路面典型结构组合 表1-1-3

结构编号	材料类型	层厚 h(cm)	模量 E(MPa)	泊松比 μ	密度(kg/m³)
EH-1	水泥混凝土	26~32	31 000	0.15	2 400
	水泥稳定碎石	20~25	1 500	0.20	2 100
	级配碎石	15~25	300	0.25	1 900
	路基	—	30	0.30	1 800
EH-2	水泥混凝土	26~30	31 000	0.15	2 400
	贫混凝土	15~20	15 000	0.15	2 300
	级配碎石	20~25	300	0.25	1 900
	路基	—	30	0.30	1 800

重交通水泥混凝土路面典型结构组合　　表 1-1-4

结构编号	材料类型	层厚 h(cm)	模量 E(MPa)	泊松比 μ	密度(kg/m^3)
H-1	水泥混凝土	24～28	31 000	0.15	2 400
	水泥稳定碎石	18～20	1 500	0.20	2 100
	级配碎石/石灰土	20～25	200	0.25	1 900
	路基	—	30	0.30	1 800
H-2	水泥混凝土	24～26	31 000	0.15	2 400
	贫混凝土	15～20	15 000	0.15	2 300
	级配碎石/石灰土	15～20	200	0.25	1 900
	路基	—	30	0.30	1 800

中等交通水泥混凝土路面典型结构组合　　表 1-1-5

结构编号	材料类型	层厚 h(cm)	模量 E(MPa)	泊松比 μ	密度(kg/m^3)
M-1	水泥混凝土	22～26	31 000	0.15	2 400
	水泥稳定碎石	18～20	1 500	0.20	2 100
	级配碎石	15～20	200	0.25	1 900
	路基	—	30	0.30	1 800
M-2	水泥混凝土	22～26	31 000	0.15	2 400
	级配碎石	18～20	300	0.25	1 900
	天然砂砾/石灰土	20～25	200	0.25	1 900
	路基	—	30	0.30	1 800

轻交通水泥混凝土路面典型结构组合　　表 1-1-6

结构编号	材料类型	层厚 h(cm)	模量 E(MPa)	泊松比 μ	密度(kg/m^3)
L-1	水泥混凝土	20～24	31 000	0.15	2 400
	水泥稳定碎石	15～20	1 500	0.20	2 100
	未筛分碎石/天然砂砾	15～20	200	0.25	1 900
	路基	—	30	0.30	1 800
L-2	水泥混凝土	20～24	31 000	0.15	2 400
	级配碎石	18～20	300	0.25	1 900
	天然砂粒/石灰土	15～20	200	0.25	1 900
	路基	—	30	0.30	1 800

注：上述表格中，结构厚度的上下限分别对应交通等级的上下限。

1.1.3　土组模型参数范围

根据相关文献和 LTPP 研究中的相关试验数据，由土组物理性质指标来确定其回弹模量预估模型参数的取值范围，所得结果如表 1-1-7 所示。需要指出的是，对于含少量细料的粗粒土，表 1-1-7 中参数下限对应于级配下限（偏粗），参数上限对应级配上限（偏细）；而对于细粒土和含较多细料的粗粒土，其参数下限对应塑性下限（塑性指数 I_P 小），参数上限对应塑性上限。

典型土组回弹模量预估模型参数 k_i 范围 表 1-1-7

材料分类		参数下限			参数上限		
		k_1	k_2	k_3	k_1	k_2	k_3
砾类土	级配良好/不良砾	1.621 0	0.413 3	-0.783 5	1.509 9	0.374 7	-0.797 3
	含细粒土砾	1.578 7	0.422 0	-0.955 1	1.392 7	0.377 4	-0.915 1
	粉土质砾	1.415 7	0.334 4	-0.510 4	1.389 3	0.317 6	-1.204 5
	黏土质砾	1.377 0	0.283 3	-0.706 5	1.295 9	0.264 4	-1.298 8
砂类土	级配良好/不良砂	1.545 8	0.572 7	-0.839 3	1.414 2	0.499 8	-0.817 7
	含细粒土砂	1.465 9	0.507 0	-0.973 4	1.305 8	0.439 5	-0.774 4
	粉土质砂	1.183 5	0.835 8	-0.963 0	1.294 7	0.745 4	-0.839 4
	黏土质砂	0.989 0	0.592 8	-1.160 1	1.107 0	0.435 0	-0.784 0
细粒土	高液限粉土砾	0.921 0	0.772 9	-1.445 0	1.112 7	0.644 1	-1.591 4
	含砂/砾低液限粉土	0.992 7	0.729 1	-1.238 4	1.297 7	0.854 5	-1.445 0
	低液限黏土粒	0.769 0	0.517 5	-1.471 0	1.0515	0.527 3	-1.792 1
	含砂/砾低液限黏土	0.851 0	0.390 6	-1.316 0	1.105 0	0.445 7	-1.293 0

注：表中参数 k_i 对应最佳含水率状态。

1.1.4 设计参考值

根据上述方法，对典型路面结构和土组模型参数进行组合，根据建立的路基当量回弹模量计算方法，确定不同组合条件下的当量回弹模量。

由计算结果可以看出，交通等级和土组类型对路基当量回弹模量取值影响较为显著，而路面结构形式不同造成的当量回弹模量差异较小。因此，可以考虑将上述不同路面结构所获的结果进行归并，形成如表 1-1-8 所示的路基当量回弹模量参考取值表。

路基当量回弹模量参考取值(MPa) 表 1-1-8

土组类型	特重交通		重交通		中等交通		轻交通	
	取值范围	推荐值	取值范围	推荐值	取值范围	推荐值	取值范围	推荐值
级配良好/不良砾	58.5 ~ 74.0	65	64.0 ~ 76.5	70	70.0 ~ 82.0	76	73.0 ~ 85.0	80
含细粒土砾	55.5 ~ 71.5	62	60.5 ~ 73.5	67	66.0 ~ 78.5	72	68.5 ~ 81.5	76
粉土质砾	56.0 ~ 71.5	63	61.0 ~ 73.5	67	66.5 ~ 78.5	72	69.0 ~ 82.0	76
黏土质砾	54.5 ~ 71.0	61	59.5 ~ 73.0	66	64.5 ~ 78.0	71	67.0 ~ 81.5	75
级配良好/不良砂	54.0 ~ 65.0	59	58.0 ~ 67.5	62	63.0 ~ 71.5	67	65.0 ~ 73.0	70
含细粒土砂	53.0 ~ 64.5	58	57.0 ~ 66.5	61	61.5 ~ 70.5	66	63.5 ~ 72.0	69
粉土质砂	43.5 ~ 52.5	48	45.0 ~ 53.5	49	47.0 ~ 56.0	51	47.5 ~ 56.0	52
黏土质砾	43.0 ~ 56.0	48	44.5 ~ 57.0	50	46.0 ~ 60.0	53	47.0 ~ 61.0	54
高液限粉土砾	38.5 ~ 47.5	43	39.0 ~ 48.5	44	40.0 ~ 50.0	45	40.0 ~ 50.5	45
含砂/砾低液限粉土	41.0 ~ 48.0	44	42.0 ~ 48.5	45	42.5 ~ 50.5	47	43.5 ~ 50.0	47
低液限黏土粒	38.0 ~ 48.0	43	39.0 ~ 49.0	44	40.0 ~ 50.5	45	40.0 ~ 51.0	46
含砂/砾低液限黏土	42.0 ~ 53.5	47	44.0 ~ 54.5	49	45.5 ~ 57.5	51	46.5 ~ 58.5	53

注：表中取值范围及推荐值是材料在最佳含水率条件下的计算结果。

从表1-1-8中可以看到，对于同一土质类型，随着交通荷载等级的降低，其路基当量回弹模量的设计参考值略有增大。

进一步分析还可以发现，随着土粒径的不断增大，不同交通等级下路基当量回弹模量之间的差异逐渐扩大。这主要是由于不同土组回弹模量影响因素的差异而造成的。对于粗粒土，其回弹模量主要取决于体应力的大小；而细粒土则不同，其回弹模量同时受偏应力和体应力的影响，与体应力呈正相关关系，而与偏应力则呈负相关关系。随着交通等级的逐步提高，路基分担的荷载应力不断下降，而偏应力则略有上升。因此，粗粒土当量回弹模量呈下降趋势，而细粒土则由于体应力与偏应力的共同影响，其当量回弹模量下降幅度很小。

1.2　路基永久变形及其预估

由于车辆荷载等概率分布假设与实际路面所受车辆荷载作用频率存在差异，进而导致计算结果难以客观地评价既有路基永久变形状况，甚至与基本的工程经验不符，因此必须采取适当的方法将车辆荷载作用进行校正。基于此，还以车轮荷载横向分布频率曲线为依托，考虑道路交通渠化的影响，针对典型水泥路面结构进行路基永久变形的计算分析。计算结果为客观地评价水泥路面路基永久变形状况提供了依据，进而为确定水泥路面路基永久变形的空间分布形式提供了前提保障。

1.2.1　路基最大永久变形

(1)车辆荷载等概率分布于面层板

车辆荷载采用轴载为单轴双轮100kN，轴载作用次数9.885×10^6次，荷载作用位置取板角、板中和板边中部。根据路基永久变形的预估方法，以黏土路基的永久变形计算为例，当面层板角处受荷时，板角处路基总的永久变形量为1.47mm。板下各点路基的永久变形预估值绘于图1-1-2～图1-1-4。

计算结果表明：路基永久变形在空间分布的不均匀，造成了路基顶面的不平整。如果定义任两点永久变形量的差值与该两点间距离的比值为比降，则可以从图1-1-2～图1-1-4中明显看出，板角受荷时比降最大，而板中受荷时比降很小，即板中受荷时路基永久变形在空间分布较为均匀。因此，无论从变形量的绝对值还是永久变形引起的比降来讲，板角受荷造成的路基永久变形对水泥路面的受力状况是最为不利的。

(2)车辆荷载按照横向分布频率作用于面层板

根据路基永久变形改进预估方法对典型路面结构计算路基永久变形值。车辆荷载采用轴载为单轴双轮100kN，轴载作用次数1.0×10^6次，荷载作用位置沿板横向分布。以黏土路基的永久变形计算为例，当荷载根据轮载横向分布系数分布在面层板上时，由此得到板角处路基总的永久变形量为8.28mm。当标准轴载作用于板上其他位置时，板下各点路基的永久变形预估值表明：路基永久变形的空间分布不均匀，因而造成了路基顶面的不平整。无论荷载沿板中还是沿板边进行横向分布，各关键点的永久变形值都与荷载作用的次数成正比例关系，因此，叠加后各关键点总的永久变形值也符合这一规律。即路基永久变形量的最大值发生在受荷载作用次数最多的部位处。

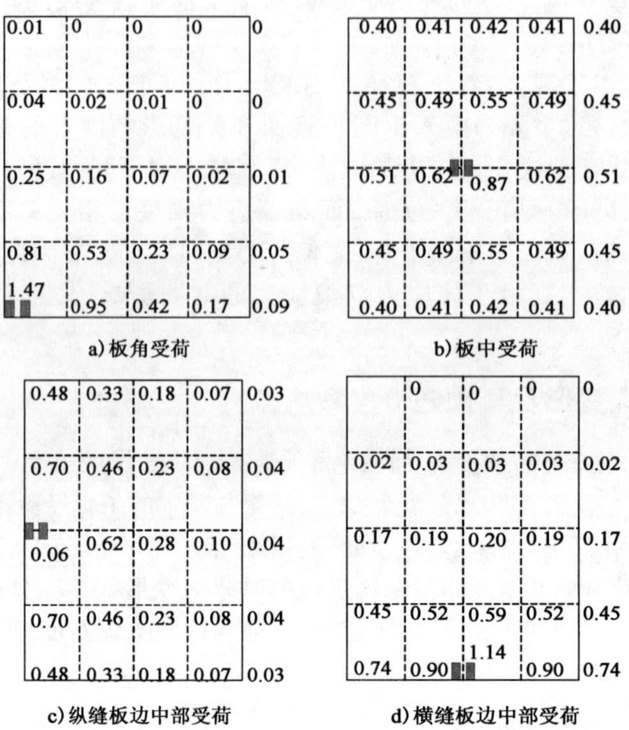

图 1-1-2 路基永久变形量(尺寸单位:mm)(回弹模量:30MPa)

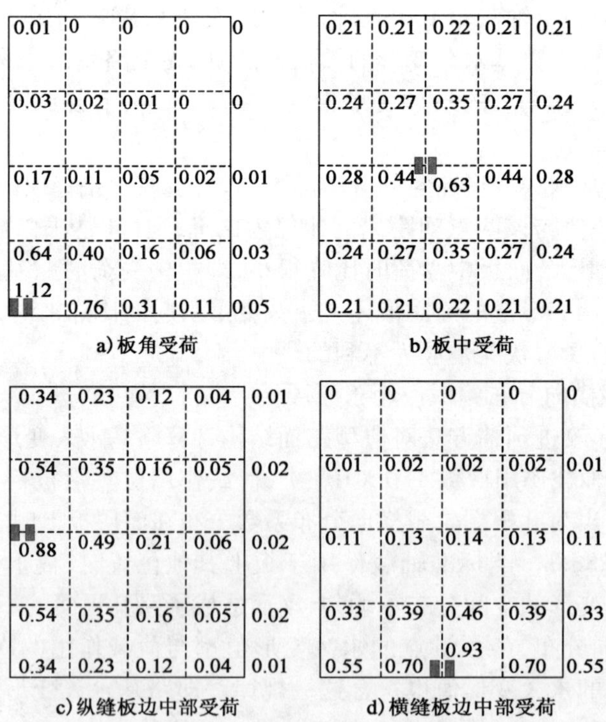

图 1-1-3 路基永久变形量(尺寸单位:mm)(回弹模量:40MPa)

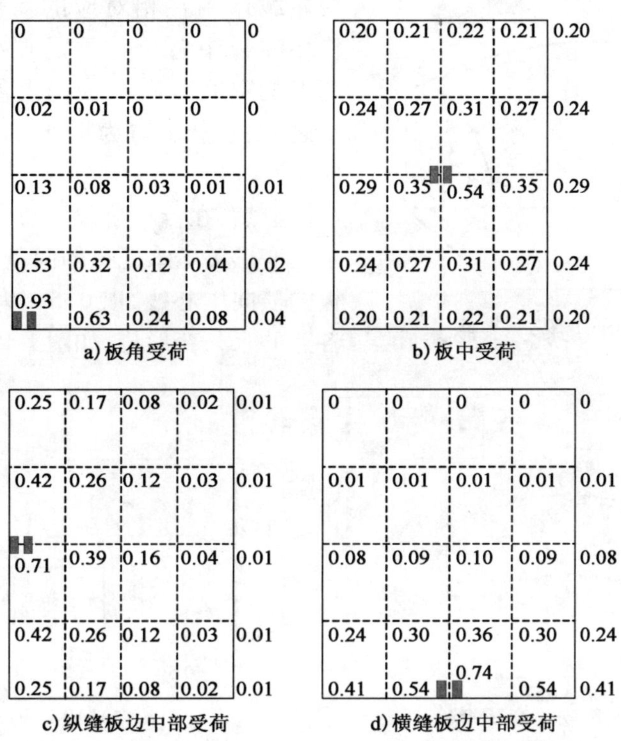

图 1-1-4　路基永久变形量(尺寸单位:mm)(回弹模量:50MPa)

1.2.2　水泥路面路基永久变形的空间分布

针对典型水泥路面结构路基永久变形的计算结果,分析该工况条件下路基永久变形的空间分布形式,并以此为基础说明水泥路面路基永久变形的空间分布特征。为进一步研究分析路基永久变形对路面结构的影响提供依据。

(1)等概率分布

假设轮载在关键荷位出现的概率相同(4 个板角,2 个纵缝板边中部,2 个横缝板边中部和 1 个板中荷位),取各种荷位重复加载后路基永久变形的最大值作为路基可能出现永久变形空间分布的最不利情况,如图 1-1-5 所示。

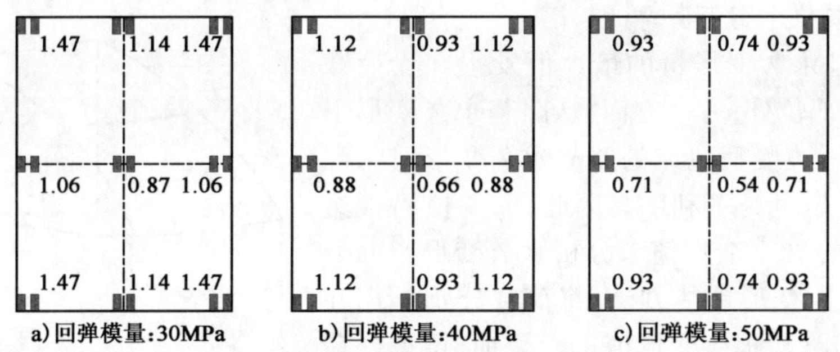

图 1-1-5　路基永久变形空间分布的最不利情况(尺寸单位:mm)

图 1-1-5 中为仅考虑了上述有限个荷位的计算结果,假设板下路基各点的永久变形均

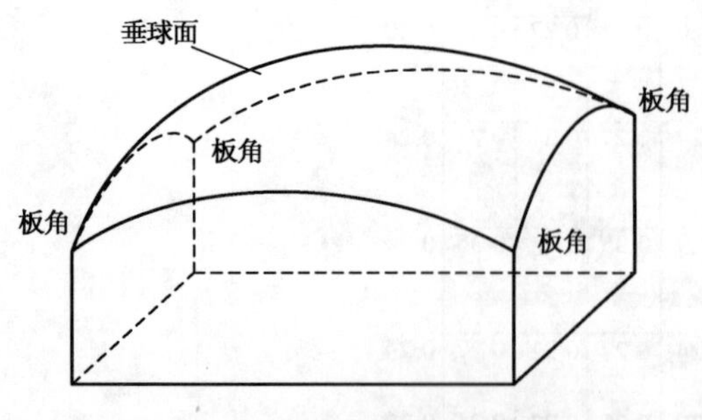

图 1-1-6　水泥板下路基永久变形形态

按轮载作用在相对应的荷位情况计算，且轮载作用在板中各个位置的概率相同，则路基永久变形的空间分布应为向上的“垂球面”，任意两点之间的连线均为向上凸的弧线，如图 1-1-6 所示。

显然，在行车荷载均匀分布的前提下，路基的永久变形关于水泥板的两条中心线左右对称。取板的横向中心线，以 0.5m 为间隔，计算路基对应各点的永久变形量，如图 1-1-7 所示。

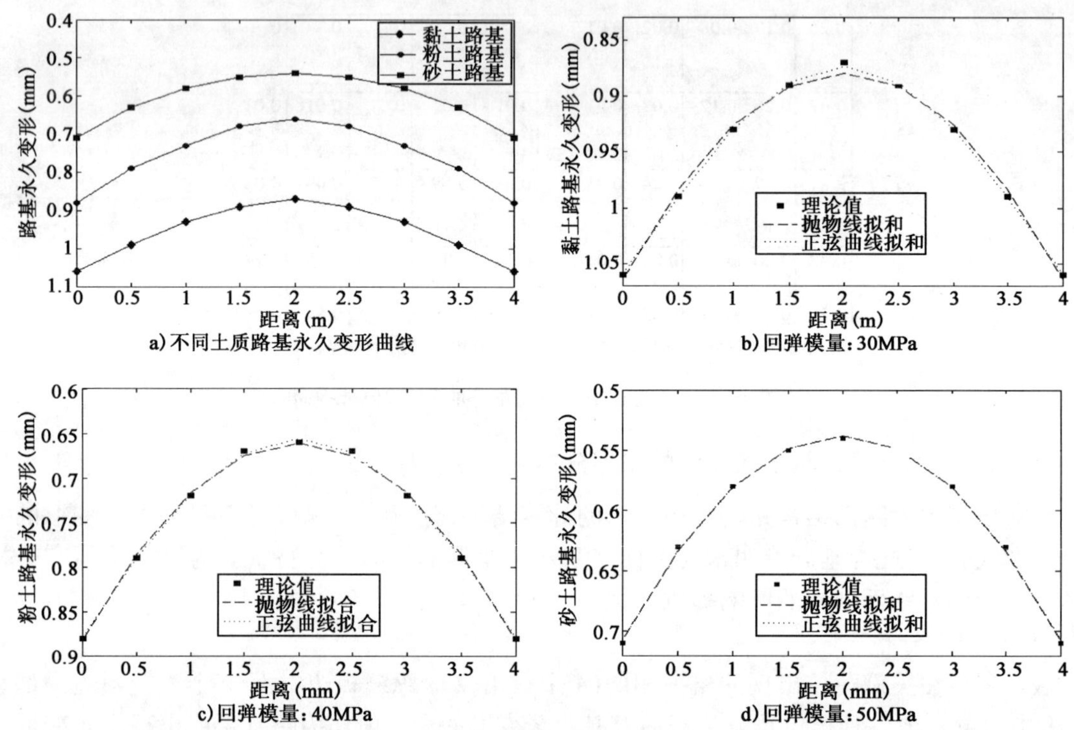

图 1-1-7　路基永久变形沿水泥板的横向分布

(2) 考虑轮载横向分布频率

一方面，路基永久变形量的最大值发生在受荷载作用次数最多的部位处；另一方面，从路基永久变形引起的比降来讲，板边受荷造成的路基永久变形对水泥路面的受力状况是最为不利的。因此，取荷位沿板边横向分布时的路基永久变形值来分析永久变形空间分布。根据路基永久变形预估方法，将荷载分别作用在各个条带上时的路基永久变形值进行叠加，可得到荷载沿板边横向分布时的路基的永久变形值，如图 1-1-8 所示。从图 1-1-8 可以看出，路基永久变形沿水泥板横

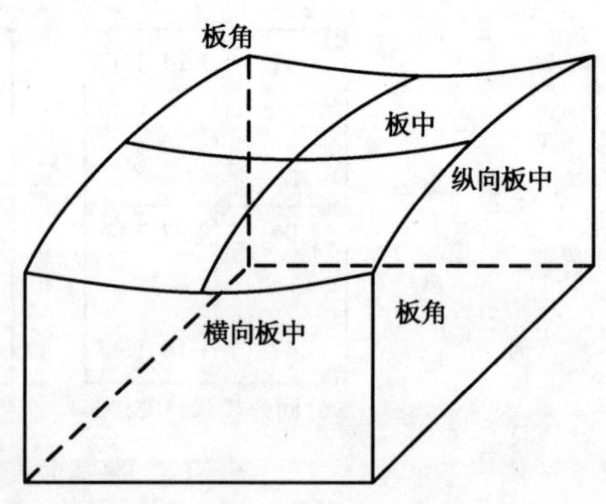

图 1-1-8　水泥板下路基永久变形形态

向为板中下凹形，即两板角的永久变形值小于横向板中的永久变形值；沿水泥板纵向为板中上凸形，即两板角的永久变形值大于纵向板中的永久变形值；而板中点的永久变形值大于纵向板中点的永久变形值，而小于横向板中的永久变形值。

1.3　路基水稳定性能评价指标和预估

对路基水稳定性能的影响因素分析表明，路基水稳定性表现为路基含水率的变化对路基性能的影响以及不同类型填料回弹模量值对水的敏感性两方面。

1.3.1　模量调整系数

用试验路上的原状土样和重塑土样进行室内回弹模量试验，原状土与重塑土的湿度对其回弹模量的影响如图 1-1-9 所示。

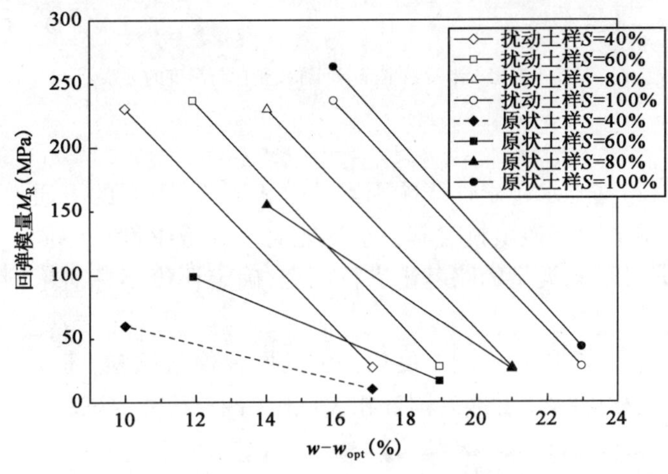

图 1-1-9　回弹模量与含水率、饱和度的关系

无论是原状土还是扰动土，其模量值均随含水率的增加而降低，但由于路基土回弹模量的影响因素众多，不同含水率或饱和度条件下其变化的幅度有较大区别，难以显示出该类土在不同含水率或饱和度下对水的敏感性程度。现采用归一化方法，将压实土样不同含水率或饱和度条件下的回弹模量值与压实土样在最佳含水率条件下的模量值进行对比，对回弹模量比取对数，结果如图 1-1-10 所示。

可以看到，在半对数坐标下回弹模量比与湿度间呈现出较强的线性关系，则上述关系充分表明了水泥混凝土路面的路基在实际运营期间模量值与设计模量值受到水的影响程度。

故推荐采用“模量调整系数”作为路基水稳定性评价指标之一，以此反映水泥混凝土路面在运营期间模量值与设计时采用的模量值受到湿度变化的影响，同时更能够体现出设计与使用期间路基模量值对水泥路面使用性能的影响。模量调整系数的定义如式(1-1-1)所示。

$$F_s = \lg \frac{M_R}{M_{Ropt}} \tag{1-1-1}$$

式中：F_s——模量调整系数；

M_R——路基实际状况下的回弹模量值，MPa；

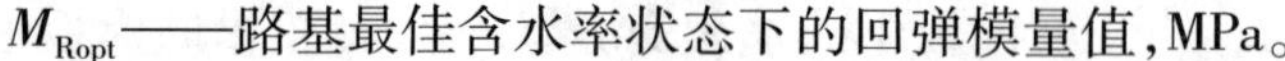

M_{Ropt}——路基最佳含水率状态下的回弹模量值，MPa。

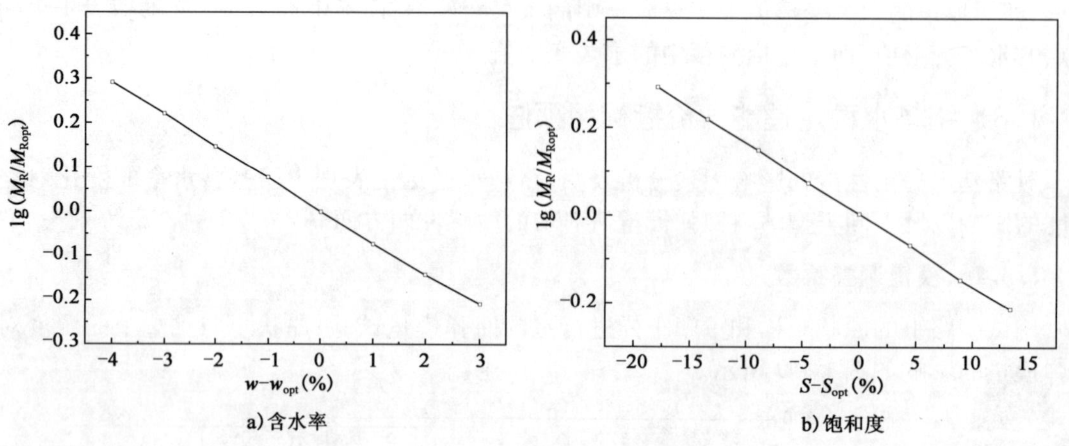

图 1-1-10　半对数坐标下回弹模量比与湿度的关系

1.3.2　湿化率

针对土质类型对路基土水稳定性影响因素的分析可知，不同的土质类型对于水的敏感性差异较大，则路基采用不同类型填料时其力学性能对水的敏感性也不同。以下根据室内试验数据与文献调研数据对不同类型的路基土进行研究，确定评价指标对不同类型路基土进行水稳定性评价的权重。

对不同种类粗细粒土组进行不同湿度条件下的回弹模量试验，建立回弹模量比与饱和度的关系，关系式建立过程中结合了部分国外相关试验结果，其室内试验结果如图 1-1-11 所示。

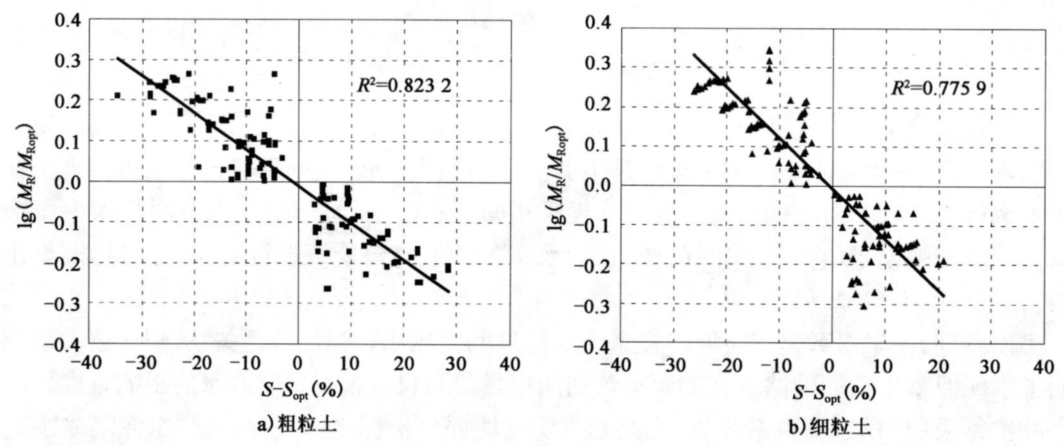

图 1-1-11　半对数坐标系回弹模量调整系数

从图 1-1-11 可以看出，试验结果数据点的意义为该类路基土饱和度的变化引起的模量值的改变，数据点主要集中于半对数坐标系第二与第四象限，表明该类路基土随着饱和度的减小（或增加）其模量值发生了升高（或降低）。半对数坐标系中的试验数据点表明了不同类型填料随饱和度的变化而产生的力学性能差异，可以显示出不同类型填料的力学性质对水的敏感性，即表明不同填料的水稳定性。

为充分反映不同类型填料的力学性能受水影响的程度，即表征不同性质路基填料的水稳定性，将路基土在不同饱和度状况下的回弹模量的变化率作为评价路基土水稳定性能的指标，并将此评价指标定义为“湿化率”，其计算表达式如式(1-1-2)所示。

$$K = \left| \frac{\lg M_{\mathrm{R}} - \lg M_{\mathrm{Ropt}}}{S - S_{\mathrm{opt}}} \right| \tag{1-1-2}$$

式中：K——湿化率；

M_{R}——路基实际状态下的回弹模量，MPa；

M_{Ropt}——最佳含水率状态下路基的回弹模量，MPa；

S——路基实际状态下的饱和度，%；

S_{opt}——最佳含水率状态下路基的饱和度，%。

1.3.3　路基水稳定性预估

(1)室内路基土回弹模量试验

采用13种细粒土(1-1～1-8为黏质土，1-9～1-13为粉质土)以及5种粗粒土(2-1～2-5均为砂质土)进行回弹模量试验。为保证数据回归结果的可靠性，弥补室内试验数据量不够充分的缺点，在室内试验基础上，通过文献调研，获取了2种粉质土(1-12～1-13)和4种砂质土(2-2～2-5)的回弹模量室内试验数据，将调研数据对室内回弹模量数据进行补充。各土组基本物性参数如表1-1-9所示。

土组分类及基本物性参数　　表1-1-9

编号	统一分类法	最佳含水率	最大干密度	编号	统一分类法	最佳含水率	最大干密度
		w_{opt}(%)	γ_{dmax}(g/cm^3)			w_{opt}(%)	γ_{dmax}(g/cm^3)
1-1	CL	15.9	1.84	1-10	MLS	9.4	2.04
1-2	CL	12.6	1.95	1-11	ML	12.5	1.98
1-3	CL	17	1.84	1-12	ML	11.3	1.95
1-4	CL	12.4	1.92	1-13	MLS	10.9	2.01
1-5	CL	15	1.88	2-1	SW	11.9	1.98
1-6	CLS	13.2	1.95	2-2	SF	12.7	2.06
1-7	CL	17.4	1.82	2-3	SW	7.8	2.11
1-8	CL	13.4	1.98	2-4	SW	8.5	2.02
1-9	MLS	10.6	2.03	2-5	SW	8.5	2.07

确定典型水泥混凝土路面结构在标准轴载作用下路基中的应力水平为：$30 < \sigma_1 < 40$kPa与$10 < \sigma_3 < 20$kPa。现选取路基土的应力水平：偏应力$\sigma_{\mathrm{d}} = 20$kPa，围压$\sigma_3 = 20$kPa。受试验条件及试验周期限制，在进行室内回弹模量试验时，本文仅考虑3个最重要的影响因素：应力状况、含水率、压实度。其中，含水率和压实度因素的试验水平安排如下：对路基土材料，取2个目标干密度($96\%\gamma_{\mathrm{dmax}}$，$91\%\gamma_{\mathrm{dmax}}$)和3个目标含水率(最佳含水率$w_{\mathrm{opt}}$，$w_{\mathrm{opt}} \pm 3\%$)，每种工况要求有3个平行试件；对级配碎石材料，取1个目标压实度($98\%\gamma_{\mathrm{dmax}}$)和3个目标含水率(最佳含水率$w_{\mathrm{opt}}$，$w_{\mathrm{opt}} \pm 2\%$)，每种工况要求有2个平行试件。

(2)水稳定性预估模型

依据非饱和土力学可知，在其他条件不变时，路基土回弹模量随含水率变化的情况大致呈"S"形；当含水率接近0时，随着含水率的增大，回弹模量值变化幅度较小；当路基土接近饱和时，回弹模量随含水率增加而减小的幅度也较小，最终趋于某极限值；含水率接近最佳含水率时，模量与含水率之间近似呈线性关系。

粗细粒土模量试验结果数据与饱和度差值之间均大致呈"S"形，这与非饱和土力学理论相符，故选取 NCHRP 1-37A 模量调整系数模型进行回归，其模型具体形式如式(1-1-3)所示。

$$\lg\frac{M_{\mathrm{R}}}{M_{\mathrm{Ropt}}} = F_{\mathrm{s}} = a + \frac{b-a}{1+\exp\left[\ln\left(-\frac{b}{a}\right)+k_{\mathrm{S}}\times(S-S_{\mathrm{opt}})\right]} \tag{1-1-3}$$

式中：M_{R}——当饱和度为 S 时的回弹模量；

M_{Ropt}——在最大干密度和最佳含水率条件下的回弹模量；

S_{opt}——在最大干密度条件下的饱和度；

a——$\lg(M_{\mathrm{R}}/M_{\mathrm{Ropt}})$的最小值；

b——$\lg(M_{\mathrm{R}}/M_{\mathrm{Ropt}})$的最大值；

$S-S_{\mathrm{opt}}$——饱和度的变化值，以小数计；

k_{S}——回归系数。

(3)模型参数的确定

通过室内回弹模量试验与文献调研最终取得156组细粒土有效数据、133组粗粒土有效数据，进行水稳定性预估模型参数标定时首先需要假设最大模量比，在此基础上方可进行拟合校正。参考 NCHRP 1-37A 设计指南，对于细粒土和粗粒土，假定最大模量比分别约为2.5和2，采用相关模型预估的细粒土和粗粒土回弹模量与湿度之间的关系如图1-1-12所示。

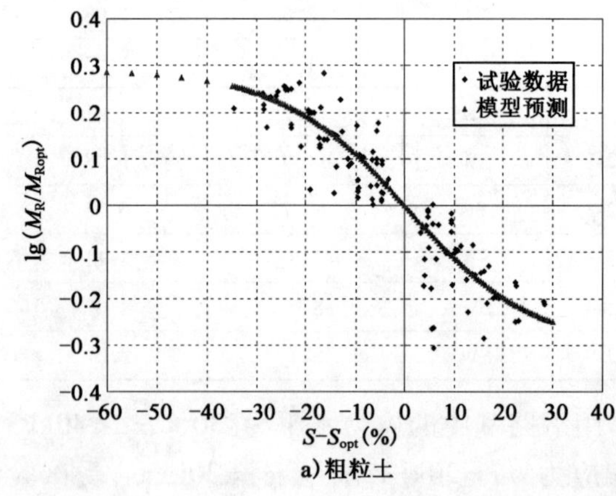

a)粗粒土

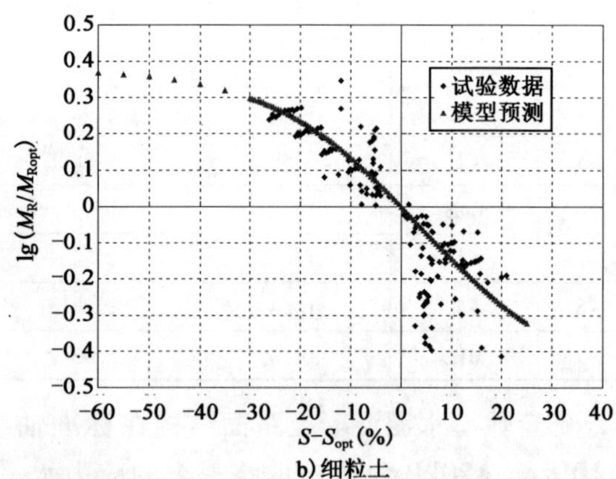

b)细粒土

图1-1-12 回弹模量与湿度之间的关系

由图1-1-12可知，粗、细两类路基土湿度在 $S_{\mathrm{opt}}\pm30\%$ 内，模型的预估结果近似呈线性关系，而当湿度低于 $S_{\mathrm{opt}}-30\%$ 时，模型的预估结果趋于平坦，两类土表现出相同的趋势。在非饱和土力学中认为，当土的湿度下降到一定值后，湿度对其强度和刚度的影响不断减弱。模型的预估结果与上述结论相吻合。

可见，S_{opt} ±30%范围内不同种类路基土模量—饱和度曲线的变化率可以反映该类土水稳定性能的优劣。

对于细粒土和粗粒土，假定最大模量比分别约为2.5和2，分别采用试验与文献数据进行回归，最后综合试验数据和文献数据进行回归分析，得到模型参数 a,b,β 和 k_S 如表1-1-10所示。最终选取综合试验数据与文献数据回归得到的结果用于预估模量调整系数。

由表1-1-10可见，在最大模量比 b 取定之后，回归得到的最小模量比 a 差异甚小，说明试验测试结果与文献数据变化趋势相同，可以将此数据进行统一处理，以弥补试验数据量不足的缺点。由 a、b 的取值可知，细粒土的模量变化范围较粗粒土更广，且 k_S(细) > k_S(粗)，说明含水率的变化对细粒土模量的影响较粗粒土大，即粗粒土具有更好的水稳定性。试验数据回归得到的 k_S 值较大，主要是因为在进行室内回弹模量试验时含水率变化范围为最佳含水率±3%，饱和度变化范围主要集中于58%～93%内。另一方面，部分试件当含水率超过3%时，试件难以成型，或测试时由于变形量过大难以测得有效数据，故本文未能测试更多含水率条件时的回弹模量值。

预估模型参数回归结果　　表1-1-10

参数	试验数据		文献调研数据		试验与文献数据	
	细粒土	粗粒土	细粒土	粗粒土	细粒土	粗粒土
a	-0.5007	-0.3011	-0.5074	-0.3044	-0.5022	-0.3029
b	0.38	0.29	0.38	0.29	0.38	0.29
β	-0.2758	-0.0376	-0.2891	-0.0485	-0.2788	-0.0435
k_S	18.4275	18.4869	7.6549	7.6320	8.8148	7.8964
R^2	0.4769	0.7688	0.7191	0.8320	0.6057	0.8143

对上述预估模型参数回归分析结果进行方差检验，如表1-1-11所示。

回归方差分析表　　表1-1-11

细粒土					
方差来源	自由度	平方和	均方	F值	P值
回归	1	5.333794	5.333794	255.5652	0.0001
残差	155	3.234939	2.09E-02		
总和	156	8.568733			
粗粒土					
方差来源	自由度	平方和	均方	F值	P值
回归	1	2.213874	2.213874	583.5901	0.0001
残差	132	0.500748	3.79E-03		
总和	133	2.714621			

从表1-1-11可见，由 $F>P$ 得，细粒土和粗粒土的回归方程分别有效，且达到显著水平，可以用于校正湿度调整系数。根据模量调整系数预估模型对回弹模量进行预估，并与室内试验测试结果进行比较，以更直观地反映回归模型的有效性。回弹模量预测值与实测值的关系如图1-1-13所示。由图1-1-13可以看到，利用本方法得到的预估模量值与实测值分布于等值线

两侧,表明预估模型可靠。

(4)模型的建立

通过上节回归得到参数,代入预估模型中,得到细粒土和粗粒土的模量调整系数预估模型,如式(1-1-4)所示。

$$\begin{cases} 细粒土:\lg\left(\dfrac{M_R}{M_{Ropt}}\right)=\dfrac{0.8822}{1+\exp[6.7382\times(S-S_{opt})-0.2788]}-0.5022 \\ 粗粒土:\lg\left(\dfrac{M_R}{M_{Ropt}}\right)=\dfrac{0.5929}{1+\exp[7.8964\times(S-S_{opt})-0.0435]}-0.3029 \end{cases} \tag{1-1-4}$$

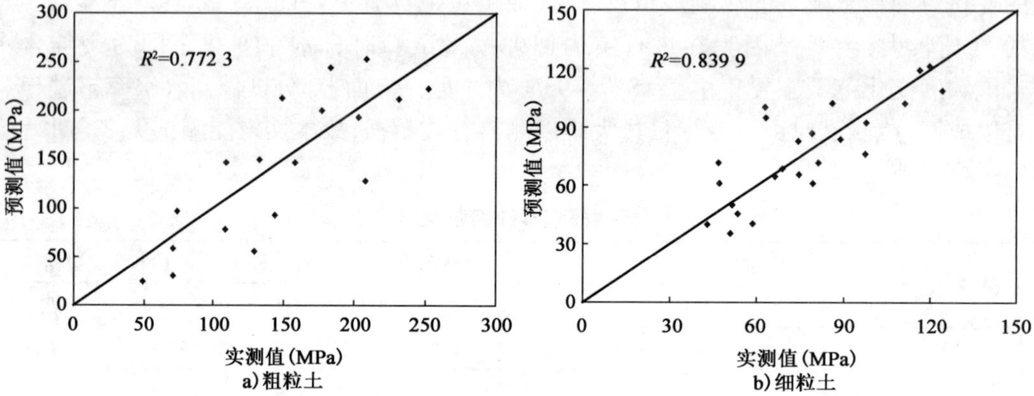

a)粗粒土 (R^2=0.772 3)

b)细粒土 (R^2=0.839 9)

纵轴:预测值(MPa);横轴:实测值(MPa)

图 1-1-13 回弹模量预测值与实测值关系图

根据室内试验测试结果,用于建立模型的湿度测试数据 $S-S_{opt}$ 主要集中于 -30% ~30%区间,这也是该模型的合理应用范围。而根据现场湿度测试结果,路基运营湿度与设计湿度之间的偏差也基本处于 ±30% 内,由此可见,上述回归模型能有效覆盖路基实际工作中的湿度变化范围,可对路基回弹模量调整做出准确的预估。

1.3.4 湿化率预估模型

为了保证水泥混凝土路面结构运营期间的路基水稳定性,需要选取水稳定性能优良的填料修筑路基。推荐采用“湿化率”指标对路基土填料的水稳定性进行检验。

(1)压实度对湿化率的影响

通过室内三轴试验测试不同压实度条件下黏质土的回弹模量值,以分析压实度对湿化率的影响。试验中测试了 91% 与 96% 压实度条件下黏质土的回弹模量值,根据前面章节研究结果,试验结果采用半对数坐标,如图 1-1-14 所示。

可以看到,黏质土回弹模量值随着饱和度的增加而不断降低,在半对数坐标中模量降低趋势与饱和度呈现出较好的线性关系,即斜率值反映了不同材料对于水的敏感程度。不同压实度条件下不同材料斜率表现出相似的变化趋势,表明压实度对本指标影响较小,即可以忽略外界施工工法等原因造成的材料水稳定性差异,进一步证明推荐的湿化率指标可以较好地区分不同填料的水稳定性。

(2)不同类型土湿化率

根据试验数据,得到黏质土、砂质土与粉质土 3 种类型路基土在不同饱和度条件下的模量值，如图 1-1-15 与图 1-1-16 所示，通过回归计算得到上述 3 种土质类型共计 18 种土样的湿化率值，如表 1-1-12 所示。

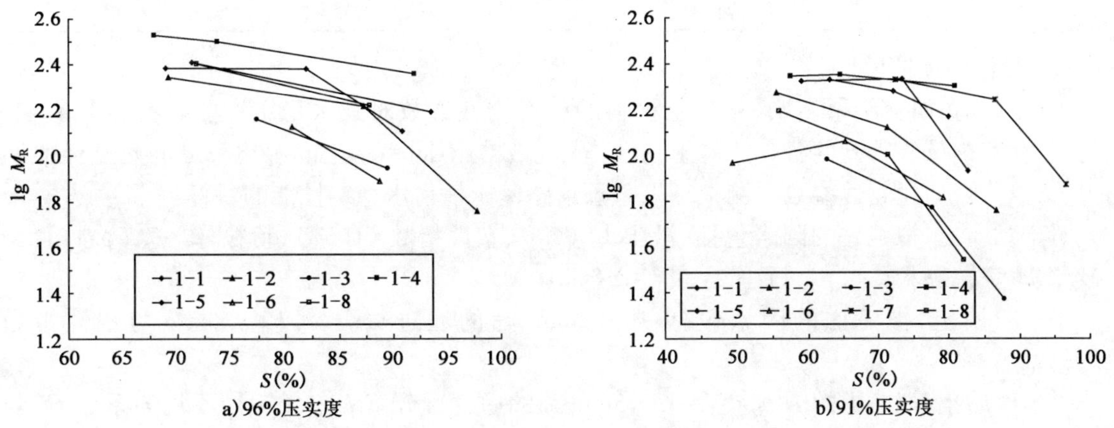

图 1-1-14　不同压实度条件下饱和度对模量的影响（黏质土）

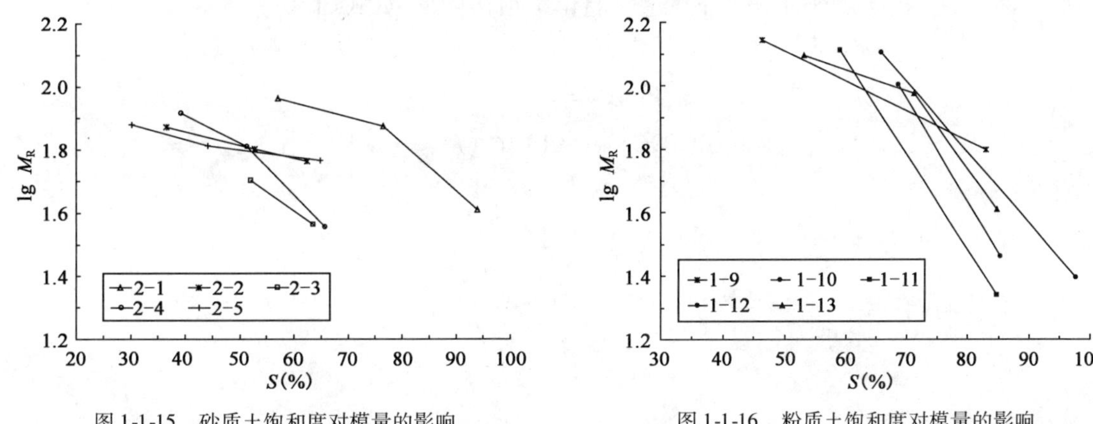

图 1-1-15　砂质土饱和度对模量的影响

图 1-1-16　粉质土饱和度对模量的影响

不同路基土的湿化率　　表 1-1-12

编号	土质类型	统一分类法	湿化率	编号	土质类型	统一分类法	湿化率
1-1	黏质土	CL	1.273 6	1-10	粉质土	MLS	2.232 9
1-2	黏质土	CL	2.053 5	1-11	粉质土	ML	3.008 0
1-3	黏质土	CL	1.774 8	1-12	粉质土	ML	1.753 5
1-4	黏质土	CL	0.697 6	1-13	粉质土	MLS	1.531 0
1-5	黏质土	CL	0.980 0	2-1	砂质土	SW	0.962 1
1-6	黏质土	CLS	2.915 4	2-2	砂质土	SF	0.414 5
1-7	黏质土	CL	1.889 4	2-3	砂质土	SW	1.206 8
1-8	黏质土	CL	1.153 6	2-4	砂质土	SW	1.369 6
1-9	粉质土	MLS	1.439 7	2-5	砂质土	SW	0.332 4

根据表 1-1-12 中数据结果，按土质类型进行合并，则试验所采用的典型路基土湿化率推荐值如表 1-1-13 所示。

路基土湿化率推荐值　　表 1-1-13

土质类型	砂质土	黏质土	粉质土
湿化率	>1.0	1.0 ~ 2.0	<2.0

(3)湿化率预估模型

国内外相关研究结果表明,路基土材料的各类物性参数对其水稳定性能具有显著影响。因此,可在室内试验得到的各类路基土物性指标参数与不同路基土的湿化率之间建立经验回归关系,以实现通过物性参数的测试结果来预估路基土填料水稳定性能的目标。

对于黏质土,拟考虑的因素包括:液限 LL(%)、塑性指数 PI(%)、粉粒(2 ~ 7.5μm)百分含量 SLT(%)、黏粒(<2μm)百分含量 CLY(%)。

对于粉质土,拟考虑的因素包括:0.075mm 筛的通过百分率 $P_{0.075}$(%)与塑性指数 PI(%)。

对于砂质土,拟考虑的因素包括:0.075mm 筛的通过百分率 $P_{0.075}$(%)、不均匀系数 C_u 与曲率系数 C_c。

通过回归,按土质类型的不同分别建立湿化率预估模型,如式(1-1-5)所示。

$$\begin{cases} \text{黏土}:K_s = 3.4583\text{SLT} + 4.7045\text{CLY} - 7.6635\text{LL} + 0.1928\text{PI} - 4.4303(R^2 = 0.73) \\ \text{粉土}:K_s = 2.6270P_{0.075} - 0.3937\text{PI}(R^2 = 0.92) \\ \text{砂土}:K_s = 5.7674P_{0.075} - 0.01909C_u - 0.9164C_c(R^2 = 0.82) \end{cases} \tag{1-1-5}$$

第2章　环境当量应力分析

2.1　水泥混凝土路面的全国气候分区

一月份的平均温度为零度或者零下两度不能完全表征一个地区的冻深和寒冷情况，一般常采用冰冻指数来进行研究，可以根据气象数据对之进行分析。一般冰冻指数需要计算负温度和相应的小时乘积，但有时为简化计算可以直接进行负温度叠加。为了准确起见，统计全国各基本气象站的日负温数据，根据负温时间精确得到冰冻指数。为了研究冰冻指数的保证率，将50年平均冰冻指数和50年中最大3年冰冻指数、最大5年冰冻指数和最大10年冰冻指数之间的关系绘制在一张图上，表明不同保证率之间几乎接近线性关系。因此可以取50%保证率下的平均冰冻指数。

根据温度场核心气象因素的分析结果，同时借助气象学上成型的气象等值分区图，将点上的数据推广到一定区域内(面)。

冰冻指数和当地冻深的关系极为密切，对于水泥混凝土路面而言，气温的交替变化，尤其是正负温的交替作用是影响水泥混凝土耐久性的重要指标。因此有必要将每天中最高温度和最低温度进行比较，如果最高温度大于零度且最低温度低于零度，则认为这一天为冻融循环日。以此方法将每年的冻融循环日统计出来，然后根据50年气象数据，就可以得到中国各地年平均冻融循环天数，如图1-2-1所示。

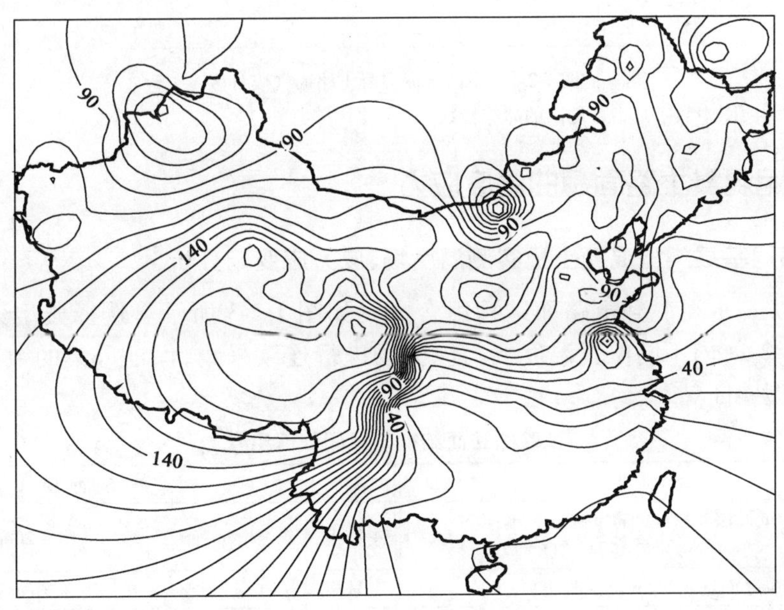

图1-2-1　50年平均正负温交替天数

由数据可见，在极寒冷地区，如东北北部，新疆北部，平均冻融循环天数一般在60d左右。其原因是冬季寒冷，没有正负温度的交替，同时秋季和春融季节时间短暂，所以该地区最重要的问题是在极端负温条件下的混凝土耐冻问题，而不是冻融循环问题。在中国中部、南部地区，平均冻融循环天数同样较低，因为冬季温度较高，很难在一天内跨越正负温度。年平均冻融循环天数最大值为202d，位于同德地区。此外青藏高原的玉树等地冻融循环天数也较大。

中国东部临海，西南方向有喜马拉雅山脉阻挡，所有降雨云团都来自于东部和东南方向。因此全国的降雨量趋势图基本上是越远离海洋，降雨越匮乏。根据SHRP的美国水泥混凝土路面气候分区原则，以年降雨量500mm为干燥和潮湿分界线划分。我国50年平均的年降雨量等值线图；以冰冻指数100度天为冬季有冻和无冻的分界线。由此可将中国水泥混凝土路面所在地区分为潮湿地区、潮湿有冻地区和干燥有冻地区，如图1-2-2所示。

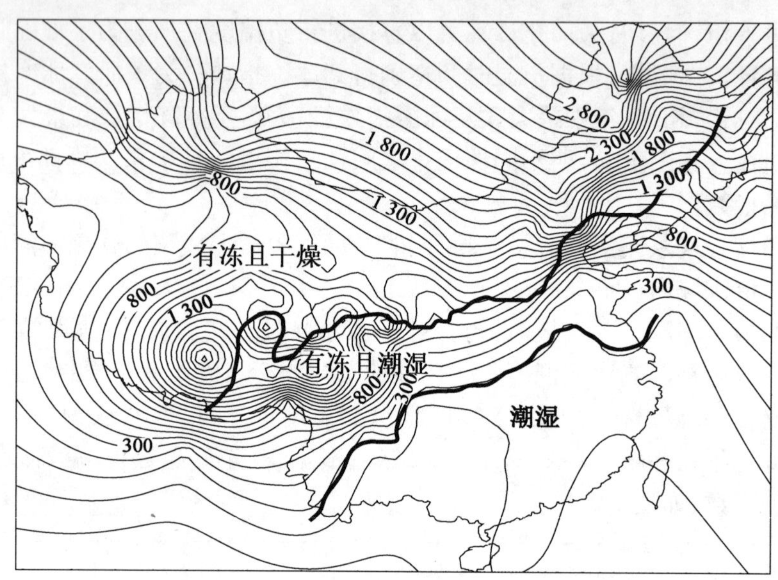

图1-2-2 中国水泥混凝土路面气候分区

注：图中数字是指各地区的冰冻指数。

2.2 水泥混凝土路面翘曲温度应力

2.2.1 不同基层类型混凝土板实测温度场、应力应变场分析

不同基层类型水泥混凝土路面结构组合方案如图1-2-3所示。选择典型天气状况，对6块水泥板（表1-2-1）内不同位置温度场与应变场进行连续采集，保证采集的数据样本量足够数据分析与模型验证。

试验路路面结构与层间处理组合　　表1-2-1

编号	路面形式	编号	路面形式
1号板	26cm面层＋5cm沥青功能层（AC-10）＋15cm水稳基层（CTB）	4号板	40cm面层＋塑料薄膜＋20cm碎石（GSB）
2号板	26cm面层＋20cm贫混凝土（LCB）	5号板	40cm面层＋乳化沥青＋20cm贫混凝土（LCB）
3号板	26cm面层＋20cm碎石（GSB）	6号板	40cm面层＋20cm贫混凝土（LCB）

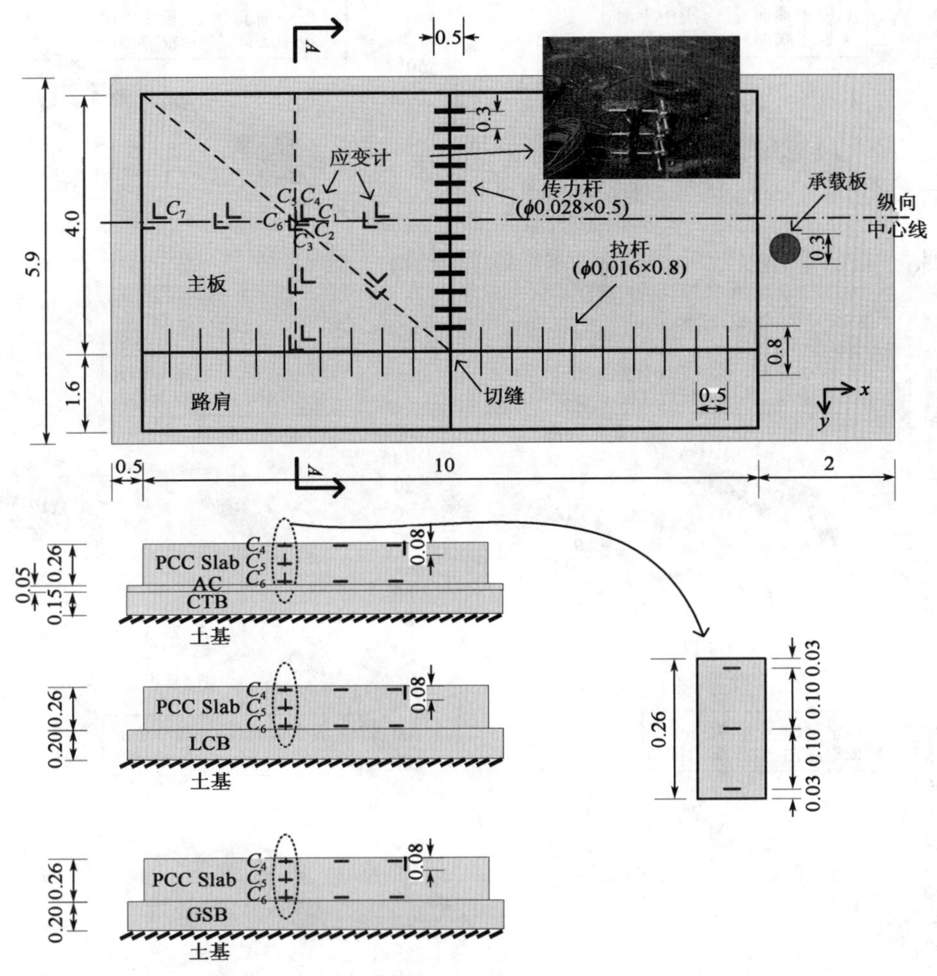

图 1-2-3　不同基层类型水泥混凝土试验路示意图(尺寸单位:m)

(1)总应变波动

为便于分析,对实测的温度和应变数据按照板内温度最为均匀(梯度几乎为零)的时刻进行归零处理。所选基准时刻为 2011-4-7 18:44,其他时刻的数据应减去该时刻所测温度值和应变值,因此最终考察的是相对于基准时刻的应变增量和温度增量的关系。如果忽略固化翘曲、干缩翘曲、蠕变等效应的影响,板在该基准时刻应当是平整且与基层保持完全接触的状态。在弹性范围内忽略上述效应而仅考虑增量变化是可以的。

图 1-2-4 为各块板板中和板边 4 个纵向测点的应变—温度散点图。应变—温度数据表现出非常明显的近似滞回效应,且随着板深度方向滞回圈的长轴长度逐渐变小。应变随温度升高和降低的变化路径并不重合,而是组成一个滞回圈,但每天的滞回圈又不完全重合。后面的有限元计算表明,温度非线性分布是引起该滞回现象的原因,而路面温度场的非完全周期性波动(包括一天内昼夜温度场的不完全对称和日间不完全重复的波动)是该滞回现象不规则的原因。3 块板内应变均有这种现象,其中贫混凝土基层路面内该效应最为明显。同时可以看到,板边顶面应变—温度滞回现象最弱,呈现更接近于线性变化的规律。

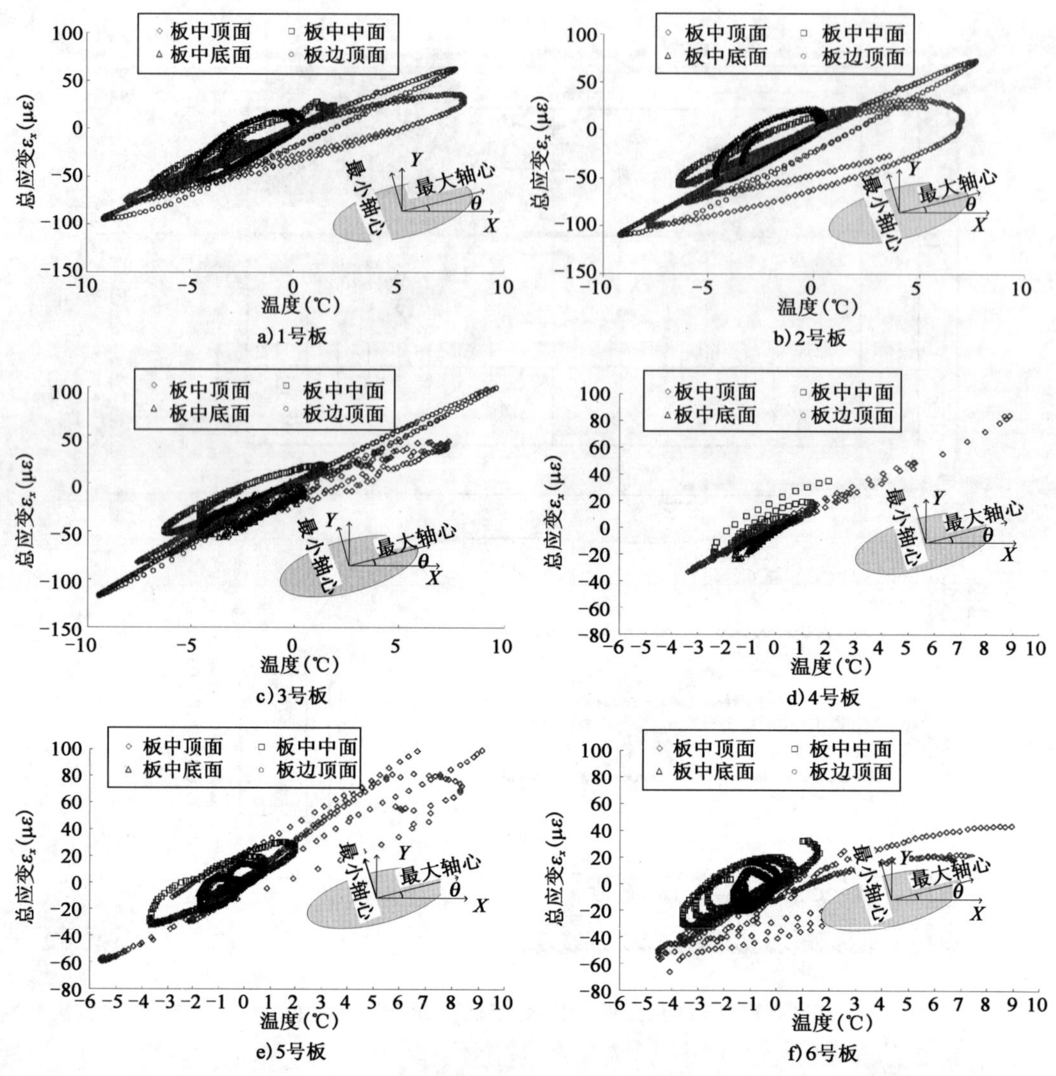

图 1-2-4 各块板板中各深度总应变—温度变化规律

(2)应力场变化规律

在观测期间,板内温度应力波动非常明显,尤其是板顶,应力在昼夜之间变化最大;3 块板板中层应力波动非常接近,中午时刻达到的幅值也都在 0.8MPa 左右;3 块板板底应力幅值差异很大,2 号板最大时达到 1.25MPa,3 号板最小,最大时也仅为 0.35MPa。分析不同层位的拉压状态变化可以发现,板顶在白天处于受压状态,且幅值很大,夜晚虽然受拉,但拉应力很小且非常稳定;板中层则在一天之内都处于受拉状态,3 块板幅值很接近,但其峰值相位均超前于板顶和板底;板底白天受拉晚上受压,但白天幅值远高于夜晚。

分析板内应力应变的构成原因,有:

①预加应力应变场,可能由内嵌温度应力或者其他原因导致。

②自重,考虑到小变形,自重在板内产生恒定应力应变值。

③均匀温变,受路面板与基层界面状态的影响,由均匀温变引起的应力应变场在不同基层

连续路面板中不同。

④沿深度方向的线性温度梯度，混凝土板收到的约束越强，在板内产生的翘曲温度应力就越大。

⑤沿深度方向的线性温度梯度，按照平截面假设非线性温度梯度将在板内产生内应力，其大小不受约束状况影响。

⑥基层温变的影响，当混凝土面板厚度较薄时，基层温度场波动会非常明显，若基层材料也具有明显的热膨胀系数，则基层材料的胀缩变形也会在面板内产生温度应力，导致板内不同深度应力存在相位差。

几块板测量期间温度场差异很小，板顶和板底应力的明显差异表明基层类型和面—基层接触状态对板响应的影响是不可忽略的，而3块板中层应力的相似性则表明存在共同的诱因。基层类型和层间处置方式对水泥混凝土路面板的力学响应有明显影响，有必要建立能够综合考虑这些因素的温度应力计算模型与方法。

2.2.2　基于实测数据修正的水泥混凝土路面温度翘曲应力计算方法

(1)基于Winkler地基上水泥混凝土路面温度翘曲应力分析有限元模型的建立

从Westergaard到Bradbury的解析法，基于一系列假设：实际路面由多块板通过传力杆连接，行车道主板与边板由拉杆连接，结构比较复杂。同时为考虑基层类型对水泥板翘曲应力的影响，需要采用适用性更广的有限元方法及软件。

田波等人提出Winkler地基和弹性层状体系相结合的双参数地基模型，该模型具有两者的优点，与实测弯沉盆曲线拟合更好，因此有限元模型采用Winkler地基上的多层板体系。该模型能够考虑板体自重、传力杆、拉杆的约束，接缝的接触，以及温度场沿路面全深度的非线性分布的影响。

按照足尺试验路建立水泥板温度翘曲应力有限元计算模型，模型参数确定过程如下：

①热膨胀系数(CTE)。采用大板自由短边顶部垂直板边方向的应变—温度变化规律计算热膨胀系数，由于该位置应变收到约束很小，其应变变化几乎完全是由温度变化引起的自由胀缩。

②结构层模量。按照位移等效原则，利用基层顶面承载板试验结果(表1-2-2)反算结构层模量。对于沥青层(AC)+水稳(CTB)路面，由于涉及AC层与CTB层间接触问题，比较复杂，这里考虑光滑与连续两种状况。基层(底基层)底部由于与土基之间的摩擦可能会约束X、Y向位移，因此反算时也考虑这种工况，反算结果如表1-2-3～表1-2-5所示。

两种基层承载板试验弯沉变化(LCB和AC+CTB)　　表1-2-2

荷载(kN)	应力(MPa)	位移(mm)	
		LCB	AC+CTB
10.78	0.15	0.23	0.31
21.56	0.31	0.45	0.59
32.34	0.46	0.67	0.82
43.12	0.61	0.82	0.97
53.90	0.76	0.95	1.09

AC + CTB 反算结果 表 1-2-3

结构层	层间连续		层间光滑	
	基层底面无约束	基层底面约束 X、Y 向位移	基层底面无约束	基层底面约束 X、Y 向位移
AC	$E=2\,000$MPa, $\mu=0.35$	$E=1\,200$MPa, $\mu=0.35$	$E=4\,000$MPa, $\mu=0.35$	$E=2\,500$MPa, $\mu=0.35$
CTB	$E=2\,500$MPa, $\mu=0.25$	$E=1\,400$MPa, $\mu=0.25$	$E=5\,000$MPa, $\mu=0.25$	$E=4\,000$MPa, $\mu=0.25$
地基	$k=10$MPa/m	$k=5$MPa/m	$k=10$MPa/m	$k=5$MPa/m

LCB 反算结果 表 1-2-4

结构层	基层底面无约束	基层底面约束 X、Y 向位移
LCB	$E=5\,000$MPa, $\mu=0.2$	$E=3\,000$MPa, $\mu=0.2$
地基	$k=10$MPa/m	$k=5$MPa/m

GSB 反算结果 表 1-2-5

结构层	基层底面无约束	基层底面约束 X、Y 向位移
GSB	$E=150$MPa, $\mu=0.3$	$E=100$MPa, $\mu=0.3$
地基	$k=10$MPa/m	$k=5$MPa/m

③输入模型的温度场。水泥混凝土路面板内温度场可以分为 3 个组成部分：均匀温度变化、线性温度梯度、非线性部分。可以通过式(1-2-1)表示：

$$T_z = az^2 + bz + c \tag{1-2-1}$$

为验证模型的可靠性，在 2d 的实测温度数据中从基准点开始选择了 40 个时刻的实测温度场(间隔为 1h)来拟合二次曲线的系数，基层温度变化采用每一时刻面层板底面温度，整个基层均匀分布，如图 1-2-5 所示。

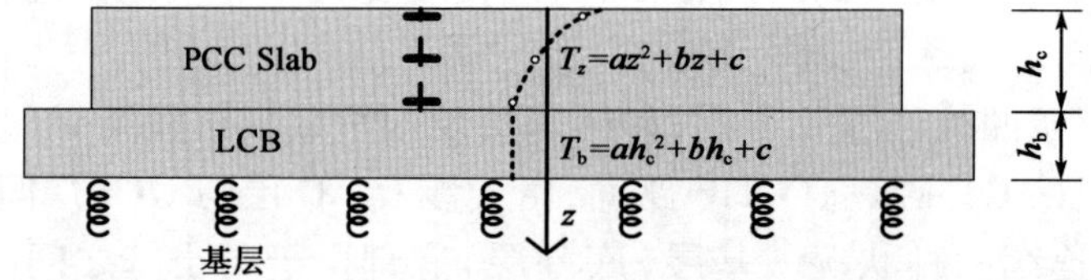

图 1-2-5 有限元模型中温度场分布示意图

④面层—基层层间接触。由于面层—基层层间接触状态对温度应力具有明显的影响，采用 ABAQUS 软件提供的接触模型考虑摩擦效应，如式(1-2-2)所示：

$$\tau_{crit} = \mu_{max} \cdot p \tag{1-2-2}$$

式中：τ_{crit}——临界应力，MPa；

μ_{max}——最大摩擦系数；

p——接触面正压力，MPa。

考虑层间从黏结到滑动的过程。当层间剪应力超过临界应力时板从黏结状态进入滑动状态。

这里考虑3种工况，完全连续，完全光滑，有限摩擦（$\tau_{max}=0.1\text{MPa}$，$\mu=5$，黏结滑移极限 = 0.038mm）

⑤有限元模型其他参数。图1-2-6是有限元模型及网格划分示意图，在接缝处考虑切缝没有完全开裂的状态。模型尺寸与试验路完全相同，单元采用 C_3D_8R。传力杆和拉杆采用"Embeded"方式加入到混凝土模型中。

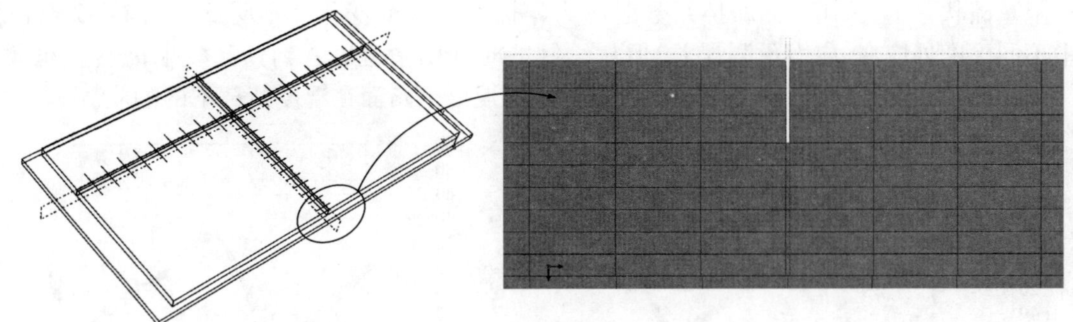

图1-2-6　有限元模型及网格划分示意图

各部分的材料参数汇总于表1-2-6。

材料参数汇总　表1-2-6

参数	面板	LCB	AC	CTB	GSB	地基	传力杆	拉杆
材料模型	线弹性	线弹性	线弹性	线弹性	线弹性	线弹性	线弹性	线弹性
几何尺寸（m）	5.6×10×0.26 切缝宽度0.005，深度0.09	5.9×12.5×0.20	5.9×12.5×0.20	5.9×12.5×0.20	5.9×12.5×0.20	弹性地基	ϕ0.028×0.5	ϕ0.016×0.8
密度（kg/m^3）	2 400	2 300	2 300	2 300	2 300	—	7 850	7 850
模量	30 000（MPa）	5 000（MPa）	2 000（MPa）	2 500（MPa）	150（MPa）	10（MPa/m）	200（GPa）	200（GPa）
泊松比	0.18	0.2	0.35	0.25	0.3	—	0.28	0.28
热膨胀系数（$\times10^{-6}$/℃）	10.94	10.0	30	15	0	—	11.5×10^{-6}	11.5×10^{-6}
温度场	二次函数	均匀	均匀	均匀	均匀	—	和混凝土一致	和混凝土一致

（2）修正的有限元模型结果与实测结果对比

提取各测点有限元计算的应变和应力值，给出各块板板中各深度有限元结果与实测结果对比图（图1-2-7）。对比纵向应变，有限元结果与实测结果在相位和幅值方面都表现出非常好的一致性，不同层间状态下，应变差异较小，不能明显区分。对比纵向应力，3种工况差异非常明显，层间连续状态时有限元结果与实测结果吻合最好。有限摩擦状态（$\mu=5$）能够很好模拟板底受压时的幅值。也可以发现，层间连续的破坏能够有效降低板底拉应力，降低幅度达到60%。2号板其他位置和另外两块板同样在应变区分上不明显，但应力差异非常明显。

根据有限元计算结果确定面—基层界面摩擦状况按下述原则进行：

①全深度全时程应力、应变计算结果与实测结果匹配。

②板底应力、应变全时程计算结果与实测结果匹配(板顶或者板底拉应力值更大的层位)。

③某一深度某一时段计算结果与实测结果匹配(产生拉应力时段)。

④某一深度某一时刻计算结果与实测结果匹配(极限温度梯度下)。

最终确定1号板和2号板为层间连续状态,3号板为有限摩擦状态($\mu=5$)。计算也表明在有限摩擦状态下,采用不同摩擦系数时应力幅值和相位的变化并不明显。图1-2-7给出板板中不同深度处应变、应力预测误差,但从绘制的时变图中可以看到预测效果仍然是非常好的。因此,可以认为有限元模型能够有效预测水泥混凝土路面在温度荷载下的响应。

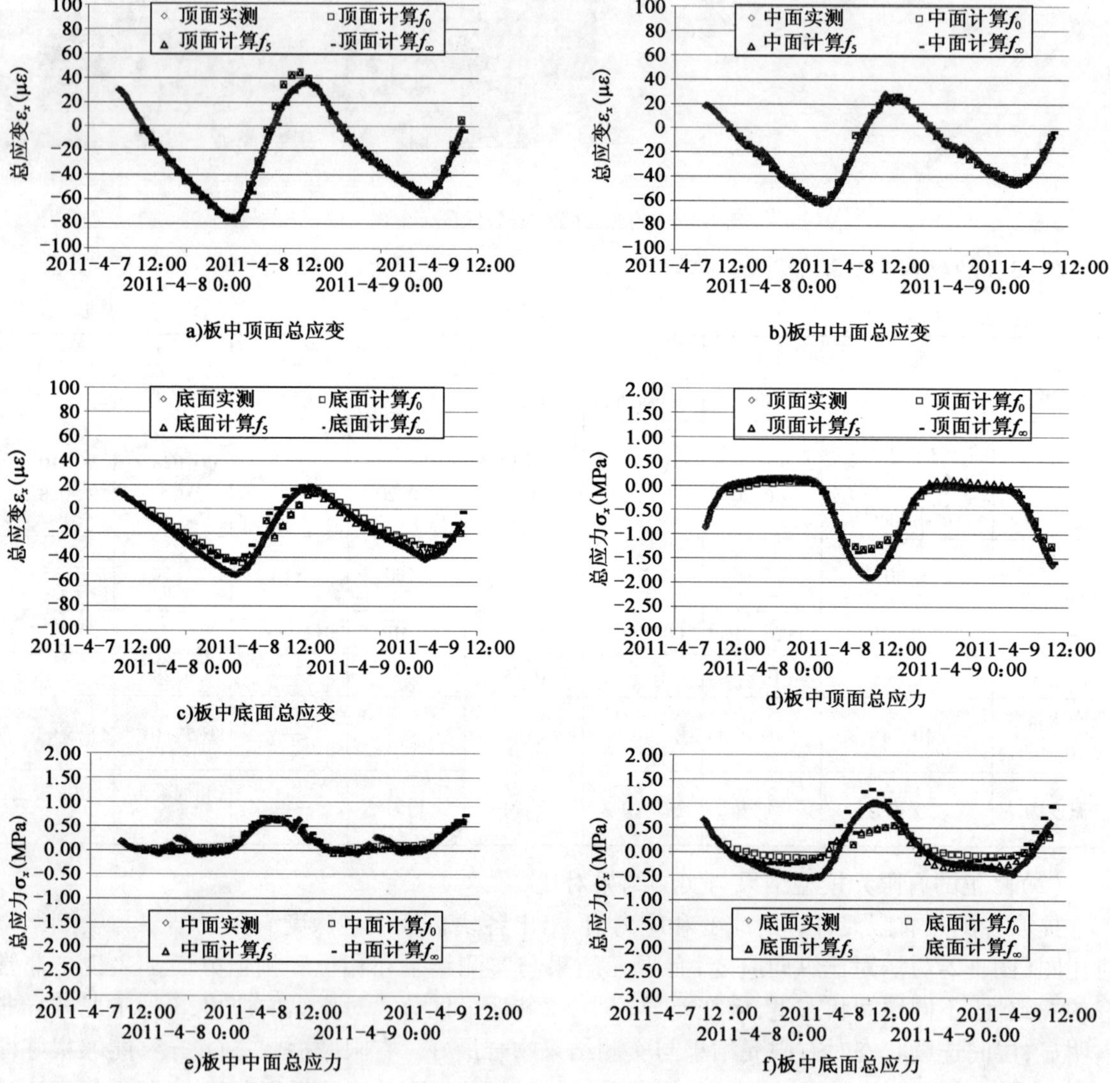

图1-2-7 1号板实测总应变、总应力与FEM结果对比

(3)基于实测数据修正的水泥混凝土路面温度翘曲应力计算方法

①建立Winkler地基上的多层板体系有限元模型。

基层与土基界面需要约束水平向位移。其他接触界面按照实际状况设置摩擦系数，各结构层材料参数取值按照实测结果或者经验范围选取。可以设置传力杆、拉杆等考虑其约束作用，与接缝集料嵌锁可以简化或者建立剪切传力模型。

②建立近似求解公式。

a. 典型结构选取。参考《公路水泥混凝土路面设计规范》(JTG D40—2011)附录中板厚设计算例中给出的几种水泥路面结构，拟订4种典型结构，建立九联板有限元模型：

结构一：沥青混凝土功能层(AC)，厚度0.04m，贫混凝土基层(LCB)，厚度0.18m，级配碎石底基层(GCSB)，厚度0.20m。贫混凝土设纵缝一条，横缝间距5m。

结构二：水泥稳定碎石基层(CTB)，厚度0.20m，水泥稳定砂砾底基层(CTGB)，厚0.18m。

结构三：水泥稳定碎石基层(CTB)，厚度0.20m，级配碎石底基层(GSB)，厚0.18m。

结构四：级配碎石基层(GSB)，厚度0.20m。

水泥混凝土面层板的平面尺寸：长为5.0m，宽从中央分隔带至路肩依次为4m、4m、3.5m。纵缝为设拉杆平缝，横缝为设传力杆平缝(已经完全开裂)。在有限元模型中，按照路面结构的对称性，面层板在两个外侧横截面方向设置对称边界条件，其他方向和基层板侧面均为自由边界条件。材料参数取值见表1-2-7。传力杆、拉杆布设深度、间距、材料参数均与试验路相同。

规范结构材料参数汇总　　表1-2-7

参数	面板	AC	LCB	GSB	CTB	CTGB	土基
材料模型	线弹性	线弹性	线弹性	线弹性	线弹性	线弹性	线弹性
密度(kg/m^3)	2 400	2 200	2 300	2 200	2 200	2 200	—
模量(MPa)	30 000	2 000	27 000	250	2 000	1 800	50
泊松比	0.15	0.35	0.15	0.3	0.2	0.2	—
CTE($\times 10^{-6}$℃$^{-1}$)	10.0	—	—	—	—	—	—
温度梯度(℃/m)	50(−50)	—	—	—	—	—	—

b. 基层顶面地基反应模量。对拟订的四种结构进行数值承载板试验，承载板直径分别采用30cm和76cm，计算的基层顶面地基反应模量如表1-2-8所示。30cm承载板与76cm承载板计算结果按照0.3进行换算，对不同结构具有很好的一致性。

基层顶面地基反应模量计算结果(单位：MPa/m)　　表1-2-8

结　构	$K_{30}\times 0.3$	K_{76}	结　构	$K_{30}\times 0.3$	K_{76}
LCB	516	515	CTB + GSB	254	230
CTB + CTB	418	407	GSB	106	104

c. 不同温度翘曲应力计算方法结果对比。Westergaard-Bradbury(W-B)、谈至明、岩间滋以及本方法求解的纵缝边缘中点最大翘曲应力系数对比如表1-2-9所示，在所选参数组合下的最大翘曲应力值对比如表1-2-10所示。可以看到，W-B得到的系数最大，岩间滋方法给出的最小，谈至明方法和本方法则居中。

四种方法的纵缝边缘中点最大翘曲应力系数对比 表 1-2-9

结构	W-B 方法 (C_x)	谈至明方法 (B_x)	岩间滋方法 ($0.7C_W$)	本方法[$D_x/(1-\mu)$]			
				正 温 差		负 温 差	
				面—基层连续	面—基层光滑	面—基层连续	面—基层光滑
LCB	1.09	0.72	0.60(正温差)和0.28(负温差)	0.87	0.79	0.75	0.62
CTB + CTB	1.09	0.72		0.88	0.81	0.79	0.65
CTB + GCSB	1.06	0.70		0.83	0.76	0.75	0.63
GCSB	0.94	0.60		—	0.68	—	0.61

四种方法的纵缝边缘中点最大翘曲应力对比 表 1-2-10

结构	W-B 方法 (C_x)	谈至明方法 (B_x)	岩间滋方法 ($0.7C_W$)	本方法[$D_x/(1-\mu)$]			
				正 温 差		负 温 差	
				面—基层连续	面—基层光滑	面—基层连续	面—基层光滑
LCB	3.83	2.53	2.11(正温差)和0.98(负温差)	3.05	2.77	2.63	2.18
CTB + CTB	3.83	2.53		3.09	2.84	2.77	2.28
CTB + GCSB	3.72	2.46		2.91	2.67	2.63	2.21
GCSB	3.30	2.11		—	2.39	—	2.14

注：所取参数为 $E=30\text{GPa}$，$\mu=0.15$，$\alpha=10\times10^{-6}℃^{-1}$，$h=0.26\text{m}$，$T_g=90℃/\text{m}$。

本方法得到的翘曲应力系数分布与 W-B 方法的差异较大，层间连续与否对板底应力分布方式有很大影响，应力幅值也随下卧层刚度下降而迅速降低。值得注意的是，温度应力最大值出现在外侧靠近路肩一侧。

2.3 湿度梯度引起混凝土板翘曲效应分析

相对湿度的不均匀分布导致接缝式混凝土路面的翘曲变形。翘曲值可以通过等量的温度梯度值 ΔT_e 被量化。

ΔT_e 可以用如下方法确定：

首先，确定板厚 h，中性面位于 xy 面内，z 表示距这个面的距离，z 轴指向下。然后，应变基于平面应力来计算，其截面是平面的且垂直于中性面。假设材料的特性（如弹性模量）都相同。这样，由非线性湿度梯度引起的位移如下：

$$M_{RH}=\frac{E}{1-\nu}\int_{-\frac{h}{2}}^{\frac{h}{2}}\varepsilon_C(z)z\mathrm{d}z=\int_{-\frac{h}{2}}^{\frac{h}{2}}[6\,150(1-RH(z))](1-V_A)\times10^{-6}z\mathrm{d}z \tag{1-2-3}$$

式中：$\varepsilon_C(z)$——距离中性面 z 距离的混凝土局部自由收缩变形，它是关于相对湿度及集料含量的公式；

$RH(z)$——离中性面 z 距离的混凝土局部相对湿度。

为了得到等值的温度梯度 ΔT_e，位移 M_{RH} 被假定相等：

$$M_T=\frac{E\Delta T_e\alpha h^2}{12(1-\nu)} \tag{1-2-4}$$

式中：α——混凝土热膨胀系数。

这样 ΔT_e 被表示为关于内部相对湿度,板厚,混凝土热膨胀系数的公式:

$$\Delta T_e = \frac{12}{\alpha h^2}\int_{-\frac{h}{2}}^{\frac{h}{2}}[6\,150(1 - RH(z))](1 - V_A) \times 10^{-6} z\mathrm{d}z \tag{1-2-5}$$

Springen Schmid 和 Plannerer 做了梁的翘曲试验,该试验用来评估梁在典型湿度条件下的翘曲变形。如图 1-2-8 所示,梁长 2.3m,即接缝式混凝土路面板长的一半。板厚为 0.2m,板宽为 0.15m。梁的末端被固定,另一端可自由翘起。在梁的自由端安装一个千分表用来记录湿度翘曲值。为了保证厚度方向的湿度梯度,梁的其他面都涂抹防水涂料。整个试验装置放置在室温为 23℃,相对湿度为 50%,且板底吸水的环境中。在 7d 的密闭养护后试验开始。

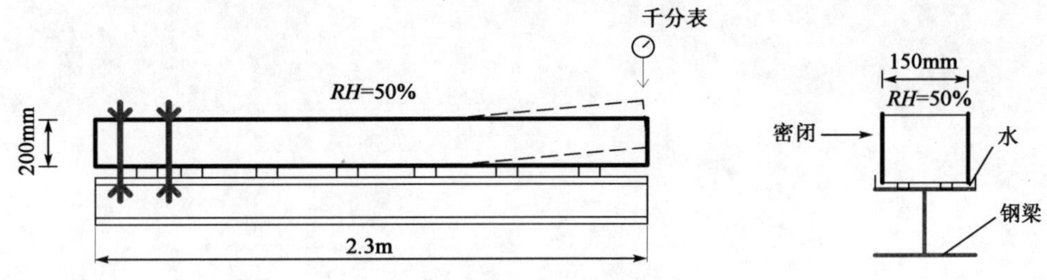

图 1-2-8　翘曲梁示意图

依据变化模型中的湿度边界条件,受环境湿度变化引起的等效温度梯度 ΔT_{mg} 按式(1-2-6)计算:

$$\Delta T_{mg} = \frac{3(\varphi \cdot \varepsilon_{su}) \cdot (S_{hi} - S_{h\,ave}) \cdot h_s \cdot (h - h_s)}{\alpha h^2 \cdot 100} \tag{1-2-6}$$

$$\varepsilon_{su} = C[0.019 \cdot W^{2.1}(f'_C)^{-0.28} + 270] \tag{1-2-7}$$

式中:φ——可恢复干缩系数,通常取为 0.5;

ε_{su}——表面极限干缩应变,$\mu\varepsilon$;

C——养生方式影响因子,蒸汽养护取 0.75,保水养护或者 100% 湿度养护取 1.0,养护剂养生取 1.2;

W——含水率,kg/m^3;

f'_C——混凝土 28d 标准抗压强度,MPa;

$S_{h\,ave}$——年平均相对湿度系数,$S_{h\,ave} = \frac{1}{12}\sum_{i=1}^{12} S_{hi}$;

h——板厚,mm;

h_s——发生明显的不可逆干缩现象的深度,通常取 50mm;

α——混凝土热膨胀系数,℃$^{-1}$;

S_{hi}——第 i 个月的相对湿度系数:

$$S_{hi} = 1.1 \cdot RH_a \quad (RH_a < 30\%) \tag{1-2-8a}$$

$$S_{hi} = 1.4 - 0.01 \cdot RH_a \quad (30\% < RH_a < 80\%) \tag{1-2-8b}$$

$$S_{hi} = 3.0 - 0.03 \cdot RH_a \quad (RH_a \geq 80\%) \tag{1-2-8c}$$

式中:RH_a——空气相对湿度。

根据 3 个分区的空气相对湿度年波动情况计算各月湿度翘曲等效温度梯度,如表 1-2-11 所示。

各气候分区湿度翘曲等效温度梯度建议值(单位:℃/m)　　表 1-2-11

气候分区	月份											
	1	2	3	4	5	6	7	8	9	10	11	12
潮湿区	-8	-2	4	8	9	10	5	4	-2	-7	-11	-11
潮湿有冻区	-10	-9	-7	-8	-4	2	14	16	9	4	0	-6
干燥有冻区	-1	-4	-6	-9	-8	-1	10	13	7	2	0	-1

第3章　路面结构长期性能演变规律研究

3.1　行车荷载作用下路面板底冲刷变化规律分析

假设水泥混凝土路面板下脱空区沿板横缝近似对称分布，且为近似的三角形楔形体，距板中愈近脱空高度愈小，距板边角愈近脱空高度愈大。这一结论，在加宽路面路肩开挖时，被显露出的板与基层之间的间隙分布特征所证实。脱空高度范围为 0 ~ 0.02m。脱空体高度与底面圆半径之比在 1∶200 ~ 1∶100 之间。

车辆荷载作用下路面板底出现的脱空是基层材料损失所致，板底脱空体的体积就是基层材料冲刷损失的体积，基层材料冲刷损失可由材料抗冲刷评价指标和冲刷作用次数表示，可建立基层材料冲刷次数与板底脱空发展的关系，并提出路面板底冲刷脱空预估模型。

3.1.1　脱空发展模型

$$l_1^3 = l_0^3 + 3k_c \cdot \frac{N}{10\,000} \cdot \frac{1}{\lambda} \cdot l_0^2 \tag{1-3-1}$$

$$l_1 = l_0 \cdot \sqrt[3]{1 + 3k_c \cdot \frac{N}{10\,000} \cdot \frac{1}{\lambda \cdot l_0}} \tag{1-3-2}$$

式中：l_0——冲刷前脱空圆锥体底面圆半径，m；

l_1——冲刷后脱空圆锥体底面圆半径，m；

λ——脱空圆锥体高度与底面圆半径之比；

k_c——基层材料抗冲刷系数，$m^3/(m^2 \cdot$ 万次)；

N——冲刷作用次数，次。

式(1-3-2)为路面板角脱空发展基本模型，它表示当路面板底存在一定程度脱空时，路面经过行车荷载作用产生的 N 次冲刷后，板底脱空体半径变化状况，因此它反应荷载作用次数与路面板下脱空发展关系。

3.1.2　脱空初始阶段分析

$$l = 3k_c \cdot \frac{N}{10\,000} \cdot \frac{1}{\lambda} \tag{1-3-3}$$

式中：l——首次荷载作用后脱空圆锥体底面圆半径，m；

k_c——基层材料抗冲刷系数，$m^3/(m^2 \cdot$ 万次)；

N——标准轴载作用的次数，次；

λ——脱空圆锥体高度与底面圆半径之比。

式(1-3-3)为路面脱空初始阶段的脱空发展模型，是一个近似公式，其使用条件是每次计算路面板下脱空圆半径 l_1 时,冲刷作用次数 N 应尽量得小。

3.1.3 降水天数对板底脱空发展影响

路面板底脱空预估中标准轴载作用次数只包括路面设计使用期内大气降水及对应时间内标准轴载的作用次数。将路面板底脱空区处于全饱和状态和半饱和状态的天数占总天数的比定义为基层冲刷降水天气修正系数 k_d,计算方法如式(1-3-4)所示。

$$k_d = 1.2 \times \frac{n_s}{365} = \frac{n_s}{304} \tag{1-3-4}$$

式中:k_d——降水天气修正系数;

n_s——公路所在地年均大气降水总天数。

降水天气修正系数 k_d 也可以反映一段时间内路面出现冲刷天数与该时间段的总天数之比。

3.1.4 设计基准期内标准轴载冲刷次数换算

水泥混凝土路面设计使用年限 t 一般在15年以上,设计基准期内设计车道标准轴载累计作用次数 N_e 通常在 $10^5 \sim 10^7$ 之间,若近似地将 N_e 平均分布在路面使用的每天之中,每天作用于路面的标准轴次记为 q,则有:

$$q = \frac{N_e}{365t} \tag{1-3-5}$$

设计基准期内路面板底出现冲刷的标准轴次为 Q,则有:

$$Q = \frac{N_e}{365t} \times 1.2 \times n_s \times t = N_e \times \frac{1.2 \times n_s}{365} = N_e \times k_d \tag{1-3-6}$$

$$Q = N_e \times k_d \tag{1-3-7}$$

$$\frac{Q}{N_e} = k_d \tag{1-3-8}$$

由此可见,降水天气修正系数 k_d 反映了设计基准期内路面板底出现冲刷的标准轴次与设计总轴次之比。若将式中的时间段推广到一个较长的时间段,该时间段内路面经过的标准轴次总数为 N,产生板底冲刷的标准轴次为 n,同样可以推导出:

$$k_d = \frac{n}{N} \tag{1-3-9}$$

式中:k_d——降水天气修正系数;

n——选定时间段内产生冲刷的标准轴次,次;

N——选定时间段内标准荷载累计作用总次数,次。

分别可得修正后的路面脱空初始阶段和出现脱空后路面板底脱空发展预估方程。

$$l = \frac{3}{10\,000} k_c \cdot k_d \cdot N \cdot \frac{1}{\lambda} \tag{1-3-10}$$

$$l_1 = l_0 \cdot \sqrt[3]{1 + \frac{3}{10\,000} k_c \cdot k_d \cdot N \cdot \frac{1}{\lambda \cdot l_0}} \tag{1-3-11}$$

式中:l——首次荷载作用后脱空圆锥体底面圆半径,m;

l_0——冲刷前脱空圆锥体底面圆半径，m；

l_1——冲刷后脱空圆锥体底面圆半径，m；

λ——脱空圆锥体高度与底面半径之比；

N——标准轴载作用的次数，次；

k_d——降水天气修正系数；

k_c——基层材料抗冲刷系数，$m^3/(m^2 \cdot$ 万次)。

3.2　荷载与环境作用下水泥混凝土路面板边结合变化规律研究

3.2.1　温度梯度的影响

当温度梯度较小时，随着温度梯度的增加，脱空量迅速增大；当温度梯度增大到一定值时，随着温度梯度的增加，脱空量增加不明显，如图1-3-1所示。此外，在基层模量和温度梯度一定时，负温度梯度下脱空量要大于正温度梯度下脱空量。

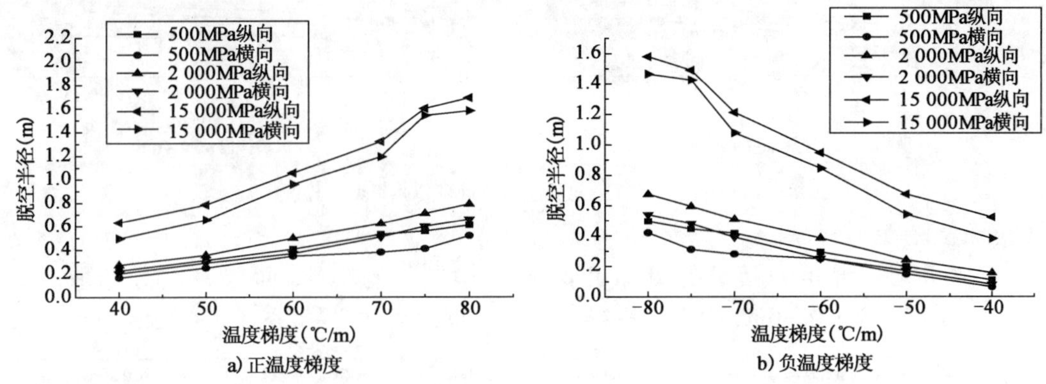

图1-3-1　温度梯度下脱空半径的变化($w>0.2$mm)

3.2.2　基层对脱空量的影响

为了分析基层模量对脱空半径的影响，温度梯度取为定值+75℃/m，取不同大小的基层模量，对脱空半径进行计算分析，结果如图1-3-2所示。

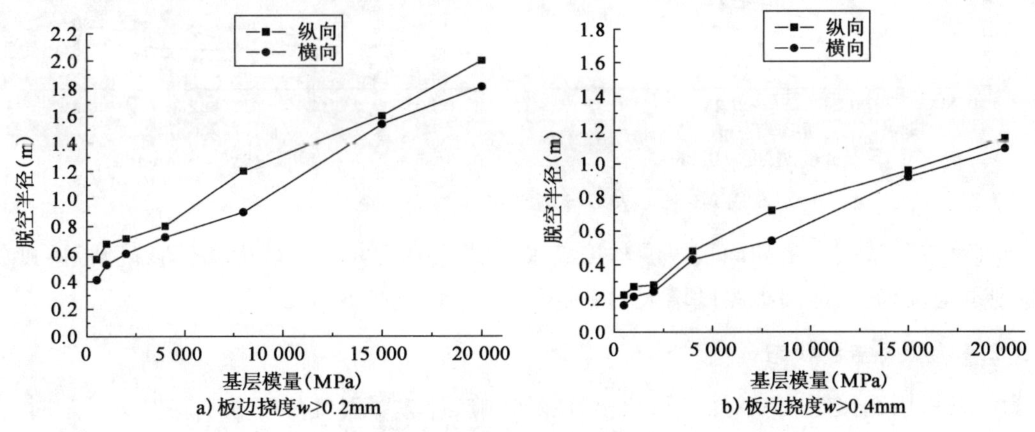

图1-3-2　+75℃/m脱空半径随基层模量的变化

温度梯度一定时，随着基层模量的增大，脱空半径随着基层模量的增大而增大。

3.2.3 面板参数对脱空量的影响

（1）面板长度

面板长度对脱空量的影响如图1-3-3所示。基层模量和温度梯度一定时，脱空量增幅趋于缓和。板长6m是一个临界长度，当板长小于6m时，脱空量随着面板长度的增大而迅速增大；当板长大于6m时，脱空量随着面板长度的增大而增长缓慢。

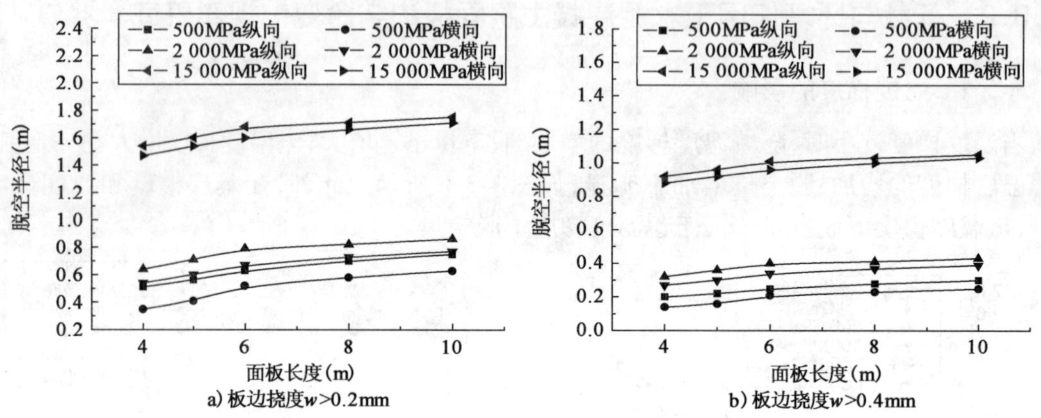

图1-3-3 +75℃/m脱空半径随面板长度的变化

（2）面层厚度

为了分析面层厚度对接缝张开量和面板脱空半径的影响，面层厚度分别取0.22m、0.24m、0.26m、0.28m、0.30m、0.32m，进行相关的计算分析，结果如图1-3-4所示。

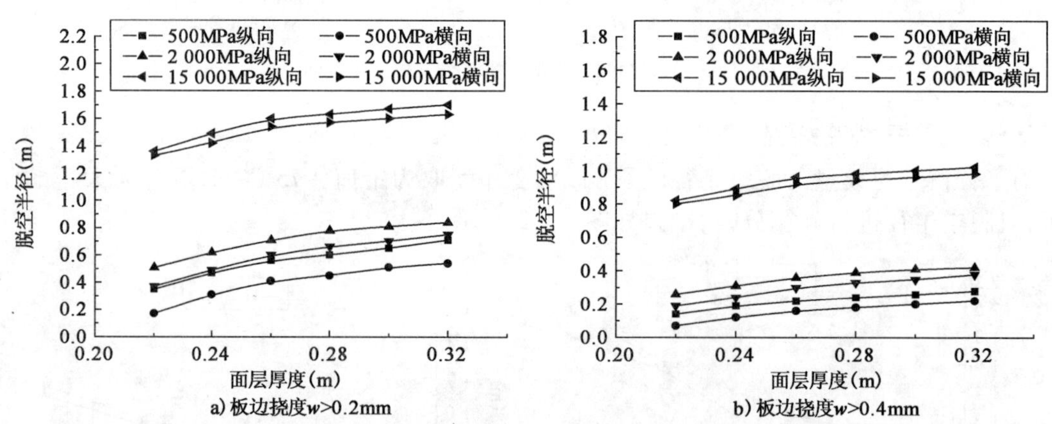

图1-3-4 +75℃/m脱空半径随面板厚度的变化

通过对三种基层模量的面板厚度与接缝张开量的关系进行分析可知，随着面板厚度的增大，脱空量增幅趋缓，但面板厚度增大到一定程度时，脱空量不再变化。

3.2.4 层间结合状态

为了分析层间接触状况对面板脱空半径的影响，计算了温度梯度和基层模量一定时，面板与基层间的结合系数从0增大到1的各种情况，结果如图1-3-5所示。

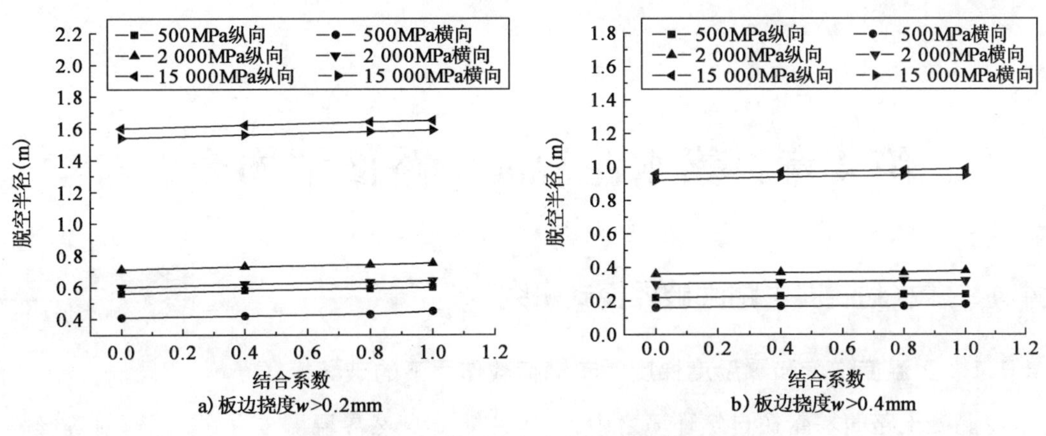

图1-3-5　+75℃/m脱空半径随层间接触状况的变化

在基层模量和温度梯度一定时，层间结合状态(即摩擦系数)的改变对脱空量的影响很小。基层模量越大，层间结合系数对脱空量的影响越大。

3.3　接缝传荷衰变规律

接缝传荷性能的衰变与传力杆的直径、长度以及板厚和荷载次数有关，通过接缝传荷性能的疲劳试验可知：

(1)在传力杆长度相同的情况下，随着传力杆直径的增大，接缝传荷能力的初始值先增加，后降低，当传力杆直径为25mm时，接缝传荷能力的初始值最大约为98%。说明传力杆直径存在一个最佳范围，而不是越大越好。传荷系数随着加载次数的增加而降低，传力杆直径不同，在板厚相同的情况下，初始传荷系数不同，经过50万次加载后，传荷系数降低有所不同，但也并不是传力杆直径越大，传荷系数降低程度越低，这也证明了传力杆直径存在着最佳范围。

(2)传力杆长度相同的情况下，在荷载循环作用的工程中，接缝传荷系数大致分为两个阶段，即在荷载作用为5万次之前，接缝传荷系数呈快速下降趋势，在荷载作用5万次之后，接缝荷载系数变为匀速下降。

(3)在混凝土板厚相同、传力杆直径相同的情况下，随着传力杆长度的增加，接缝传荷能力的初始值并未发现明显的变化。随着荷载次数的增加，接缝传荷系数变化规律相同，经过50万次荷载之后，接缝传荷能力基本近似，证明传力杆长度对接缝传荷能力的影响不大。

(4)在传力杆直径不同的情况下，传力杆上缘混凝土的最大剪应力随传力杆直径的增大而不断减小，并且在传力杆直径达到30mm时减小幅度徒增，传力杆下缘混凝土的最大第一主应力随着传力杆直径的增大存在先增大后降低的趋势，并且传力杆直径为30mm时，第一主应力达到最大。由此也充分说明了不同厚度下传力杆直径存在最佳范围。

(5)在传力杆直径和长度不变的情况下，随着混凝土板厚度的增加，传力杆上缘混凝土的最大剪应力有减小趋势，但减小幅度不大，传力杆下缘混凝土最大第一主应力也逐渐减小，减小幅度也不大，说明在标准荷载下面板厚度对最大剪应力的影响不大。

第4章　素水泥混凝土路面结构分析

4.1　素水泥混凝土路面破坏模式研究

4.1.1　正温度梯度和零温度梯度时车辆荷载作用下的破坏模式

水泥混凝土路面暴露在自然环境之中,工作性能受自然界温湿变化、阳光辐射等影响,同时其承受的车辆荷载大小和类型、板块尺寸划分、地基支撑情况以及接缝工作状态等因素的变化也会对水泥混凝土路面的使用性能产生较大影响。本书对地基反应模量 k,厚度 h 以及路面板横缝、纵缝的传荷能力 *LTE* 等主要影响因素进行灵敏度分析,讨论不同指标对水泥混凝土路面结构性能的影响,为路面结构设计时指标选取做铺垫。

以带路肩三连板水泥混凝土路面为模型,计算不同温度梯度下各种车型的临界荷位以及结构临界点的位置和大小,为水泥混凝土路面结构组合设计提供依据。

采用有限元商业软件 Islab 2000 对路面模型进行计算。在保证足够的计算精度的前提下为了提高计算机运算速度,减少运算时间,拟采用 15cm × 15cm 的有限元单元格划分,沿 Y 方向共有 101 个节点,沿 X 方向共有 42 个节点。车辆荷载的起始位置为沿行车方向第二条横缝处,并以 0.5m 为步长紧贴纵缝行驶,计算每个荷位下水泥混凝土路面内部最大拉应力。

由计算结果可知,在其他条件相同的情况下,随着地基反应模量 K 值的增大,水泥混凝土路面底部最大拉应力逐渐减小,最大挠度也逐渐减小。这主要是由于 K 值的增大意味着面层以下结构层模量增加,可为面层提供更大的支撑,减小了面层的弯拉变形,从而降低了板中应力水平,同时减小了最大挠度值。

另外,在其他条件相同的情况下,随着面板厚度 $h = 0$ 的增大,水泥混凝土路面底部最大拉应力逐渐减小,最大挠度也逐渐减小。这是因为板厚的增加提高了面板的抗弯刚度,抗变形能力增强,从而使板底弯拉应力保持在较低水平。

分别考察横缝和路肩纵缝的传荷能力对水泥混凝土路面性能的影响。分别假设横缝传荷能力为 80% 时,路肩纵缝有不同的传荷能力以及路肩纵缝传荷能力为 30% 时,横缝有不同的传荷能力,分析它们对混凝土路面应力和挠度的影响。结果表明,无论是横缝还是路肩纵缝,随着传荷能力的增加,混凝土板底部最大拉应力和最大挠度均逐渐减小。

(1)以疲劳断裂为破坏标准

由于牵引车和半挂车一般都是成对出现,并且半挂车产生的最大应力小于牵引车,故选取 zc_1-2 和 qyc_1-1-2 分别作为整车和牵引车的代表车型,在以荷载疲劳破坏(图 1-4-3)为指标计算水泥混凝土路面临界荷位时使用,该两种车型的示意图分别如图 1-4-1 和图 1-4-2 所示。

(2)以板角疲劳为破坏标准

单轴单轮组和单轴双轮组荷载从起始位置开始,沿路肩纵缝向前行进的过程中,荷载作用点离板角距离逐渐增加，路面板板角挠度值也随之逐渐减小，并且挠度值下降的速度很快，在整个计算过程中，单轴双轮组产生的板角挠度值始终大于单轴单轮组，但是随着荷载向板中移动，两者在板角产生的挠度值差逐渐减小。

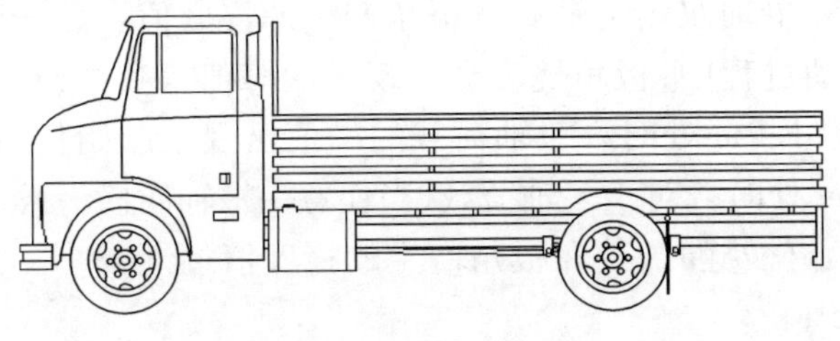
图 1-4-1　整车代表车型 zc_1-2

图 1-4-2　牵引车代表车型 qyc_1-1-2

对于双轴双轮组和三轴双轮组轴载而言，在前 6 个步长位置产生的板角挠度值几乎相同。从第 7 个步长位置（即首轴距起始位置 1.2m）开始，三轴双轮组产生的板角挠度值明显大于双轴双轮组。另外也可明显地看到 4 种车型在行驶过程中在混凝土板角产生的挠度峰值变化。

对于单轴单轮组和单轴双轮组而言，整个过程中只有一处峰值，即荷载位于起始位置处时；对于双轴双轮组而言，整个过程中有两处峰值，即荷载位于起始位置和首轴距起始位置 1.2m 处时；对于三轴双轮组而言，整个过程中有 3 处峰值，即荷载位于起始位置、首轴距起始位置 1.2m 处及首轴距起始位置 2.6m 处时。

若以板角疲劳应力破坏为指标，各车型的临界荷位均为其载重轴作用于靠近角隅的板边横缝边缘时，此时路面板的最大挠度值位于板角处，在车辆荷载和温度荷载反复作用下，路面板板底受拉，板角附近容易产生自下而上（Bottom-Up）的横向裂缝。具体破坏形式如图 1-4-4 所示。

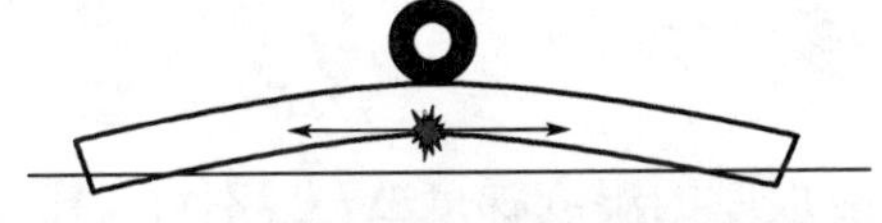
图 1-4-3　板中自下而上裂缝破坏形式

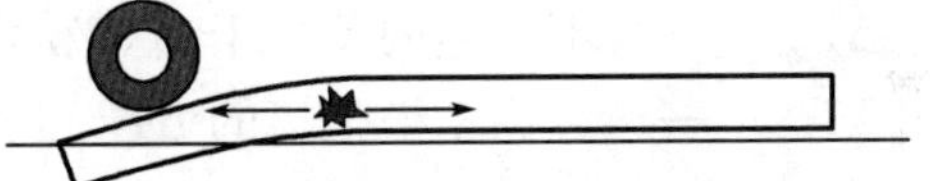
图 1-4-4　板角自下而上裂缝破坏形式

4.1.2　负温度梯度时车辆荷载的破坏模式

（1）以板顶疲劳断裂为标准

对于自上而下（Top Down）的横向裂缝，当路面暴露于比较快的降温条件下（路面的温度比板底的温度低），或者是板顶比起板底有较大的收缩，重载的重复作用会导致板顶的疲劳破坏，甚至会导致路面产生横向裂缝。自上而下的裂缝的荷载条件包括同时作用在板体的相反轮载的组合。在低温和湿度降低的条件下，这种荷载组合会引起板顶纵缝边缘附近较高的拉应力。这种荷载类型常常产生于轴距为 4 ~ 5m 的整车和牵引车，如图 1-4-5 所示。

图 1-4-5　自上而下的裂缝荷载作用位置

（2）以板角断裂为标准

对于所有温度梯度情况，单轴单轮组和单轴双轮组荷载从起始位置开始，沿路肩纵缝向前行进的过程中，荷载作用点离板角距离逐渐增加，路面板板角挠度值也随之逐渐减小。在整个计算过程中，单轴双轮组产生的板角挠度值始终大于单轴单轮组，但是随着荷载向板中移动，两者在板角产生的挠度值差逐渐减小。双轴双轮组和三轴双轮组轴载作用于路面板不同荷位时，板角处产生的最大挠度值几乎相同，均大于单轴单轮组和单轴双轮组轴载在板角产生的挠度值。由于受到多轴化的影响，双轴荷载和三轴荷载在移动过程中，板角挠度会出现多次峰值。其中，双轴荷载的峰值出现在起始位置和首轴距起始边 1.2m 处时。三轴荷载的峰值出现在起始位置、首轴距起始边 1.2m 以及首轴距起始边 2.6m 处时。对于多轴荷载，当任意一根轴向横缝移动时，其在板角产生的挠度值逐渐增加，当轴远离横缝时，其在板角产生的挠度值逐渐减小。当轴紧挨横缝时，板角挠度值最大。

若以板角疲劳应力破坏为指标，各车型的临界荷位均为其载重轴作用于靠近角隅的板边横缝边缘，此时路面板的最大挠度值位于板角处，在车辆荷载和温度荷载反复作用下，路面板板底受拉，板角附近容易产生自上而下（Top-Down）的横向裂缝。具体破坏形式如图 1-4-6 所示。

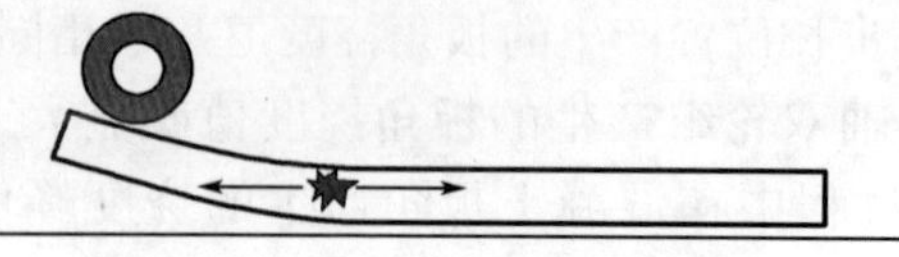

图 1-4-6　板角自上而下裂缝破坏形式

4.2　考虑施工条件的混凝土板等效内嵌温度梯度

沿板深度方向的等效线性温度梯度总和包含 5 项内容，按式（1-4-1）计算得到：

$$\Delta T_{\mathrm{tot}} = \Delta T_{\mathrm{tg}} + \Delta T_{\mathrm{mg}} + \Delta T_{\mathrm{b}i} + \Delta T_{\mathrm{shr}} - \Delta T_{\mathrm{crp}} \tag{1-4-1}$$

式中：ΔT_{tot}——等效线性温度梯度总和；

ΔT_{tg}——与非线性温度梯度等效的线性温度梯度；

ΔT_{mg}——与非线性湿度梯度等效的线性湿度梯度；

$\Delta T_{\mathrm{b}i}$——与施工期嵌入的非线性温度梯度等效的线性温度梯度；

ΔT_{shr}——与不可逆的差异干缩等效的线性温度梯度；

ΔT_{crp}——通过徐变松弛掉的 $\Delta T_{\mathrm{b}i}$ 和 ΔT_{shr} 的比例。

等效内嵌温度梯度 $\Delta T_{\mathrm{eb}i}$ 包含内嵌温度梯度 ΔT_{bi}、沿板厚的湿度梯度 ΔT_{mg}、不可逆干缩效应 ΔT_{shr} 和徐变项 ΔT_{crp}：

$$\Delta T_{\mathrm{eb}i} = \Delta T_{\mathrm{bi}} + \Delta T_{\mathrm{mg}} + \Delta T_{\mathrm{shr}} - \Delta T_{\mathrm{crp}} \tag{1-4-2}$$

可以看到，等效内嵌温度梯度受施工和服役环境条件影响显著，下文对各个气候分区主要省会城市的气象资料进行处理，得到 3 个分区各气象要素的年变化规律。在此基础上给出各分区考虑施工条件与气候状况的等效内嵌温度梯度建议值（表 1-4-4）。

①沿板厚的温度梯度 ΔT_{tg}。按照现行路面设计规范给出各个分区的推荐值或者给出各站站点温度梯度建议值以供选取。

②内嵌温度梯度 $\Delta T_{\mathrm{b}i}$。根据上文试验和数值模拟得到的考虑不同施工条件对终凝温度梯度的影响规律，可以发现上午 8:00 浇筑为不利时刻，原材料初始温度对终凝温度梯度影响很小。这里根据 3 个分区的气候状况，计算不同施工条件的板内终凝温度梯度。

空气温度、太阳辐射、日照时间均为各分区实测气象资料的月均值。混凝土浇筑温度为 20℃，基层温度与当时空气平均温度相同。养生方式采用塑料薄膜养生，其边界条件参数如

表 1-4-1 所示。浇筑时刻为上午 8:00。计算中水泥路面厚度采用 0.26m,材料参数见表 1-4-2。计算得到各气候分区内嵌温度梯度值如表 1-4-3 所示。

塑料薄膜养生方式的边界条件参数　　表 1-4-1

参数	太阳辐射吸收率	表面发射率	热交换系数 h [J/(m²·h·℃)]	太阳辐射相位延迟 (h)
数值	0.22	0.15	10 201	2

材料参数汇总　　表 1-4-2

参　数	混凝土面层板	水泥稳定碎石	路　基
深度(cm)	26	40	300
导热系数[J/(m·h·℃)]	7 896	6 000	4 600
密度(kg/m³)	2 368	2 270	1 800
比热[J/(kg·℃)]	850	801	983

各气候分区内嵌温度梯度建议值(单位:℃/m)　　表 1-4-3

气候分区	月份											
	1	2	3	4	5	6	7	8	9	10	11	12
潮湿区	-43	-33	-39	-46	-51	-50	-45	-46	-51	-46	-46	-47
潮湿有冻区	—	—	—	-59	-58	-56	-55	-52	-52	-48	—	—
干燥有冻区	—	—	—	-64	-64	-62	-60	-57	-57	-49	—	—

注:表中"—"是由于空气温度低于 5℃时,已经不允许施工。

③沿板厚的湿度梯度 ΔT_{mg}。根据我国 3 个气候分区的空气相对湿度年波动规律,计算各分区与湿度翘曲的等效的温度梯度 ΔT_{mg}。

④不可逆差异干缩 ΔT_{shr}。

$$\Delta T_{shr} = -\frac{6\varepsilon_{su}(h - h_s)}{\alpha h^3} \tag{1-4-3}$$

不可逆差异干缩 ΔT_{shr} 为 -4℃/m。

⑤徐变 ΔT_{crp}。考虑温缩徐变与干缩徐变,取为 70% $(\Delta T_{bi} + \Delta T_{shr})$。

沿板深度方向的等效线性温度梯度总和为:

$$\Delta T_{tot} = \Delta T_{tg} + \Delta T_{ebi} \tag{1-4-4}$$

将现行规范中计算温度翘曲应力采用的 ΔT 替换为 ΔT_{tot} 即可,ΔT_{ebi} 建议值如表 1-4-4 所示。

各气候分区等效内嵌温度梯度 ΔT_{ebi} 建议值(单位:℃/m)　　表 1-4-4

气候分区	月份											
	1	2	3	4	5	6	7	8	9	10	11	12
潮湿区	-22	-13	-9	-7	-8	-6	-10	-11	-19	-22	-26	-26
潮湿有冻区	-10	-9	-7	-27	-23	-16	-4	-1	-8	-12	0	-6
干燥有冻区	-1	-4	-6	-29	-28	-21	-9	-5	-11	-14	0	-1

4.3 基层开裂状态下的模量取值

4.3.1 半刚性基层的模量折减计算

试验通过半刚性基层的开裂，进行模量之间的研究。半刚性基层的开裂模式如表 1-4-5、图 1-4-7 所示。

半刚性基层裂缝形式　　表 1-4-5

工　况	尺寸(cm)	工　况	尺寸(cm)
无裂缝	0,60	三条纵缝	20,10,10,20
一条中纵缝	30,30	两条纵缝＋一条中横缝	20,20,20;30,30
一条边纵缝	20,40	三条纵缝＋一条中横缝	20,20,20;15,15,30
一条中纵缝＋一条边纵缝	20,10,30	两条纵缝＋两条横缝	20,20,20;15,15,30
两条纵缝	20,20,20	三条纵缝＋两条横缝	20,10,10,20;20,10,30

a)一条边纵缝

b)两条均分纵缝+两条横缝

图 1-4-7　两种基层开裂形式

当基层裂缝形式为 3 条纵缝 1 条中横缝时，20cm 面层垂直纵缝面底部最大拉应力为 1.05MPa，相比无裂缝形式下应力增加 0.51MPa，增长率为 94.4%。当基层裂缝形式为 2 条纵缝时，垂直纵缝面顶部最大压应力为 0.96MPa，相比无裂缝时应力增加 0.63MPa，增长率为 190%，如图 1-4-8 所示。

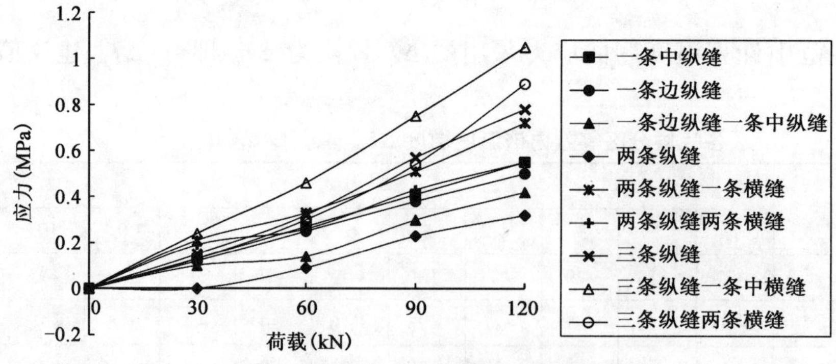

图 1-4-8　20cm 厚面板底部应力分布

如图 1-4-9 所示，当基层裂缝形式为 3 条纵缝 2 条横缝时，24cm 面层垂直纵缝面底部最大拉应力为 0.81MPa，相比无裂缝形式下应力增加 0.42MPa，增长率为 108%。当基层裂缝形式为 3 条纵缝时，垂直纵缝面顶部最大压应力为 0.75MPa，相比无裂缝时应力增加 0.45MPa，增长率为 150%。

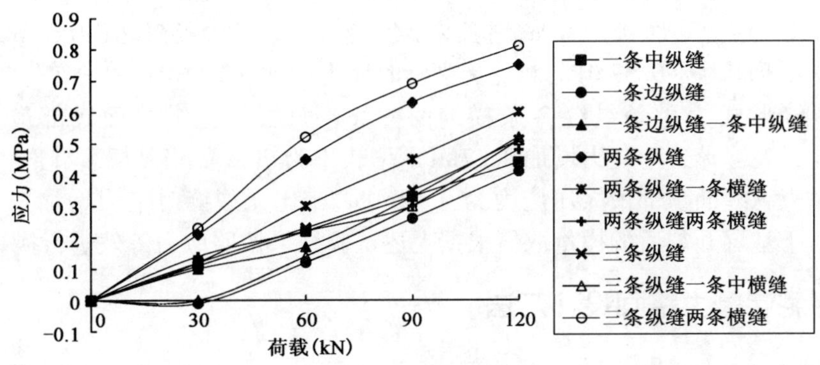

图 1-4-9　24cm 厚面板底部应力分布

当基层裂缝形式为 3 条纵缝 2 条横缝时，32cm 面层垂直纵缝面底部最大拉应力为 0.54MPa，相比无裂缝形式下应力增加 0.24MPa，增长率为 80%。当基层裂缝形式为 2 条纵缝 1 条中横缝时，垂直纵缝面顶部最大压应力为 0.42MPa，相比无裂缝时应力增加 0.21MPa，增长率为 100%，如图 1-4-10 所示。

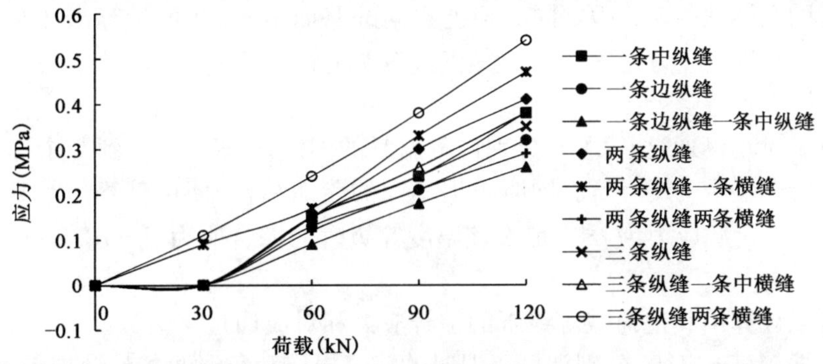

图 1-4-10　32cm 厚面板底部应力分布

4.3.2　贫混凝土基层开裂折减

贫混凝土基层的开裂模式如表 1-4-6 所示。

贫混凝土基层裂缝形式　　表 1-4-6

工　况	尺寸(cm)	工　况	尺寸(cm)
无裂缝	60	三条纵缝	20,10,10,20
一条中纵缝	30,30	两条纵缝 + 一条中横缝	20,20,20;30,30
一条边纵缝	20,40	三条纵缝 + 一条中横缝	20,10,10,20;30,30
一条中纵缝 + 一条边纵缝	20,10,30	两条纵缝 + 两条横缝	20,20,20;15,15,30
两条纵缝	20,20,20	三条纵缝 + 两条横缝	20,10,10,20;20,10,30

当基层裂缝形式为3条纵缝时,20cm面层垂直纵缝面底部最大拉应力为0.81MPa,相比无裂缝形式下应力增加0.42MPa,增长率为108%。当基层裂缝形式为3条纵缝2条中横缝时,垂直纵缝面顶部最大压应力为0.69MPa,相比无裂缝时应力增加0.33MPa,增长率为92%。

当基层裂缝形式为3条纵缝2条横缝时,28cm面层垂直纵缝面底部最大拉应力为0.57MPa,相比无裂缝形式下应力增加0.24MPa,增长率为73%。当基层裂缝形式为3条纵缝时,垂直纵缝面顶部最大压应力为0.57MPa,相比无裂缝时应力增加0.24MPa,增长率为73%。

当基层裂缝形式为3条纵缝2条横缝时,32cm面层垂直纵缝面底部最大拉应力为0.57MPa,相比无裂缝形式下应力增加0.27MPa,增长率为90%。当基层裂缝形式为3条纵缝2条横缝时,垂直纵缝面顶部最大压应力为0.54MPa,相比无裂缝时应力增加0.24MPa,增长率为80%。对于基层开裂后的模量取值根据上述试验结果按照应力等效进行换算。

4.4 水泥混凝土路面设计方法

4.4.1 温度疲劳应力

温度、荷载综合作用时的计算方法如下:

①首先假定第i个车辆荷载等级的车辆累计作用次数为N_i,按正负温时车辆所占比例,分为正温时通过总量为$D=a\times N_i$,负温时通过总量为$F=b\times N_i$两部分。

②对于正温时车辆通过总量D,分别按正温时的温度谱将其分配到10个等级中去,如第i个等级下分配的车辆数为$T_i\times D$。同时根据不同的路面结构,便可计算出在某一温度等级下的温度应力为σ_{T}^i,荷载应力为σ_i。那么该温度等级时的综合应力$\sigma=\sigma_{\mathrm{T}}^i+\sigma_i$,通过车辆总数为$T_i\times D$。

③对于负温时车辆通过总量F,分别按负温时的温度谱将其分配到5个等级中去,如第i个等级下分配的车辆数为$U_i\times F$。同时根据不同的路面结构,便可计算出在某一温度等级下的温度应力为σ_{U}^i,荷载应力为σ_i。那么该温度等级时的综合应力$\sigma=\sigma_{\mathrm{U}}^i+\sigma_i$,通过车辆总数为$U_i\times F$。

④同理可以计算出其他荷载等级下的综合应力和对应通过车辆数。

⑤最后根据Miner定律,分别计算正温时的疲劳损伤和负温时的疲劳损伤。

若要推算日疲劳温度应力系数,需要预先知道一天内温度的变化和交通量的分布频率。然后根据疲劳方程推算日疲劳温度应力系数。值得说明的是,在路面结构给定的条件下,温度应力正比于温度梯度,所以此处只提温度应力而不提温度梯度。

如果在某一时间段内$(t_i,t_i+\Delta t)$的轴载作用次数占日总次数的比例为p_i,并假定在这一时间段内荷载应力为恒定值σ_{load},温度应力也为一个恒定的σ_{T},则在这一段时间内的水泥混凝土路面疲劳损耗D_i为:

$$D_i=\left[\frac{\sigma_{\mathrm{load}}}{A(\sigma_{\mathrm{fr}}-\sigma_{\mathrm{T}})}\right]^{\frac{1}{B}}p_i \tag{1-4-5}$$

式中:σ_{load}——车辆荷载引起的板边应力;

σ_{fr}——混凝土的抗弯拉应力;

σ_{T}——相应温度应力。

当时间段无限减小时,有公式(1-4-6)存在:

$$D_{\mathrm{d}} = \int_{0}^{24} \left[\frac{\sigma_{\mathrm{load}}(t)}{A(\sigma_{\mathrm{fr}} - \sigma_{\mathrm{T}}(t))} \right]^{\frac{1}{B}} p(t)\,\mathrm{d}t \tag{1-4-6}$$

如果存在一个温度应力,该温度应力和全天车辆荷载综合产生的疲劳损坏完全等效于全天的温度应力和荷载应力产生的综合疲劳破伤的话,那么该温度应力就称为日疲劳温度应力。

值得注意的是,汽车荷载在 24h 内有一个轴载的分布,同时温度应力也有一个自己的分布。由于轴载随时间的分布和温度谱随时间的分布并不是均匀变化,而是按各自的规律变化,所以在此条件下会引起高低应力比的变化,而不同的高低应力比则会影响路面的疲劳寿命和疲劳损伤。如果轴载随时间的分布引起的日疲劳温度应力波动较大,那么就不可能简单提出用日疲劳温度代替全天温度、荷载综合疲劳。反之,如果轴载随时间的分布引起日疲劳温度应力波动不大,那么就可以用日疲劳温度代替全天温度、荷载综合疲劳。

一般路面的日温度梯度在白天近似呈正弦变化,持续时间为 12h,而夜间温度梯度一般为负且数值较小,所以保守起见忽略了负温作用下综合应力的减小,直接假定夜间温度应力为零,只存在荷载应力。日温度梯度的变化如式(1-4-7)所示:

$$T_{\mathrm{g}}^{\mathrm{t}} = \begin{cases} T_{\mathrm{gmax}} \sin \dfrac{\pi}{2} t & 0 < t < 12 \\ 0 & 12 \leqslant t \leqslant 24 \end{cases} \tag{1-4-7}$$

式中:T_{gmax}——日最大温度梯度。

在正常情况下温度的变化趋势不会发生较大变化,而仅仅在幅值上有所变化。而车辆荷载的日分布规律却因时因地变化,根据袁宏等的研究成果,在研究温度应力和荷载应力的共同作用时,可以假设日车辆分布均匀,因为这种假设引起的日温度疲劳梯度误差很小。

值得说明的是在公路上行驶的车辆并不是标准轴载,而是分为单轴—单轮组,单轴—双轮组和双轴—双轮组,甚至有三或四轴—双轮组。每种轴型都有各自的轴载谱,这里为研究方便仅假设有标准轴载,而非标准轴载可以通过前面推导的轴载换算公式换算为标准轴载。

那么接下来的研究重点就是研究在不同车辆荷载和温度荷载的组合下,是否存在一个比较稳定的日温度应力系数。也就是说不同车辆荷载和温度荷载的组合引起的高低应力比的变化是否会引起日温度应力系数较大的波动。

在我国目前的温度状况、路面结构和车辆荷载作用下,温度应力的波动范围相对于混凝土的极限抗弯拉强度在 0.20 ~0.7 之间,荷载应力的波动范围为 0.25 ~0.75。

荷载应力的波动对日温度疲劳系数的影响较小,在荷载应力波动范围内日温度疲劳系数几乎相等。而不同的温度应力比却对日温度疲劳系数的影响很大。以荷载应力比为 0.5 时为例,当温度应力比为 0.2 和 0.3 时,日温度疲劳系数分别为 0.25 和 0.34,两者相差 26.5%。可见不能忽视温度应力比的影响。在后续的研究中,可以固定车辆产生的荷载应力,仅研究温度应力的影响。

当温度、荷载对日温度疲劳系数的作用研究清楚后,那么在车辆均匀分布条件下,白昼车辆分配比例是否对日温度疲劳系数也有所影响,为研究这个问题,这里假设白天的交通量占总数的比例分别为 30%,50%,70%,90%。

结果表明白昼车辆所占比例的大小也是影响日温度疲劳系数的重要因素之一，且温度应力比越小，车辆的分布比例对其影响越大。比如当温度应力比为0.2时，30%，50%，70%，90%的白昼车辆比例对应的日温度疲劳系数为0.213，0.233，0.246，0.256，它们之间的相差比例分别为16.8%、9%和3.9%。比如当温度应力比为0.4时，30%，50%，70%，90%的白昼车辆比例对应的日温度疲劳系数为0.394，0.410，0.420，0.427，它们之间的相差比例分别为7.7%、4.6%和1.8%。比如当温度应力比为0.7时，30%，50%，70%，90%的白昼车辆比例对应的日温度疲劳系数为0.738，0.744，0.749，0.752，它们之间的相差比例分别为1.9%、1%和0%。

综上所述，水泥混凝土路面的日最大温度梯度很容易根据全国194个温度气象站的日实测气象资料，按公式求得。当已知日最大温度梯度时，就可以根据日温度按正弦变化，车辆荷载按均匀日分布以及白天车辆所占比例求得不同温度应力条件下的日温度疲劳系数。

4.4.2 挠度累积损伤破坏

（1）挠度控制指标的研究

在通过控制应力以限制疲劳断裂的同时，对于降雨量大的区域也需要采用控制挠度的方法以限制由于板底脱空和基层侵蚀而引起的唧泥、错台和断裂等损坏。这一类损坏是多因素综合作用的结果。从结构分析的角度，挠度是一个比应力更与之相关的力学反应量。然而，挠度不是唯一的影响量，基层的类型和性质、面层的厚度、荷载的大小和作用次数，以及环境条件（降水量）和养护情况（接缝封填情况）都影响着这类损坏的发生和严重程度。因此，不可能单纯控制某一个挠度值来限制这些损坏的出现，而只能采用一个综合的指标来反映在其他影响因素作用下的挠度控制值，该综合指标为地基损坏指数 D_f。

由于影响因素众多，而指标具有综合性，很难单纯通过力学分析来建立这些影响因素同综合指标——地基损坏指数 D_f 之间的关系。因此只能通过对路上实际损坏的调查和对调查路段的结构分析，用回归的方法寻找其定量关系，并进而建立控制这类损坏的设计标准。

（2）地基损坏指数 D_f

地基损坏指数 D_f 是一项综合指标，反映了地基在多种因素作用下出现板底脱空和基底受侵蚀，从而引起唧泥、错台和断裂等损坏的程度。可以看作是标准轴载作用次数 N、面层板厚度、基层类型和性质（以地基反应模量表征）以及挠度 w 的函数。D_f 越大，出现上述损坏的标准轴载作用次数越少；或者，反过来说，N 越大，要求的 D_f 越低。面层板厚度（h）越大，地基损坏指数越小；挠度越大，D_f 越高；而地基（弹性模量为 k）越刚，D_f 越小，但挠度也是相应越小。根据上述分析，构造了下列形式的关系式：

$$D_f = \frac{W^a}{h^b} \cdot k^c \tag{1-4-8}$$

$$\lg N = A/D_f^B \tag{1-4-9}$$

式中：a,b,c,A,B——待定系数。

利用调查路段上采集到的路面损坏资料、路面结构和交通资料，通过试算确定上述待定系数。试算时，定义路面的临界损坏状态为：路段内的坏板率达到30%。应用各路段路面的结构资料，计算出相应的挠度值。由于路上作用的不是单一的轴载，而又无相应的轴载换算公式可遵循，需采用 Miner 定律计算每一种轴载的损坏消耗，然后总和成该路段的总消耗。

通过反复调试，得到各待定系数值。可以写为：

$$D_f = \frac{W^2}{h \cdot k^{-1.27}} \tag{1-4-10}$$

$$\lg N = \begin{cases} \dfrac{0.5064}{D_f^{0.312}} & D_f > 1.862 \times 10^{-4} \\ \dfrac{3.749 \times 10^{-22}}{D_f^{5.96}} & D_f \leqslant 1.862 \times 10^{-4} \end{cases} \tag{1-4-11}$$

式中：W——挠度；

h——面层板厚度；

k——地基弹性模量。

(3)计算模型

足尺板荷载试验表明，在角隅处加载时的挠度值和应变曲线同 Winkler 地基上的薄板解吻合得较好，而同半无限地基上薄板解不一致。因此，在解算板角挠度值时，采用 Winkler 地基上的薄板模型及其解。

(4)板角挠度计算图

利用地基上厚度解，对于单后轴和双后轴作用于板角隅的加载情况，进行了大量计算分析，绘制成板角挠度计算图。由于混凝土弹性模量对挠度计算值的影响不大，故绘制计算图时采用了统一的数值，$E_c = 30000\text{MPa}$。

(5)k_{76}和 E_t 转换关系

荷载应力计算时采用回弹模量值 E_t，而挠度计算时用反应模量 k_{76}。为便于设计时仅需测试一项地基参数，通过实验建立二者的经验关系：

$$E_t = 0.98k_{76} + 0.97 \qquad (R = 0.993) \tag{1-4-12}$$

式中：k_{76}——76cm 承载板反应模量，MPa/m。

(6)接缝传荷能力对挠度值的影响

利用轴载作用下板角挠度计算图得到的是四边自由的单块板在荷载作用下的板角挠度值。如果接缝具有一定的传荷能力，上述计算值需要修正后才能反映实际产生的挠度值，或者采用考虑传荷能力的多块板系统来进行计算。

在采用单块板系统时，可近似地按下述方法进行修正。设传荷系数 E_w 采用式(1-4-13)定义：

$$E_w = \frac{2w_1}{w_1 + w_2} \tag{1-4-13}$$

式中：w_1——未受荷板的挠度；

w_2——受荷板的挠度。

若传荷能力为零时受荷板的板角挠度为 w；传荷能力为 E_w 时接缝上传递一剪力为 F_1，此力使未受荷板产生一向下的挠度 w_2，而此力同时使受荷板产生的挠度比 $E_w = 0$ 时的 w 减少 w_2。因而 $w_1 = w - w_2$，以此假设关系代入式(1-4-13)得到：

$$w_2 = w\left(1 - \frac{E_w}{2}\right) \tag{1-4-14}$$

利用式(1-4-14)可近似地按接缝的传荷能力 E_w(表 1-4-7),把自由边的挠度值 w 减少为有传荷能力的接缝的板角挠度 w_1。

接缝传荷系数 E_w 表 1-4-7

接缝类型	传力杆胀缝	传力杆缩缝	无传力杆缩缝	
			柔性基层	半刚性基层
E_w	0.55	0.85	0.55	0.65

(7)设计步骤

假设各级轴载所产生的损耗可以按线性叠加原则进行总和,则设计标准为:

$$\sum_{i=1}^{n} \frac{n_i}{N_i} \leqslant 1 \tag{1-4-15}$$

式中:n_i——i 级轴载的作用次数;

N_i——达到损坏标准时 i 级轴载容许作用次数。

4.4.3 水泥混凝土路面荷载疲劳设计

综上所述,路面结构的破坏,不仅是由于车辆荷载的作用引起的疲劳破坏,而且有在温度应力作用下引起的疲劳破坏;除了应力引起的破坏外,也有可能是由于基层受到冲刷而引起的冲刷破坏,所以对于承受特重交通的水泥混凝土路面除应进行温度、荷载综合疲劳应力的演算外,还应进行冲刷破坏的演算。即同时演算以下两式:

$$\sigma_p + \sigma_t = (0.95 \sim 1.05) f_{cm} \tag{1-4-16}$$

式中:σ_p——荷载应力;

σ_t——温度应力。

$$\sum_{i=1}^{n} \frac{N_i}{N} \leqslant 1 \tag{1-4-17}$$

(1)双层板面层荷载应力一般式

双层板面层最大荷载应力位置在纵缝边缘中部。基层横向超宽会使面板弯沉减小、弯曲变缓,基层横向超宽条件下纵缝边缘中部的面层荷载应力 σ_{1p} 可表示为:

$$\sigma_{1p} = \sigma_{1p0}(1 - \varphi_1) \tag{1-4-18}$$

式中:σ_{1p0}——等尺寸双层板纵边边缘中部荷位对应的面层荷载应力;

φ_1——基层超宽系数。

$$\varphi_1 = \frac{\Delta\sigma_{1p}}{\sigma_{1p0}} \xi_1 \tag{1-4-19}$$

$$\Delta\sigma_{1p} = \sigma_{1p}^{\infty} - \sigma_{1p0} \tag{1-4-20}$$

式中:ξ_1——基层超宽量影响系数;

σ_{1p}^{∞}——基层横向无限超宽时的荷载应力。

因此基层超宽系数 φ_1 的实质为基层无限超宽情况下面层应力的相对降幅 $\Delta\sigma_{1p}/\sigma_{1p0}$ 与基层超宽量影响系数 ξ_1 的乘积。

对于等尺寸双层板,轴载位于临界荷位(面层纵边边缘中部)时,面层最大荷载应力 σ_{1p0} 可采用如下回归形式:

$$\sigma_{1p0} = \frac{A}{1 + a\lambda} \frac{r_g^m P^n}{h_1^{2\theta_1}} \tag{1-4-21a}$$

或

$$\sigma_{1p0} = \frac{A}{1 + \lambda} \frac{r_g^m P^n}{h_1^{2\theta_1}} \tag{1-4-21b}$$

式中:r_g——水泥混凝土路面结构总的相对刚度半径;

A、m、n——回归常数,取值见表 1-4-8。

等平面尺寸面层荷载应力式回归常数 A,m 和 n　　表 1-4-8

轴—轮型	面　层		
	A	m	n
单轴—单轮	0.002 18	0.622	0.926
单轴—双轮	0.001 65	0.801	0.943
双轴—双轮	0.000 723	0.764	0.938
三轴—双轮	0.000 425	0.493	0.932
单轴—单轮	0.002 26	0.624	0.915
单轴—双轮	0.001 59	0.800	0.948
双轴—双轮	0.000 754	0.765	0.928
三轴—双轮	0.000 440	0.495	0.924

$$r_g = \left(\frac{D_g}{k}\right)^{\frac{1}{4}}, r_1 = \left(\frac{D_1}{k}\right)^{\frac{1}{4}}, r_2 = \left(\frac{D_2}{k}\right)^{\frac{1}{4}} \tag{1-4-22a}$$

$$a = \left(\frac{h_1}{h_2}\right)^{0.4} \tag{1-4-22b}$$

$$\theta_1 = 1 + 0.31h_1 - 2.05h_1^2 \tag{1-4-22c}$$

采用回归式(1-4-21a)时,各轴—轮型作用下的面层最大荷载应力与回归结果的相对误差 err_{1j}(j 代表轴—轮型,$j=1$ 单轴—单轮,$j=2$ 单轴—双轮,$j=3$ 双轴—双轮,$j=4$ 三轴—双轮)随总相对刚度半径 r_g 变化,相对误差的方差分别为:1.6%(单轴—单轮)、2.0%(单轴—双轮)、2.6%(双轴—双轮)、2.5%(三轴—双轮)。

若采用形式上稍简单的式(1-4-21b)时,回归结果的相对误差略大,相对误差的方差分别为:2.7%(单轴—单轮)、2.0%(单轴—双轮)、2.7%(双轴—双轮)、2.5%(三轴—双轮)。

特别地,当 $\lambda=0$ 时,回归公式可退化为单层板纵边中部荷位荷载应力计算式。在等单轴重情况下,不同轴型所产生的荷载应力与单轴—双轮的荷载应力的比值 β_1 分别为:1.21 ~ 1.37,平均 1.29(单轴—单轮)、0.81 ~ 0.86,平均 0.83(双轴—双轮)、0.66 ~ 0.85,平均 0.74(三轴—双轮)。

计算结果表明,随着轴数增多,面板的曲率变缓,通过缝边基层传递至基层超宽部分的荷载有所减小,因此,对于基层超宽对应力的减小贡献率,单轴时稍大于双轴的,双轴时的大于三轴的。

基层横向无限超宽时的荷载应力 σ_{1p}^{∞} 与等尺寸双层板的面层荷载应力 σ_{1p0} 之差与 σ_{1p0} 的比值主要取决于基层与面层抗弯刚度比 λ 的大小,近似计算式为:

$$\frac{\Delta\sigma_{1p}}{\sigma_{1p0}} = a_i - 0.25\exp(-4.0\lambda) \tag{1-4-23}$$

式中:a_i——与轴数有关的回归常数,单轴为 0.32,双轴为 0.30,三轴为 0.26。

单轴—双轮荷载下的面层应力相对降幅 $\Delta\sigma_{1p}/\sigma_{1p0}$ 随基层与面层抗弯刚度比 λ 变化的散点及回归曲线见图 1-4-11。

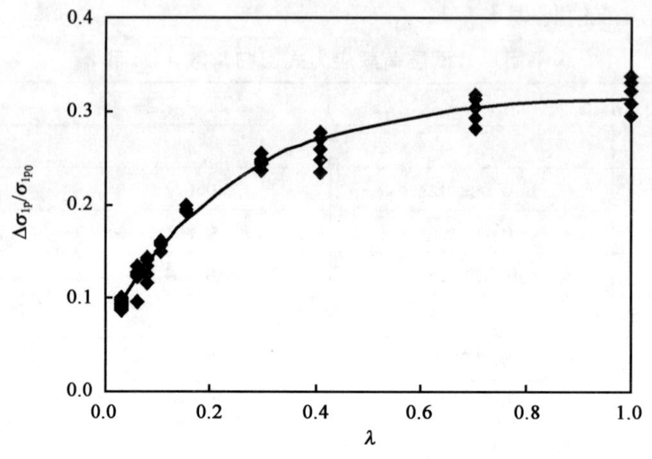

图 1-4-11 $\Delta\sigma_{1p}/\sigma_{1p0}$-$\lambda$ 散点及回归曲线

从 a_i 的数值可以看出,随着轴数增加,超宽基层的扩散荷载能力有所减弱:双轮比单轴少了 2%,三轮比单轴少了 6%。也就是说,若基层超宽时,按同尺寸双层板结果进行轴载换算是不安全的:双轮应力应增加 2%,三轮应力增加 6%。

轴型对超宽量影响系数 ξ_1 的影响较小,系数 ξ_1 与基层相对超宽 B_a/r_2 有较好的相关关系,其近似回归式如下:

$$\xi_1 = 1 - \exp\left[-1.53\left(\frac{B_a}{r_2}\right)\right] \tag{1-4-24}$$

(2)基层板荷载应力计算

①等尺寸板的荷载应力。标准轴载(单轴—双轮)在纵边中部荷位下基层最大荷载应力 σ_{2p0} 回归式为:

$$\sigma_{2p0} = \frac{\lambda}{1+\lambda}\frac{0.00171 r_g^{0.843} P^{0.943}}{h_2^{2\theta_2}} \tag{1-4-25}$$

$$\theta_2 = 1 + 0.25h_1 - 2.5h_2^2$$

等尺寸双层板的基层最大应力位于纵边中部层底。等单轴重情况下,不同轴型在纵边中部基层层底所产生的荷载应力与单轴—双轮的荷载应力的比值 β_2 分别为:1.20~1.40、平均 1.30(单轴—单轮),0.81~0.87、平均 0.83(双轴—双轮),0.67~0.86、平均 0.75(三轴—双轮)。比值 β_2 与面层的不同轴型的比值 β_1 相比较,仅单轴单轮的均值略有差异,相差 0.01;其他轴型范围和均值基本相同。因此,不同轴型之间换算可按面层的换算公式。

②横向超宽的荷载应力。标准轴载(单轴—双轮)作用的最大荷载应力 σ_{2pL} 的回归形式如下：

$$\sigma_{2pL} = \frac{\lambda}{1+\lambda}\frac{0.00436 r_g^{1.21} P^{0.943}}{(f_2 h_2)^2} \tag{1-4-26}$$

式中：f_2——基层横向无限超宽时的基层厚度修正系数。

$$f_2 = (1.65 - 0.814e^{-4.95\lambda_E})\lambda_h + 0.484 - 0.433e^{-2.37\lambda_E} \tag{1-4-27}$$

$$\lambda_E = \frac{E_2/(1-v_2^2)}{E_1/(1-v_1^2)}$$

$$\lambda_h = \frac{h_2}{h_1}$$

基层横向无限超宽时，基层的最大荷载应力垂直于纵缝。等单轴重情况下，不同轴型的荷载应力与单轴—双轮的荷载应力的比值 β_2 分别为：1.33～1.58、平均1.42(单轴—单轮)，1.03～1.48、平均1.19(双轴—双轮)，1.03～1.67、平均1.28(三轴—双轮)。比值 β_1 与面层的不同轴型的比值 β_1 相比较，差异较大。因此不同轴型之间换算不能采用面层的换算公式。

③面层板的疲劳应力。重载水泥混凝土路面的面层板的设计疲劳荷载应力计算式在形式上与一般水泥混凝土路面的设计疲劳荷载应力计算式相同。即：

$$\sigma_{1pr} = k_{1r}k_{1f}k_c\sigma_{1ps} \tag{1-4-28}$$

式中：k_{1r}——考虑接缝传荷能力、基层超宽作用的荷载应力折减系数，取值为0.84～1.0；

k_{1f}——考虑设计基准期内荷载应力累计疲劳作用的疲劳应力系数，$k_{1f}=N_e^v$，对于素混凝土，$v=0.057$；

k_c——考虑路面疲劳损坏的综合系数，依据公路等级不同，取值为1.0～1.15，高速公路取1.15，一级公路取1.10，二级公路取1.05，三四级公路取1.0；

σ_{1ps}——标准轴载 $P_s=100\text{kN}$ 在四边自由双层板的面层板临界荷位荷载应力。

应力折减系数 k_{1r} 被赋予两层含义，除保留了原考虑接缝传荷能力效应之外，还考虑基层超宽对荷载应力的折减作用；另外二个系数的含义不变，可按现行规范确定。

标准轴载 $P_s=100\text{kN}$ 在四边自由双层板的面层板临界荷位荷载应力 σ_{ps1} 为：

$$\sigma_{1ps} = \frac{1.45\times10^{-3}}{1+\dfrac{D_2}{D_1}} r_g^{0.65} h_1^{-2} P_s^{0.94} \tag{1-4-29a}$$

$$D_1 = \frac{E_1 h_1^3}{12(1-v_1^2)},\qquad D_2 = \frac{E_2 h_2^3}{12(1-v_2^2)} \tag{1-4-29b}$$

$$r_g = 1.23\left(\frac{D_1+D_2}{E_t}\right)^{1/3} \tag{1-4-29c}$$

④基层的疲劳应力。考虑将纵缝边缘中部下方基层底面点作为临界荷位，基层板的设计疲劳荷载应力的计算式为：

$$\sigma_{pr2} = k_{2f}k_c\sigma_{ps2} \tag{1-4-30}$$

式中：k_{2f}——考虑设计基准期内荷载应力累计疲劳作用的疲劳应力系数，$k_{2f}=N_e^v$，贫混凝土基层，$v=0.065$，一般半刚性材料基层，$v=0.075$；

σ_{ps2}——标准轴载 $P_s = 100\text{kN}$ 在四边自由双层板的下层板临界荷位荷载应力。

标准轴载 $P_s = 100\text{kN}$ 在四边自由双层板的下层板临界荷位荷载应力 σ_{ps2} 为：

$$\sigma_{ps2} = \frac{1.41 \times 10^{-3}}{1 + \dfrac{D_1}{D_2}} r_g^{0.68} h_2^{-2} P_s^{0.94} \tag{1-4-31}$$

⑤双层板下基层顶面当量模量换算。实际的路面结构由多层组成，包括面层、基层、底基层、垫层、路床等，当基层采用刚性、半刚性材料修筑时，基层视为双层板的下层板，底基层、垫层、路床等可等效为当量回弹模量 E_t。

新建公路基层顶面当量回弹模量 E_t 按式(1-4-32a)计算。

$$E_t = \left(\frac{E_x}{E_0}\right)^a E_0 \tag{1-4-32a}$$

$$a = 0.86 + 0.261\ln h_x \tag{1-4-32b}$$

$$E_x = \sum_{i=1}^{n} h_i^2 E_i / \sum_{i=1}^{n} h_i^2 \tag{1-4-32c}$$

$$h_x = \sum_{i=1}^{n} h_i \tag{1-4-32d}$$

式中：E_0——路床回弹模量，MPa；

a——与基层、底基层及垫层的当量厚度 h_x 有关的回归系数；

E_x——基层、底基层及垫层的当量回弹模量，MPa；

h_x——基层、底基层及垫层的当量厚度，m；

n——基层、底基层及垫层的总层数；

E_i——第 i 结构层的回弹模量，MPa；

h_i——第 i 结构层的厚度，m。

第 5 章　端部非锚式连续配筋混凝土路面结构分析

5.1　结构整体开裂规律

分析端部非锚式连续配筋混凝土路面(CRCP)结构裂缝从无到有,从少到多的发展过程可以发现,在某一降温作用下,CRCP 裂缝从最初发展到最终稳定,都有一定的规律可循,这个规律就是“分批从应力峰值部位开裂,直至结构趋向稳定”。主要规律如下:

(1)从时间上看,CRCP 浇筑完成后,裂缝形态不是一次同时出现(虽然有些开裂的时间间隔极其短暂),首先在中部出现第一条裂缝,板体一分为二,每块板又有自己的水平应力分布。如果温度持续降低,应力峰值超过抗拉强度极限值,板体继续开裂,第 2、3、…各批裂缝依次出现,即开裂有明显的时间序列,板体从无裂缝到出现 20 条裂缝都是遵循如此开裂规律。

(2)裂缝一再从峰值部位发生,裂缝间距逐步减小,峰值降低。当所有板体混凝土应力峰值均小于抗拉强度时,裂缝稳定,不再发展。

(3)混凝土开裂后的应力分布情况:靠近板体端部位置,每块小板内的应力峰值相对较低;离开端部位置,每块小板应力峰值相对高一些;最大应力峰值出现在最中间的板体上。

(4)裂缝宽度变化规律为:随着裂缝间距变小,裂缝宽度也随之减小。端部位置的绝对位移量逐渐减小,这主要是由于板体通过开裂将较宽的裂缝弥散为许多小裂缝的缘故。

(5)钢筋应力变化规律为:混凝土开裂后,截面应力重分布,钢筋要独立承担截面的总应力;钢筋应力与裂缝间距密切相关,裂缝间距越大,钢筋的应力也越大,随着混凝土分批开裂,钢筋应力逐渐减小,直至开裂稳定。结构的开裂稳定是指在某温差作用下,混凝土和钢筋的应力均小于各自的抗拉极限强度。

综上,CRCP 的开裂过程可以概括为:结构通过分批开裂,逐步释放混凝土的应力、钢筋的应力,并弥散裂缝的宽度,使结构的状态趋于稳定。图 1-5-1 ~ 图 1-5-3 分别为某端部非锚式结构在混凝土开裂前的结构响应、结构出现 1 条及多条裂缝时的位移及应力响应图,从图中可以清楚地看出这一基本开裂规律。

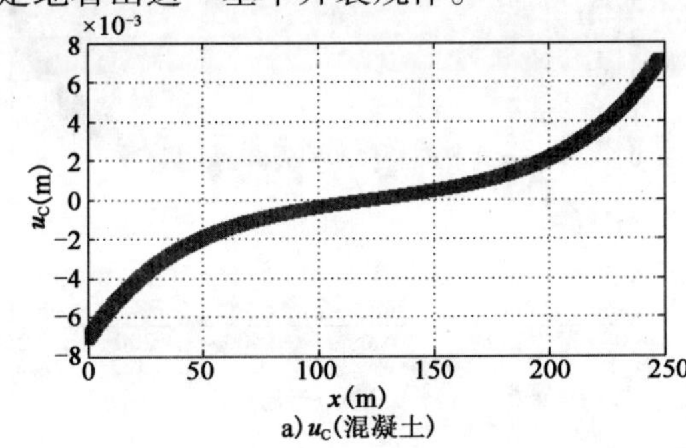

a) u_C(混凝土)

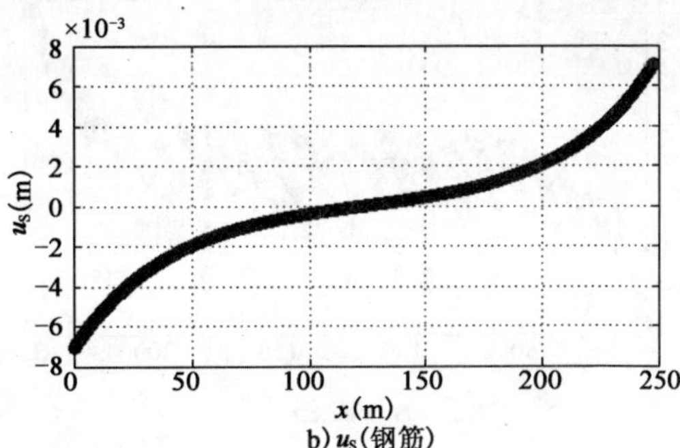

b) u_S(钢筋)

图　1-5-1

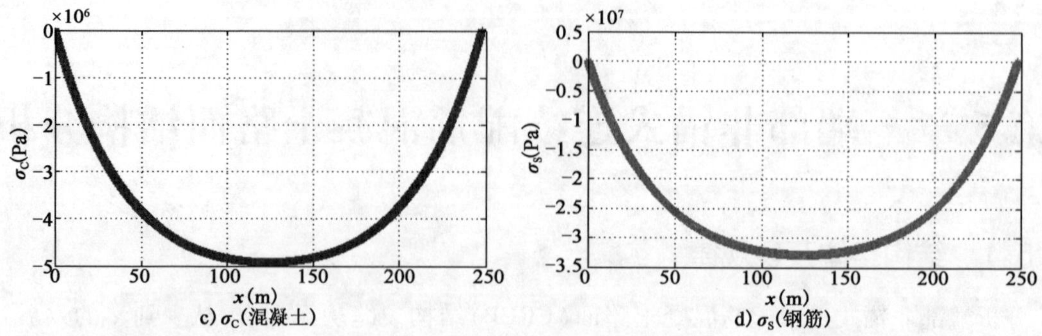

c) σ_C(混凝土)　　d) σ_S(钢筋)

图 1-5-1　混凝土开裂前的结构响应图

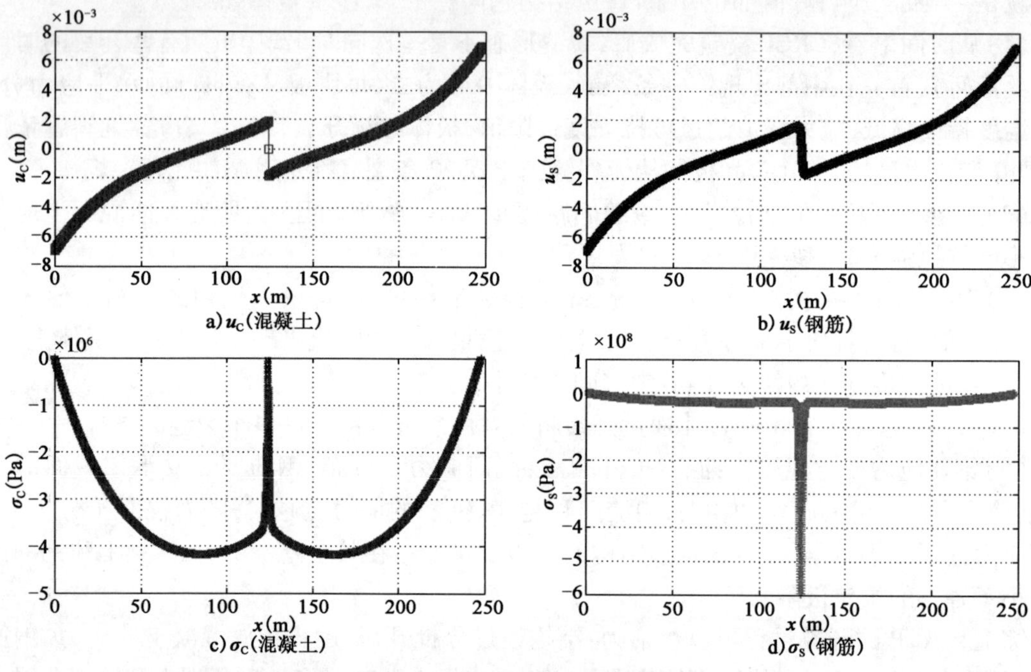

a) u_C(混凝土)　　b) u_S(钢筋)

c) σ_C(混凝土)　　d) σ_S(钢筋)

图 1-5-2　结构出现 1 道裂缝响应图

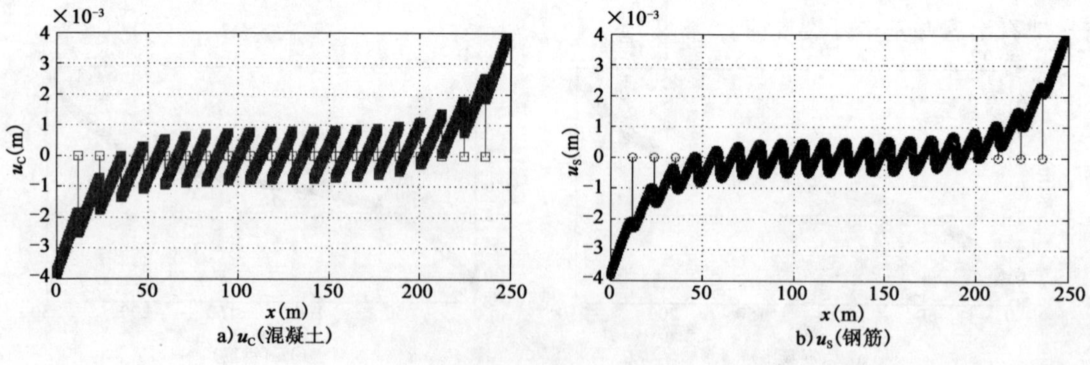

a) u_C(混凝土)　　b) u_S(钢筋)

图　1-5-3

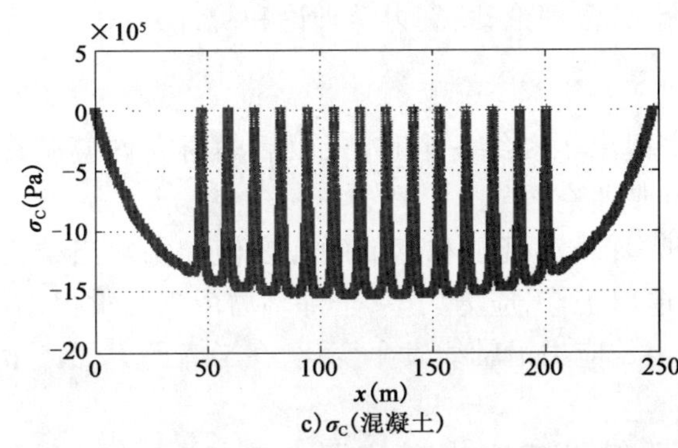

c) σ_C(混凝土)

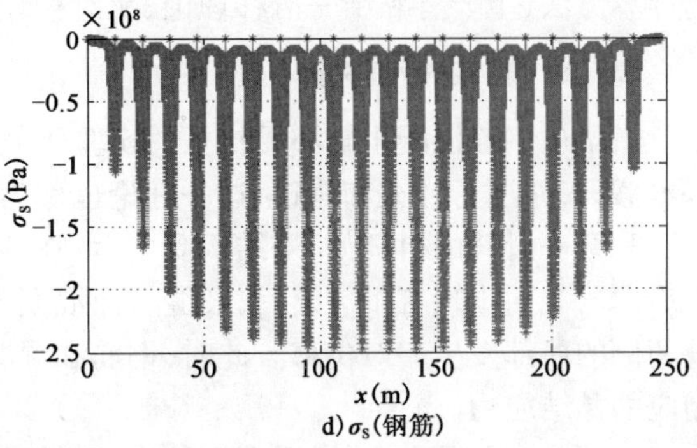

d) σ_S(钢筋)

图 1-5-3　结构出现多道裂缝响应图

5.2　断裂点和连续点

从开裂分析中还发现结构变化的另一特点,从混凝土出现第一条裂缝起,到裂缝分布稳定,结构上的所有点可以分为两大类,一类是断裂点,另一类是连续点。

(1)断裂点

断裂点是指那些在断裂前应力随温度变化,直至某一时刻达到抗拉极限值,发生脆性破坏,裂缝出现,结构应力重新调整分布,应力降为零,并在此后的变化过程中应力一直保持为零的点。从出现的时间上分,断裂点又分为第 1 批断点、第 2 批断点、…、第 n 批断点。

(2)连续点

连续点是指那些在开裂变化过程中,应力值一直没有间断的点,连续点可分为极值点和非极值点,极值点是指混凝土区段内的应力最大点,非极值点是除极值点外的其他连续点。结构设计时,需要对极值点应力进行验算,如果极值点应力大于混凝土抗拉强度值,结构不稳定,需要重新设置边界条件,继续进行迭代计算,直至混凝土所有区段内的极值点应力值均小于抗拉强度值,结构才处于稳定状态。

5.3　裂缝宽度分析

在上述分析中,由于将路面看作一维问题,即单向弹性约束问题进行求解,由此得到的裂缝宽度实际上是指钢筋位置的裂缝宽度。而在实际应用工程中,无论是单层配筋路面还是双层配筋路面,钢筋的布置位置离混凝土表面都有一定的距离(即保护层厚度),因此路表的裂缝宽度与钢筋位置处的裂缝宽度会存在一定的差异,而真正影响路用功能的是路表的裂缝宽度,所以需要对两种不同位置的裂缝宽度进行研究,提出裂缝宽度的设计参数和控制方法。

由于混凝土的非匀质性和材性的离散度较大,混凝土构件裂缝的微观和细观现象都很复杂,裂缝的开展和延伸有一定随机性,裂缝区域的局部应力变化大,钢筋和混凝土间黏结应力分布和相对滑移有不确定性,影响裂缝的因素较多,且变化幅度大,裂缝的形成、开展和延伸受混凝土材料的非匀质控制,有一定随机性等,使构件表面的裂缝状况变异性大。还由于试验量测的困难和数据的不完整,对其准确认识和分析的难度也较大,因此出现了不同的观点和相应的计算方法,主要有黏结—滑移理论、无滑移理论、综合理论、断裂力学理论和统计方法等等。

5.3.1 黏结—滑移法

最早从钢筋混凝土轴心受拉杆的实验研究中提出了黏结—滑移法,以后的研究均遵循其基本假设,并进行补充和修正,这一理论也称为经典理论。

黏结—滑移的机理如下:结构受力后,临近开裂前,混凝土和钢筋的应变值相等。当结构的最薄弱截面出现首批裂缝后,裂缝截面混凝土退出工作,应力为零,全部轴力由钢筋承担,裂缝两侧的局部发生相对位移。此时,钢筋和混凝土的应力沿轴线发生变化,在二者的界面产生相应的黏结应力。

离裂缝一段距离之外,混凝土的应力仍维持不变,相应地,钢筋应力和黏结应力也都和裂缝出现之前相同,这一段长度称为黏结长度或应力传递长度。在裂缝两侧某一范围内,混凝土的应力变小,一般不会再出现裂缝。而在此黏结长度范围之外的各截面,在更高的荷载作用下,都有可能在薄弱位置形成次裂缝。当钢筋传递给混凝土的力使混凝土的应变超过其变形能力或产生的应力超过其抗拉强度时,这些次裂缝将持续形成,随着荷载的继续增大,先期形成的次裂缝有可能发展成为主裂缝。

黏结—滑移法假设构件开裂后横贯截面的裂缝宽度相同,即钢筋附近和构件表面的裂缝宽度相等,如图 1-5-4a)所示。这一结论与一些试验结果不完全相符,因此 Broms 等人根据试验观测,提出了无滑移法,如图 1-5-4b)所示。

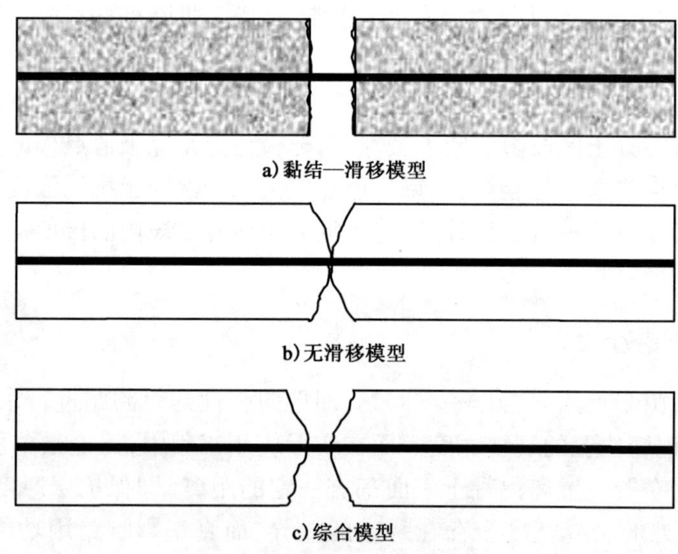

图 1-5-4 3 种裂缝宽度计算模型

5.3.2 无滑移法

按黏结—滑移法概念推导的构件受拉裂缝间距和宽度主要取决于钢筋直径、配筋率和平均黏结应力。变形钢筋和光圆钢筋与混凝土的平均黏结强度相差约 4 倍,对裂缝有巨大影响。黏结—滑移法又假设了钢筋附近和构件表面的裂缝宽度相等。这些结论和假设与一些实验研究有较大出入,如其中一组实验,两根受拉杆的截面积、钢筋直径、配筋率均相等,但钢筋的保护层厚度相差一倍,在相同的拉力作用下测量到相应位置的表面裂缝宽度相差 2.5 倍以上。

过镇海分析了不同截面形状的轴心受拉杆和受弯梁的试验数据,建议混凝土表面裂缝的平均宽度可按式(1-5-1)计算。

$$w = 2c\varepsilon \tag{1-5-1}$$

式中:w——混凝土表面裂缝的宽度;

c——混凝土结构的保护层厚度;

ε——构件表面的平均应变。

过镇海进行了大量的梁试件试验,提出了试件表面平均裂缝宽度建议计算式,其中:

变形钢筋:

$$w = 1.65c\varepsilon \tag{1-5-2}$$

光圆钢筋:

$$w = 1.89c\varepsilon \tag{1-5-3}$$

式中:w——混凝土表面裂缝的宽度;

c——裂缝位置的混凝土保护层厚度;

ε——构件表面的平均拉应变。

无滑移法把构件表面至钢筋的距离(即保护层厚度)作为影响裂缝宽度的最主要因素,并引入计算式。更多的试验表明,这一结论对于保护层厚度为 15 ~ 80mm 范围内的裂缝相符较好,能解释受拉构件距离钢筋较远处的裂缝更宽的现象。但是试验也发现,对于保护层厚度小于 15mm 的情况,计算裂缝宽度偏小约 50%;而对保护层厚度大于 80mm 的情况,计算裂缝宽度普遍偏高,且保护层厚度越大,偏高越多。

5.3.3　综合分析法

黏结—滑移法和无滑移法都对揭示混凝土受拉裂缝的规律做出了贡献,它们对于裂缝主要影响因素的分析和取舍各有侧重,都有一定试验结果支持。但它们计算式的形式和计算结果差别较大,又都不能完全地解释所有的试验现象和数据。进一步的研究将这两种方法合理地结合起来,既考虑构件表面至钢筋的距离(即保护层厚度)对裂缝的重大作用,又修正钢筋界面上相对滑移和裂缝宽度为零的假设,计入黏结滑移的影响;或者将裂缝宽度分解为 2 个或 3 个组成部分,分别求解后叠加。

Erwin 等研究了荷载(路面加速加载设备)和温度耦合作用下的 CRCP 裂缝形态,发现裂缝宽度沿深度变化,缝宽值不仅与平均降温水平有关,还与板上下的温度梯度有关。因此理论分析中所指的裂缝宽度应为钢筋位置的宽度,并应考虑温度梯度的影响,以钢筋位置的混凝土温度变化为基准。

Bianchini 等根据轴心受拉钢筋混凝土试件的简化模型讨论了裂缝的开展机理。而在 Beeby 1970 年的研究中,沿着钢筋混凝土板底部测量了不同点的裂缝宽度和间距,发现裂缝间距和宽度随着钢筋距离(即保护层厚度)的增加而增加,并在离钢筋某一距离处接近于常数,这时只依赖于裂缝的高度。因此他得出结论:裂缝宽度由两部分组成,即受裂缝高度限制的部分和受临近钢筋控制的部分。

Makhlouf 的研究也表明,裂缝宽度随着保护层的增加而显著增大,也就是说,表面裂缝宽度要比钢筋位置的宽度大,当保护层厚度由30mm增加到60mm,裂缝的宽度增加16%。而按美国规范ACI 318-1995,或者英国规范BS 8110第二部分(1985)推荐的裂缝公式进行计算,则增加超过80%。

试验及计算分析均表明,构件开裂后,只在裂缝截面附近的微小局部发生钢筋和周围混凝土的相对滑移,其余大部分仍保持着良好的黏结。混凝土的黏结应力对钢筋的作用使钢筋应力从裂缝截面处的最大值往内急剧减小。

裂缝宽度的差值由钢筋界面附近的内部斜裂缝补偿,裂缝宽度沿截面高度成曲线分布。这说明,由于黏结力的存在和作用,钢筋约束了混凝土裂缝的开展。离钢筋越近,约束影响大,裂缝宽度越小;随着离钢筋距离的增大,约束作用减弱,裂缝宽度增大;距离更远(如80~100mm)处,超出了钢筋的有效约束范围,裂缝宽度不再变化。钢筋约束作用的大小取决于钢筋的直径和间距,以及和混凝土的黏着状况。

大量的试验和广泛的理论研究表明:构件表面处裂缝宽度比钢筋位置的裂缝宽度要宽很多,表面裂缝宽度受控于结构配筋率和混凝土保护层厚度。结合试验观测,综合分析法与CRCP裂缝的实际情况比较符合,因此在结构设计中,一方面可以通过使用不同的配筋率来控制裂缝宽度,还可以通过调整钢筋的布置层位,或者采用不同直径的钢筋以及调整钢筋的间距来控制裂缝的宽度。

对于钢筋层位的布置,当采用单层钢筋网时,钢筋网尽可能往表面布置;当采用双层钢筋网时,钢筋网尽可能往上下表面布置;混凝土保护层厚度以5cm为宜。布置于表层的钢筋网优先采用直径较小的钢筋,在满足施工的条件下,钢筋间距尽可能缩小,以有效限制裂缝张开。

5.4 端部非锚式连续配筋混凝土路面设计

5.4.1 结构损坏形式

国内外大量的应用调研发现,CRCP主要存在剥落、冲断、钢筋拉断等破坏形式。

(1)剥落

剥落就是裂缝边缘混凝土不连续或散失的现象,一般发生于裂缝两侧较小宽度范围内。剥落分为轻度剥落和严重剥落,严重剥落时,沿着横向宽裂缝产生了导致行车欠安全,且必须翻修的破碎带。出现时间在通车5年左右,是我国CRCP路面必须着力预防的前期破损状态。

(2)冲断

冲断是混凝土板被横缝分割成不连续的混凝土小块,在交通荷载反复冲击作用下引起裂缝两侧混凝土的剥落,裂缝变宽,从而降低了集料间嵌锁的传荷作用。随着板下支撑弱化,当传荷能力较小时,两条间距较小(一般小于0.6m)的裂缝间的板块,在荷载引起的横向拉应力作用下发生断裂,产生纵向裂缝,断裂的混凝土块与路面彻底分离。冲断是CRCP中最严重的最终结构性破坏。

(3)钢筋拉断

钢筋拉断是CRCP的另一种破坏形式,指的是当配筋率较小,横向裂缝宽度过大时,钢筋应力超过其抗拉强度,发生断裂的破坏现象。

5.4.2　设计指标与准则

按照连续配筋混凝土面层的工作特性以及国内外的使用经验和研究成果，并参照美国力学经验法路面设计指南，现行设计规范选用平均裂缝间距、缝宽、钢筋应力作为设计指标。其设计准则为：平均裂缝间距不大于1.8m；裂缝平均宽度不大于0.5mm；钢筋所承受的拉应力不超过其屈服强度。

5.4.3　计算参数

(1)混凝土抗拉强度和弹性模量

参照《公路水泥混凝土路面设计规范》(JTG D40—2011)参考值取用。

选用抗拉强度时应注意，用于抵抗温缩开裂的抗拉强度等于设计弯拉强度减去轴载应力和翘曲应力的累积疲劳应力。

(2)钢筋的强度和弹性模量

参照《公路水泥混凝土路面设计规范》(JTG D40—2011)中推荐的经验参考值取用。

(3)混凝土热膨胀系数

按《公路水泥混凝土路面设计规范》(JTG D40—2011)推荐的经验参考值取用。

(4)钢筋热膨胀系数

钢筋由于材质均匀，其热膨胀系数相对稳定，建议采用$9 \times 10^{-6}℃^{-1}$。

(5)钢筋和混凝土的黏结刚度系数，可按表1-5-1取用。

黏结刚度系数经验参考值　　　表1-5-1

混凝土标号	C30	C35	C40
黏结强度系数k_s(MPa/mm)	30	32	34

(6)混凝土和基层之间的摩阻系数

基层摩阻系数是单位位移引起的接触面上的剪应力。严格地说，基层的摩阻系数不是常数，而是与基层性质、外部荷载等诸多因素有关。基层摩阻系数可按《公路水泥混凝土路面设计规范》(JTG D40—2011)的推荐取用。

(7)极限最低温度

建议采用最冷月份(一般为1月)板内中部日最低温度平均值作为理论最低值。当没有实测数据时，可以工程所处当地最冷月份平均气温代替。

(8)极限最高温度

对于端部非锚结构，还需要根据使用期最高温度验算端部最大伸长量，以便选择合适的端部结构物型号。理论上应该以一年中最热月份(一般为7月)板内中部日最高温度平均值作为设计值。当没有实测数据时，可以工程所处当地最热月份日最高气温平均值代替。

(9)应力松弛系数

根据第2章分析，施工期(28d)内各加载龄期的应力松弛系数可按表1-5-2取值，弹性阶段长龄期干缩应力松弛系数可按0.283取值。

(10)水泥水化热值

实测表明，在施工期间，水泥的水化热一般在3d之内释放完毕，因此，可按本项目水化热研究成果,参照表1-5-3取值。

不同龄期应力松弛系数表 表1-5-2

龄期(d)	应力松弛系数 $H_i(t,\tau_i)$	龄期(d)	应力松弛系数 $H_i(t,\tau_i)$
1	1	15	0.268
2	0.611	16	0.26
3	0.591	17	0.252
4	0.57	18	0.244
5	0.555	19	0.236
6	0.539	20	0.229
7	0.524	21	0.222
8	0.508	22	0.215
9	0.325	23	0.208
10	0.314	24	0.202
11	0.305	25	0.195
12	0.295	26	0.189
13	0.286	27	0.183
14	0.277	28	0.178

水泥3d龄期水化热 表1-5-3

水泥强度等级	32.5	32.5(R)	42.5	42.5(R)	52.5	52.5(R)
单位水化热(kJ/kg)	210	260	290	315	330	350

5.4.4 设计步骤

(1)按照普通混凝土路面设计方法确定板厚。

(2)初步拟定设计参数。设计参数主要包括:端部类型、路面长度、路面摊铺宽度、路面厚度、混凝土设计抗拉强度、混凝土弹性模量、混凝土热膨胀系数、钢筋类型、钢筋直径、钢筋模量、钢筋热膨胀系数、配筋率、钢筋布置层位、钢筋布设间距、钢筋和混凝土之间黏结刚度系数、混凝土和基层之间的摩阻系数、极限最低温度、极限最高温度、基准温度。

(3)计算基准温度 T_0,按式(1-5-4)进行。

$$T_0 = \frac{1}{E(28)}\sum_0^{28} E_i(t)H_i(t,\tau_i)[\Delta T(1)_i + \Delta T(2)_i] + H\Delta T(3) + T_2 \tag{1-5-4}$$

式中:$E(28)$——标准条件下养护28d混凝土的弹性模量;

$E_i(t)$——第 i 天龄期的混凝土弹性模量,按式(1-5-5)计算;

$H_i(t,\tau_i)$——第 i 天加载时至第28天的应力松弛系数;

$\Delta T(1)_i$——日平均降温,分两段计算,在浇筑后的7d内,从散热最高温升 T_{max} 线性降到环境温度(以施工当月平均气温代替),第7天至第28天从施工期当月平均气温线性降到次月的月平均气温,散热最高温升 T_{max} 可按式(1-5-6)计算;

$\Delta T(2)_i$——日平均收缩当量降温,按式(1-5-8)计算;

H——弹性龄期的松弛系数，按 0.283 取值；

$\Delta T(3)$——28d 龄期至一年龄期收缩当量温差，按式(1-5-8)计算；

T_2——施工次月的月平均气温，查阅气象资料。

第 i 天龄期混凝土的弹性模量可按式(1-5-5)计算：

$$E(i) = E(28)(1 - e^{-0.09i}) \tag{1-5-5}$$

散热最高温升 T_{max} 可按式(1-5-6)计算：

$$T_{max} = \lambda(T_{top} + T_f) \tag{1-5-6}$$

式中：λ——散热影响系数，根据工程所处的环境，一般可取 0.3 ~ 0.7，在散热量较大的情况下，如低温季节、风速较大、板厚较小、无保温覆盖等条件下，取低值，相反取高值；

T_{top}——绝热最高温升，按式(1-5-7)计算；

T_f——混凝土浇筑温度：

$$T_{top} = \frac{WQ_0}{c\gamma} \tag{1-5-7}$$

式中：W——单位体积的水泥重量，kg/m^3；

Q_0——每千克水泥的发热量，取 3d 发热量，J/kg；

c——混凝土比热，一般为(0.92 ~ 1.0)kJ/(kg · ℃)；

γ——混凝土密度，没有实测数据时，可按 2 450kg/m^3 取值。

收缩当量温差的计算公式如式(1-5-8)所示：

$$T(t) = \frac{\varepsilon_y(t)}{\alpha} \tag{1-5-8}$$

式中：t——浇筑后的混凝土龄期，d；

$\varepsilon_y(t)$——标准状态下混凝土干燥收缩相对变形值；

α——混凝土热膨胀系数。

标准状态下混凝土干燥收缩相对变形值按式(1-5-9)计算。

$$\varepsilon_y(t) = 3.24 \times 10^{-4} M_1 M_2 M_3 \cdots M_9 (1 - e^{-0.01t}) \tag{1-5-9}$$

式中：M_1、M_2、…、M_9——考虑各种非标准条件的修正系数，可按表 1-5-4 取用。

不同条件影响下的混凝土收缩变形修正系数　　表 1-5-4

水泥品种	矿渣	低热	普通	火山灰	—	—	—	—
M_1	1.25	1.1	1	1	—	—	—	—
水泥细度(m^2/kg)	300	400	500	600	—	—	—	—
M_2	1	1.13	1.35	1.68	—	—	—	—
水灰比	0.3	0.4	0.5	0.6	—	—	—	—
M_3	0.85	1	1.21	1.42	—	—	—	—
胶浆量(%)	20	25	30	35	40	45	50	—
M_4	1	1.2	1.45	1.75	2.1	2.55	3.03	—
养护时间(d)	1	2	3	4	5	7	10	>14
M_5	1.11	1.11	1.09	1.07	1.04	1	0.96	0.93

续上表

水泥品种	矿渣	低热	普通	火山灰	—	—	—	—
环境湿度(%)	25	30	40	50	60	70	80	90
M_6	1.25	1.18	1.1	1	0.88	0.77	0.7	0.54
水力半径倒数①	0	0.1	0.2	0.3	0.4	0.5	0.6	0.7
M_7	0.54	0.76	1	1.03	1.2	1.31	1.4	1.43
E_sA_s/E_cA_c②	0	0.05	0.1	0.15	0.2	0.25	—	—
M_8	1	0.85	0.76	0.68	0.61	0.55	—	—
减水剂	无	有	—	—	—	—	—	—
M_9	1	1.3	—	—	—	—	—	—

注:①水力半径倒数,为构件截面与空气接触的周长(L)与截面积(F)之比,cm^{-1}。

②E_sA_s/E_cA_c 为钢筋的刚度贡献率;E_s、E_c 分别为钢筋、混凝土的弹性模量,N/mm^2;A_s、A_c 分别为钢筋、混凝土的截面积,mm^2。

(4)求得基准温度与极限最低温度的差值,即极限降温,用于结构的温缩验算;求得基准温度与极限最高温度的差值,即极限升温,用于计算端部变形量。

(5)验算设计变量是否符合设计准则要求。输入裂缝间距值(设计规范要求不大于1.8m,因此输入最大值进行验算)和降温幅值,通过用户子程序,输出混凝土应力、钢筋应力、裂缝宽度值。判断3项评价指标是否小于设计准则,如果任一项不符合设计指标要求,调整配筋率,重新进行计算。直至符合要求为止。

(6)计算端部伸长变形量。输入极限升温幅值,通过用户子程序,计算端部最大伸长位移量,并选用适宜的端部变形装置。

(7)横向配筋率的选择。横向配筋主要是指构造配筋,宜采用“小间距、小直径”的配筋形式,建议采用20~40cm的布置间距,确保密集开裂后每块窄条板体之内至少要分布1根以上的横向钢筋。

第2篇

精细化水泥混凝土路面施工技术研究

第1章　水泥与路面混凝土

混凝土路面在野外条件下施工、养生至硬化，因此硬化阶段材料本身的性能和养生措施对混凝土早期开裂影响很大。本章从材料自收缩特性、塑性开裂特性以及硬化阶段混凝土内部温、湿度特性展开研究，提出适于水泥混凝土路面耐久性的混凝土材料配合比和养生技术。硬化后材料的耐候性是服役阶段路面混凝土的重要特征之一，对水泥混凝土路面的耐久性至关重要。

1.1　水泥组成、结构与路用性能的关系

水泥的主要矿物组成有硅酸三钙（C_3S），硅酸二钙（C_2S），铝酸三钙（C_3A）与铁铝酸四钙（C_4AF），还有少量的游离氧化钙（$f-CaO$）、氧化镁（MgO）、石膏（$CaSO_4 \cdot 2H_2O$）和玻璃体。玻璃体通常含有碱金属成分 Na_2O 和 K_2O，是水泥中碱含量的主要载体。

硅酸三钙 C_3S 水化反应生成无定型水化硅酸钙凝胶 C_x-S-H_n 及氢氧化钙结晶相 CH。在 CH 饱和溶液中，$x=1.7$，$n=4$。水灰比为0.418时，可以完全水化，放热 $\Delta H=-121$kJ/mol。

硅酸二钙 C_2S 的水化产物与硅酸三钙的相同，反应机理也基本相同。完全水化所需的水灰比为0.45，放热量 $\Delta H=-43$kJ/mol。硅酸二钙矿物晶体结构不具有大孔穴，因而水化速度要比硅酸三钙慢得多，水化放热量也小。

铝酸三钙 C_3A 属立方晶系，结构中存在较大的孔穴，具有较大的水化活性。有石膏掺入时，水化会产生高硫型水化硫铝酸钙（钙矾石 AFt），石膏不足时转化为单硫型水化硫铝酸钙（AFm）。

铁铝酸四钙 C_4AF 基本化学式可以写成 $Ca_4Fe_{(2-x)}Al_xO_{10}$，x 变化范围为0～1.4。由于铝原子取代铁原子，引起晶格畸变，使其具有水化活性。在有石膏时，水化反应生成钙矾石（AFt），其中钙矾石有部分铝被铁取代。石膏消耗完后，钙矾石会转变为 AFm 相。

凝胶相吸附了大量的氧化物杂质，组成多变，在水化诱导期呈网状或 E 型球状，扩散控制阶段为针状，水化2～3周后呈无定型或3型纤维状，水化后期呈球状或无定型。凝胶尺寸为0.1μm，比重为1.9～2.1。

不同矿物与水体系的反应，固相体积变化率不相同。由于水化反应物和生成物的密度不同，总的趋势是造成化学减缩。矿物组成与化学减缩的关系如表2-1-1所示。

不同矿物组成对化学减缩的影响　　表2-1-1

矿 物 名 称	水化物固相绝对体积变化（%）	体系绝对体积变化（%）
C_3S	+55.95	-10.67
C_2S	+50.99	-10.2
C_3A（有石膏）	+121.86	-9.29

不同矿物的收缩性差异很大，因此矿物组成对水泥的收缩性能有显著影响。不同矿物水化物的收缩值如表 2-1-2 所示。

不同矿物水化物的收缩值 表 2-1-2

矿物名称	C_3S	C_2S	C_3A	C_4AF
水化物收缩值($\mu\varepsilon$)	7.5 ~ 8.3	7.5 ~ 8.3	22.4 ~ 24.2	3.8 ~ 6.0

水泥水化放热满足可加性，根据水泥矿物组成和水泥单矿物水化放热的数值，可预估水泥水化热。根据 Woods 等的试验，水泥水化热与矿物组成的关系为：

$$q = 570C_3S + 260C_2S + 840C_3A + 335C_4AF \tag{2-1-1}$$

式中：q——水泥水化热，kJ/kg。

矿物符号表示其质量百分含量。

不同矿物水化产物的溶解度差异很大，因而具有不同的稳定性。低碱性凝胶相 C-S-H 的稳定性最好，高碱性 C_2SH 凝胶的溶解度较大，稳定性较差。各结晶相的溶解度均较大，并且容易在界面定向生长，形成疏松的结构，稳定性较差。常见水泥水化产物的溶解度如表 2-1-3 所示。

水泥水化产物的溶解度 表 2-1-3

水 化 物 名 称	化 学 式	溶解度(kg/m^3)
氢氧化钙	$Ca(OH)_2$	1.3
C_2SH	$2CaO.SiO_2.nH_2O$	1.4
C-S-H(I)	$5CaO.6SiO_2.nH_2O$	0.05
C_4AH_{13}	$4CaO.Al_2O_3.13H_2O$	1.08
C_3AH_6	$3CaO.Al_2O_3.6H_2O$	0.56
$C_3AS_3H_{32}$	$3CaO.Al_2O_3.3Ca(SO_4).32H_2O$	>1.0

开尔文公式给出相对蒸汽压与毛细孔半径的关系为：

$$\ln\frac{P_r}{P_0} = \frac{3.1588 \times 10^{-7}}{rT} \tag{2-1-2}$$

式中：P_r——毛细孔曲面水的饱和蒸汽压；

P_0——平面水的饱和蒸汽压；

r——液面曲率半径，m；

T——热力学温度，K。

定律给出毛细孔弯月面的附加应力为：

$$\Delta P = -\frac{2\sigma}{r} = -\frac{145.76 \times 10^{-3}}{r} \tag{2-1-3}$$

式中：ΔP——弯月面的附加应力负号表示拉应力，Pa；

σ——水—空气界面张力，J/m^2；

r——液面曲率半径，m。

相对湿度可用湿空气的蒸汽压表示，有：

$$\varphi = \frac{P}{P_0} \times 100\% \tag{2-1-4}$$

式中：φ——相对湿度，%；

P——空气中的实际水蒸汽压，Pa；

P_0——同温度下水蒸气的饱和蒸汽压，Pa。

假设收缩应变与毛细孔收缩应力成比例，联立式(2-1-3)~(2-1-4)，可得收缩值与相对湿度的对数 $\ln\varphi$ 线性相关。根据试验，干缩率与相对湿度的关系为：

$$\varepsilon_y(\varphi) = (0.5738 - 0.5245\ln\varphi)\varepsilon_{0y} \qquad (n = 8, r = -0.9780) \tag{2-1-5}$$

式中：$\varepsilon_y(\varphi)$——不同相对湿度时收缩值，με；

ε_{0y}——标准湿度条件下的干缩率，με。

水泥比表面积可表示为：

$$S_{比} = \frac{3}{\rho_c r} \tag{2-1-6}$$

式中：$S_{比}$——水泥比表面积，m^2/kg；

ρ_c——水泥颗粒密度，kg/m^3；

r——水泥颗粒半径，m。

在弹性范围内，收缩应变与毛细孔收缩应力成比例，联立式(2-1-5)和式(2-1-6)，可得收缩值与比表面积线性相关。根据试验结果，水泥细度与收缩值的关系为：

$$\varepsilon_y(S) = (0.3739 + 2.32 \times 10^{-3}S)\varepsilon_{0y} \qquad (n = 8, r = -0.9648) \tag{2-1-7}$$

式中：$\varepsilon_y(S)$——不同水泥比表面积时收缩值，με；

S——水泥比表面积，m^2/kg。

在其他条件相同的情况下，水泥抗压强度与混凝土强度成正比，可表示为：

$$f_c = Af_{c,c}\left(\frac{C}{W} - B\right) \tag{2-1-8}$$

式中：$f_{c,c}$——水泥抗压强度，MPa；

C/W——灰水比；

f_c——混凝土抗压强度，MPa；

A,B——与集料种类有关的常数，碎石 A 取0.46，B 取0.07；卵石 A 取0.48，B 取0.33。

根据复合材料理论和断裂理论，可推导出混凝土弯拉强度与材料组成的定量关系。为方便应用，采用指数形式拟合混凝土弯拉强度与材料组成的关系，根据试验结果拟合，得：

$$f_r = 0.861 f_{rc}^{0.262} d_0^{-0.098} V_m^{-0.529} \left(\frac{W}{C}\right)^{-1.533} \qquad (n = 207, r = 0.75) \tag{2-1-9}$$

式中：f_r——混凝土弯拉强度，MPa；

f_{rc}——水泥抗折强度，MPa；

W/C——混合料水灰比；

d_0——集料公称最大粒径，mm；

V_m——混合料砂浆体积率。

上式适用于混凝土含气量低于4%的情况。混凝土掺引气剂时，由于引气剂为表面活性剂，可降低表面张力，提高界面黏结强度，相同条件下弯拉强度会略有提高。

1.2 路面水泥混凝土早期收缩特性对开裂性能的影响研究

采用非接触式高精度位移传感器法测量混凝土自收缩特性。测量的初始龄期选为混凝土浇筑成型后6h。

混凝土在测量开始的6～8h内自收缩发展特别快，水灰比越小时这种趋势越明显，到1d龄期后自收缩增长速率逐渐减缓，如图2-1-1所示。随着水灰比的减小，混凝土中可用的自由水量减少，因水泥水化引起的自干燥现象提前发生，因而混凝土早期自收缩值明显增大，水灰比从0.35减小到0.30时，混凝土1d的自收缩值提高了约63%。当水灰比大于0.36（达到0.40时），混凝土在6h至14h内出现了伪膨胀现象，这可能是由于水灰比较大的混凝土在成型后表面出现泌水现象，在密封条件下这些泌水随着水泥水化进程再次渗入混凝土内而引起的。

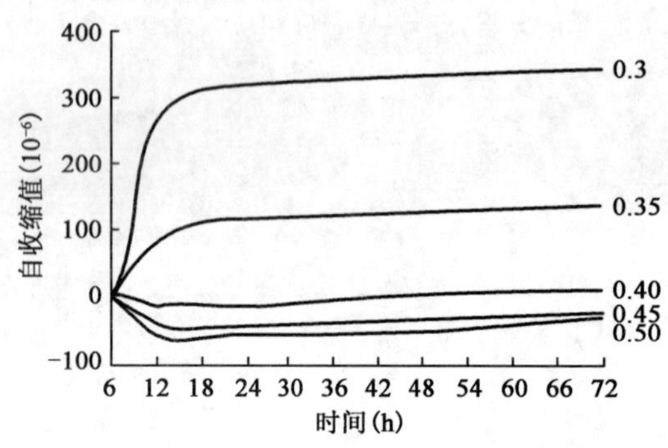

图2-1-1 不同水灰比混凝土的3d内自收缩发展趋势

同时对相应混凝土的干缩性能进行1年半的观测，由数据可以看出，随着龄期的增长，混凝土的干缩变形量也在增大，同龄期时水灰比大的混凝土干缩率要高于水灰比小的混凝土。28d混凝土干缩变形量已达到一年半龄期的60%，半年龄期混凝土干缩变形量已达到一年半的93%，如图2-1-2所示。

在相同水灰比下，不同养护条件下的混凝土干缩变形也有明显差别，随着湿养护天数的增加，混凝土的干缩变形在减小，湿养护1d的干缩变形最大，湿养护28d的干缩变形最小，如图2-1-3所示。可见，早期的湿养护环境可以有效地减缓混凝土干缩的速度，使达到相同变形量所用时间延长。因此，在设计配合比阶段，不应为追求高强而刻意降低水灰比，因为水灰比越低混凝土自收缩越大；同时水灰比也不宜放大，因为相应干缩率会随之增加。

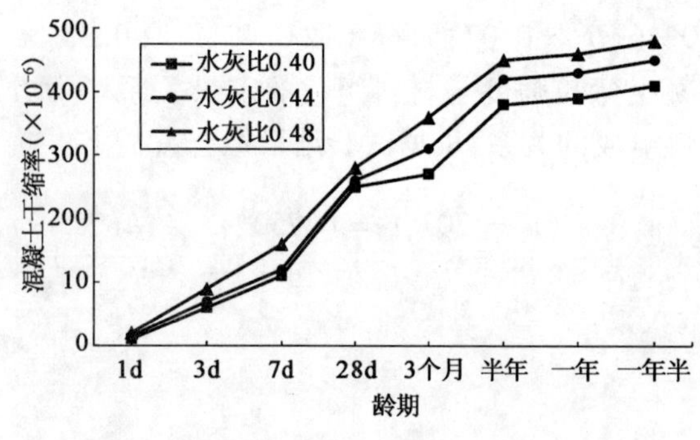

图2-1-2 不同水灰比混凝土干缩率

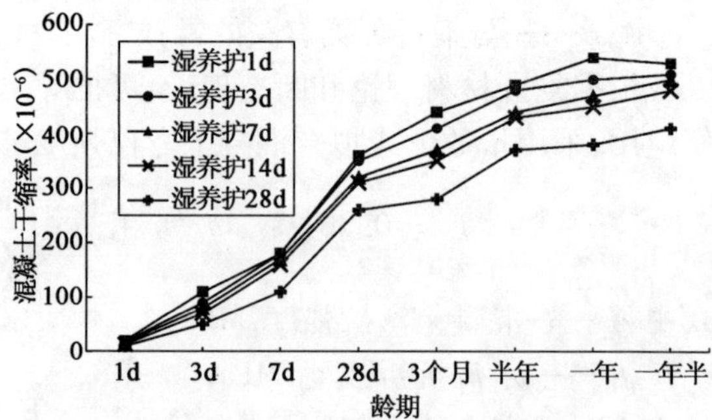

图2-1-3 不同养护条件下混凝土干缩率

1.3　水泥特性对塑性开裂的影响研究

1.3.1　水泥对开裂的影响分析

为了研究水泥砂浆的开裂特性,采用椭圆环约束收缩开裂装置进行早期开裂测试。

(1)水泥细度对混凝土早期开裂性能的影响

试验选取了祁连山水泥厂烧制的熟料粉磨后进行对比研究。比表面积分别控制为302.7,325.4,367.2,393.6,433.6,458.5m^2/kg 6 个等级。试验采用砂浆进行对比,胶砂比为1:2,水灰比为0.4。随着水泥比表面积的增大,水泥砂浆环的开裂时间明显提前,表明随着水泥细度的提高,硬化水泥砂浆的早期抗裂性能下降。这主要是由于比表面积增加引起水泥的早期水化反应加速,水泥水化程度提高会引起徐变松弛能力下降,弹性模量增加,而收缩速度大大提高。且粗磨的水泥中有未水化水泥颗粒稳定凝胶起到了阻裂的作用。我国水泥新标准的实行实际上提高了早期强度的要求,许多水泥厂商改进球磨工艺,生产出的水泥越来越细,致使现代水泥混凝土的抗裂性越来越差,这也与近年来所呈现的混凝土结构物开裂越来越频繁的现象是相一致的。

(2)水泥含碱量对混凝土早期开裂性能的影响

试验采用外加 NaOH 的方法调整水泥中的含碱量。在相同水灰比的条件下,碱度对砂浆初始开裂时间有很大影响。随着水泥中碱含量的增加,硬化砂浆的抗裂性明显降低,这说明碱增加了水泥砂浆的开裂敏感性。原因是碱虽然增大了水化阶段早期的反应速率,提高了早期强度,但影响反应产物的形貌,影响水泥—集料间的黏结,从而降低后期强度。同时,碱影响水化硅酸钙的微结构,高碱水泥水化产物趋于凝胶而不是晶体,凝胶层间孔隙水减少,干燥收缩量增大,加重了裂缝的发展。

(3)SO_3 含量对砂浆早期开裂性能的影响

水泥熟料 SO_3 含量为0.37%,并选用 SO_3 含量为38.92%的石膏掺入熟料。随着水泥中 SO_3 含量的增加,硬化砂浆早期抗裂性能下降,但下降幅度不如水泥细度与碱含量影响的幅度大。SO_3 含量提高降低砂浆抗裂性的主要原因可能是,随着 SO_3 含量的提高,混凝土中钙钒石增多,增大了水泥石中晶体含量,减小了水泥石的徐变能力。水泥石徐变减小,不利于水泥砂浆的延伸性,减弱了抗裂性。

(4)水灰比对砂浆早期抗裂性能的影响

随着水灰比增大,开裂时间逐渐在延长,幅度也比较大,但低水灰比更容易导致水泥砂浆的抗裂性能下降。胶凝材料一定时,水灰比的大小决定了胶凝材料的水化速率、胶结浆体的初始孔隙含量和孔径分布及其随时间的演化特征,从而对水泥石初始龄期的收缩变形和力学性能同时产生影响。伴随着水灰比的增大,水泥石圆环试件的开裂时间和开裂幅度都将呈现增大趋势。水灰比较低时,尽管水泥石孔隙含量低,干燥失水量少,但由于初始龄期失水主要来源于细孔,失水时产生更大的收缩,收缩约束应力大,更易导致开裂;而水灰比较高时,尽管水泥石孔隙率高,干燥失水量大,但由于初始龄期失水孔隙粗,失水时产生收缩小,收缩约束应力迅速减小,反而具有更高的抗裂性。

因此,综合水泥细度、碱含量、SO_3 含量以及水灰比对硬化水泥砂浆早期抗裂敏感性的研究结果可以看出,对于硅酸盐水泥的开裂敏感性影响排序为:水泥细度 > 水灰比 > 碱含量 > SO_3 含量。

1.3.2 混凝土开裂性能影响分析

塑性开裂试验采用日本笠井芳夫教授平板试件抗裂性试验方法。试件尺寸为 600mm × 600mm × 63mm。

(1)水泥细度对混凝土塑性开裂性能的影响

试验选取了祁连山水泥厂烧制的熟料粉磨后进行对比研究。粉磨时采用的配比为 95% 熟料,5% 石膏,通过粉磨时间控制水泥的细度,比表面积分别控制为 302.7,325.4,367.2,393.6,433.6,458.5m^2/kg 6 个等级。试验配合比为水泥:水:砂:碎石 = 380:152:729:1 189,适当调整减水剂用量,使混凝土坍落度控制在 50 ~ 70mm。

随着水泥细度的增大,混凝土出现第一条塑性裂缝的时间逐渐缩短,尤其是当水泥的比表面积超过 360m^2/kg 时,混凝土出现塑性裂缝的时间明显缩短。另外,随着水泥细度的增大,混凝土表面不仅裂缝出现的时间越来越早,而且裂缝的平均开裂面积与单位面积上的总开裂面积也在逐渐增大,并且在水泥比表面积大于 360m^2/kg 时,混凝土塑性开裂的倾向愈加严重,混凝土的抗裂等级也从Ⅱ级降为Ⅲ级,试验结果如表 2-1-4 所示。

水泥细度对混凝土塑性开裂性能的影响 表 2-1-4

比表面积 (m^2/kg)	裂缝开裂面积 (mm^2)	裂缝条数 (根)	裂缝特征	裂缝的平均裂开面积 (mm^2)	单位面积开裂裂缝数目 (根 · m^{-2})	单位面积上的总裂开面积 ($mm^2 \cdot m^{-2}$)	抗裂等级
302.7	23.93	43	非常细	0.557	119	66.47	Ⅱ
325.4	23.44	41	非常细	0.572	114	65.11	Ⅱ
367.2	25.13	45	非常细	0.558	125	69.81	Ⅱ
393.6	32.61	37	细	0.881	103	90.58	Ⅲ
433.6	36.87	36	细	1.419	100	102.42	Ⅳ
458.5	41.21	32	细	1.288	89	114.47	Ⅳ

因此,在选择路面混凝土用水泥时,宜选用较粗的水泥,以降低路面混凝土出现塑性开裂的概率。如选择的水泥细度偏大,应加强路面混凝土的养护工作。

(2)矿物掺和料对混凝土塑性开裂的影响

矿物掺和料对混凝土塑性开裂的影响从出现第一条塑性裂缝时间(表 2-1-5)和对混凝土塑性开裂性能的影响(表 2-1-6)两方面进行对比分析。

矿物掺和料对混凝土出现第一条塑性裂缝时间的影响 表 2-1-5

编号	基准	FA10	FA20	FA30	GS10	GS20	GS30	SF5	SF10	SF15
掺和料种类	0	粉煤灰			矿粉			硅灰		
开裂时间(min)	455	465	480	510	440	460	435	395	355	285

矿物掺和料明显影响了混凝土塑性裂缝出现的时间,且不同种类的矿物掺和料对塑性裂缝出现时间的影响趋势不同。如表 2-1-5 所示,粉煤灰作为矿物掺和料时,混凝土出现第一条

塑性裂缝的时间随掺和料增加而延迟，可能主要是由于粉煤灰良好的形态效应，保证混凝土中存在更多的自由水可以快速迁移到混凝土表面，延缓了塑性裂缝出现的时间，且随着粉煤灰掺量的增加，这种延缓塑性裂缝出现的能力逐渐提高。但由于矿粉细度较粉煤灰略大，保水性更好，致使出现塑性裂缝的时间较掺加粉煤灰混凝土的时间提前，矿粉的掺加不利于混凝土塑性裂缝的控制。而对于硅灰而言，则进一步缩短了混凝土出现第一条塑性裂缝的时间，这主要是由于硅灰的细度更大，比表面积巨大，对自由水的吸附也更加显著，致使混凝土表面更加容易出现塑性裂缝，且出现的时间也更早。

掺和料对混凝土塑性开裂性能的影响 表 2-1-6

序号	裂缝开裂面积（mm^2）	裂缝条数（根）	裂缝特征	裂缝的平均裂开面积（mm^2）	单位面积开裂裂缝数目（根·m^{-2}）	单位面积上的总裂开面积（$mm^2 \cdot m^{-2}$）
基准	25.13	45	非常细	0.558	125	69.81
FA10	26.76	53	非常细	0.505	147	74.33
FA20	34.56	57	非常细	0.606	158	96.00
FA30	52.23	51	细	1.024	142	145.08
GS10	27.32	58	非常细	0.471	161	75.89
GS20	36.31	65	非常细	0.559	181	100.86
GS30	56.12	49	细	1.145	136	155.89
SF5	38.21	65	非常细	0.588	181	106.14
SF10	53.37	51	细	1.046	142	148.25
SF15	65.66	50	细	1.313	139	182.39

从表 2-1-6 的结果可以看出，粉煤灰、矿粉以及硅灰等活性矿物掺和料等量取代水泥后，混凝土的裂缝平均开裂面积以及总裂开面积等指标都显著提高，混凝土的抗裂等级也明显下降。这主要是由于随着活性矿物掺和料的加入使混凝土中水化产物逐渐减小，混凝土早期抵抗收缩的能力降低，致使混凝土塑性开裂更加显著。其中，硅灰由于比表面积巨大，自由水迁移困难，使混凝土更容易形成塑性裂缝。

因此，当采用矿物掺和料来改善混凝土性能时，必须加强混凝土的早期养生，以避免混凝土塑性裂缝的出现。

（3）水灰比对混凝土塑性开裂性能的影响

试验过程中采用等浆体含量的配合比进行对比试验（水泥采用祁连山商品水泥，比表面积为 367.2m^2/kg），结果如表 2-1-7 和表 2-1-8 所示。

水灰比变化对混凝土出现第一条塑性裂缝时间的影响 表 2-1-7

编号	W1	W2	W3	W4	W5
水灰比	0.50	0.45	0.40	0.35	0.30
开裂时间（min）	565	490	455	370	225

随着水灰比逐渐降低，混凝土出现第一条塑性裂缝的时间逐渐缩短，尤其是当水灰比小于 0.4 时，混凝土出现塑性裂缝的时间迅速提前。水灰比影响混凝土出现塑性裂缝时间的原因

主要是由于：在一定范围内随着水灰比的增大，混凝土的累计泌水量增大，这有利于减少混凝土的塑性收缩，提高混凝土抵抗塑性开裂的能力。

水灰比对混凝土塑性开裂性能的影响　　表 2-1-8

序号	裂缝开裂面积(mm^2)	裂缝条数(根)	裂缝特征	裂缝的平均裂开面积(mm^2)	单位面积开裂裂缝数目(根·m^{-2})	单位面积上的总裂开面积($mm^2 \cdot m^{-2}$)
W1	16.53	28	非常细	0.590	78	45.92
W2	21.42	39	非常细	0.549	108	59.5
W3	25.13	45	非常细	0.558	125	69.81
W4	43.29	46	细	0.941	128	120.25
W5	54.81	44	细	1.246	122	152.25

表 2-1-8 的结果进一步印证了水灰比降低对给混凝土塑性开裂带来的影响，随着水灰比的降低，尤其是当水灰比降低到 0.40 以下时，路面混凝土裂缝平均裂开面积、总裂开面积以及裂缝的宽度都显著增大。因此，配制混凝土过程中不应过分追求低水灰比，应在满足强度的前提下，保持合理的水灰比范围。

（4）浆集比对混凝土塑性开裂性能的影响

混凝土的浆集比影响着混凝土的工作性能，但浆集比的大小也将对混凝土抗裂性能带来影响。表 2-1-9 和表 2-1-10 对比了不同的浆集比对混凝土塑性开裂性能的影响。

浆集比对混凝土出现第一条塑性裂缝时间的影响　　表 2-1-9

编号	P1	P2	P3	P4	P5
浆集比	296.2:703.8	285.4:714.6	274.6:725.4	263.8:736.2	253.0:747.0
开裂时间(min)	485	480	455	415	435

浆集比对混凝土塑性开裂性能的影响　　表 2-1-10

序号	裂缝开裂面积(mm^2)	裂缝条数(根)	裂缝特征	裂缝的平均裂开面积(mm^2)	单位面积开裂裂缝数目(根·m^{-2})	单位面积上的总裂开面积($mm^2 \cdot m^{-2}$)
P1	48.32	38	细	1.272	106	134.22
P2	33.49	37	细	0.905	103	93.03
P3	25.13	45	非常细	0.558	125	69.81
P4	18.13	43	非常细	0.422	119	50.36
P5	15.51	43	非常细	0.361	119	43.08

浆集比变化对混凝土塑性裂缝出现时间略有影响，即在 300:700 ~ 250:750 范围内，浆集比略大时，混凝土出现塑性裂缝的时间晚些，但差异不显著。主要原因可能是：由于水灰比相同，浆体数量增加，也相应提高了单方混凝土用水量，相对提高了混凝土中自由水含量，这有利于混凝土在表面失水过程中的补给，延缓了第一条塑性裂缝出现的时间。

从表 2-1-10 中可以看出，虽然在 300:700 ~ 250:750 的浆集比范围内，混凝土出现第一条塑性裂缝的时间相差不明显，但随着浆体总数量的增加，混凝土的抗裂等级出现了明显的降低，即当单方混凝土水泥用量超过 380kg/m^3 时，混凝土抗裂等级呈现明显的下降趋势。

1.4　硬化后混凝土的耐候性研究

1.4.1　混凝土冻融循环试验

(1)相对动弹性模量

随着冻融循环次数的增加，不同强度等级、不同含气量和不同冻结温度的混凝土的相对动弹性模量值变化情况如图 2-1-4 ~ 图 2-1-6 所示。

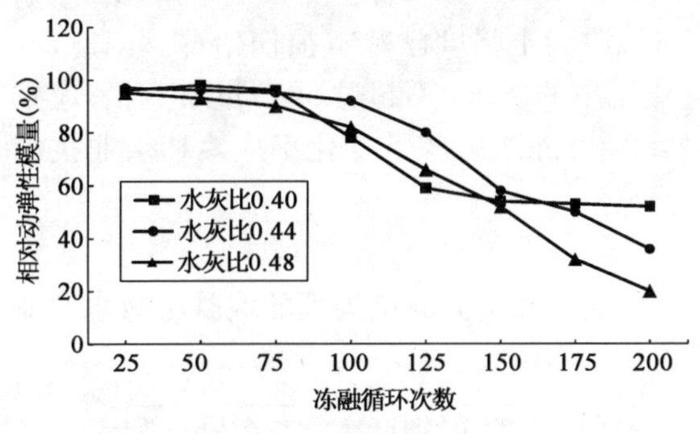

图 2-1-4　不同强度等级混凝土相对动弹性模量

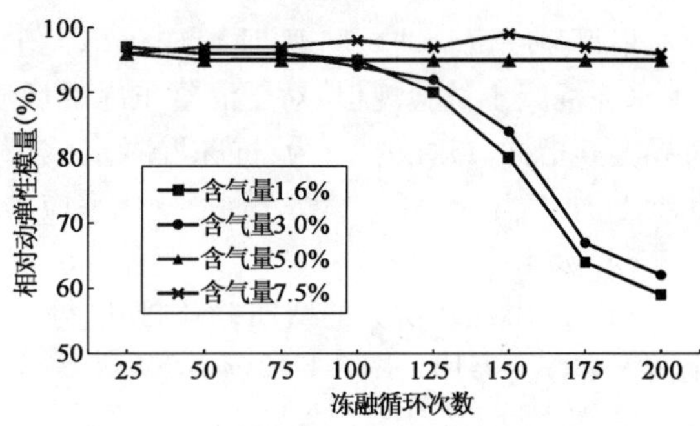

图 2-1-5　不同含气量混凝土相对动弹性模量

随着混凝土强度等级的提高，经过冻融循环后混凝土相对动弹性模量损失减少。由于采用的冻融试块是非抗冻混凝土(含气量 1%)，混凝土相对动弹性模量损失都很大，都达不到 200 次的抗冻要求。另外，含气量对混凝土的相对动弹性模量影响非常大，通过提高混凝土的含气量可以有效地降低混凝土冻融损伤程度。不同冻结温度(降温速率保持一致)对抗冻混凝土(含气量 5%)相对动弹性模量影响并不大，相对动弹性模量损失由小到大排序为 -5℃ < -9℃ < -13℃ < -18℃ < -24℃。

(2)质量变化率

随着冻融循环次数的增加，不同强度等级、不同含气量和不同冻结温度的混凝土质量变化率变化情况如图 2-1-7 ~ 图 2-1-9 所示。

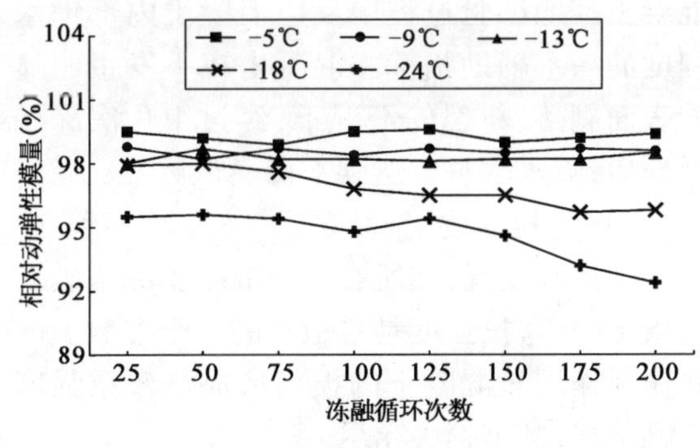

图 2-1-6　不同冻融环境下相对动弹性模量(抗冻混凝土)

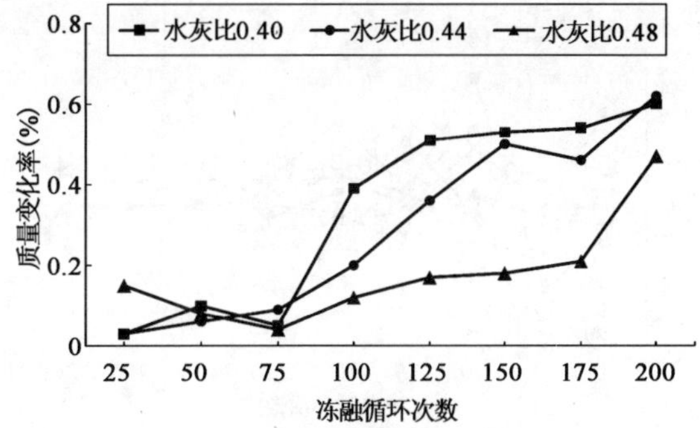

图 2-1-7　不同强度等级混凝土质量变化率

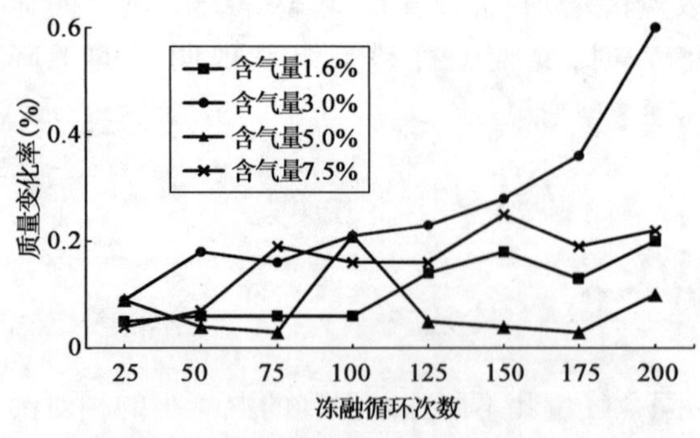

图 2-1-8　不同含气量混凝土质量变化率

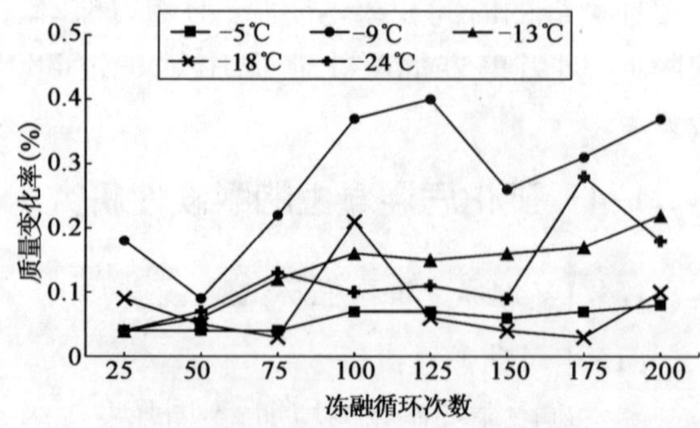

图 2-1-9　不同冻融环境下质量变化率数据图(抗冻混凝土)

根据强度试验结果发现:质量变化率大于1%时,混凝土强度已基本损伤殆尽。因此,现行《水泥混凝土试验规程》对于混凝土冻融后质量变化率的要求(不超过5%)过于宽松,应重新界定其指标。建议更改为:抗冻混凝土(含气量≥3%)冻融后质量变化率应≤1%,非抗冻混凝土(含气量<3%)冻融后质量变化率应≤2%。

(3)吸水率

随着冻融循环次数的增加,不同强度等级、不同含气量和不同冻结温度的混凝土吸水率变化情况如图 2-1-10 ~ 图 2-1-12 所示。

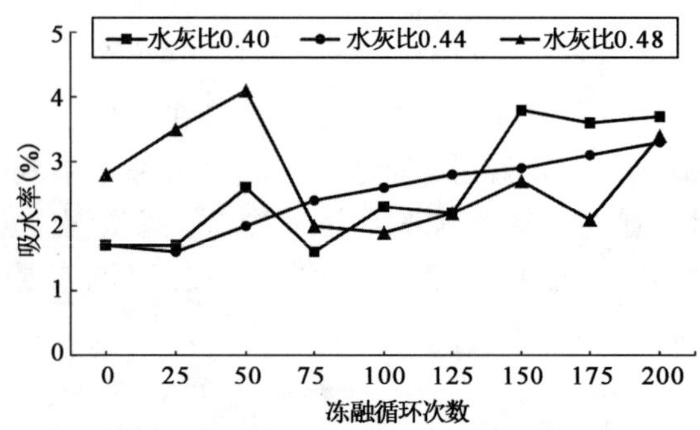

图 2-1-10　不同强度等级混凝土吸水率

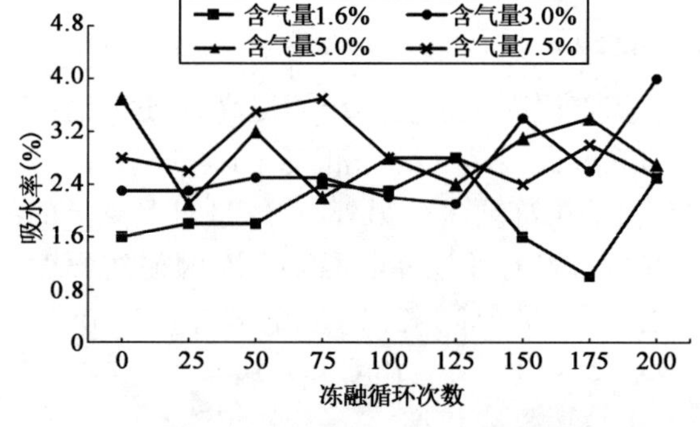

图 2-1-11　不同含气量混凝土吸水率

由试验可以看出,混凝土强度等级、含气量等对混凝土吸水率并无显著影响,吸水率只是混凝土冻融试验过程中反应混凝土内部饱水程度的一个辅助指标。混凝土在不发生明显的表面剥落、断裂的情况下,经过 100 次冻融循环后,吸水率基本达到平衡。

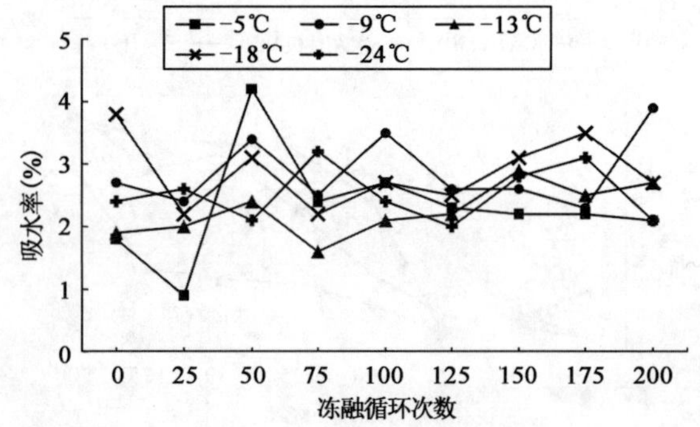

图 2-1-12　不同冻融环境下吸水率数据图(抗冻混凝土)

(4)弯拉强度

由试验发现,在所有反映混凝土冻融破坏的指标中,弯拉强度是最敏感的一个参数。冻融循环作用对混凝土的损伤造成其弯拉强度急剧下降,甚至损失殆尽。

比较混凝土相对动弹性模量和弯拉强度

会发现:对于抗冻混凝土,相对动弹性模量下降很小的情况下(10%以内),混凝土弯拉强度已经损失了23%。因此,单纯的以相对动弹性模量作为混凝土冻融评价指标并不合适,建议增加弯拉强度损失率为混凝土冻融破坏评价指标。根据试验数据,建议将弯拉强度损失率为25%作为冻融破坏指标。

(5)抗压强度

混凝土含气量对于其抗压强度影响非常明显,每增加1%的含气量,混凝土抗压强度会下降5%。因此,建议混凝土摊铺前的含气量满足规范要求即可,不要盲目地去提高含气量,否则会造成水泥用量的增加以及混凝土密实性下降。

(6)压折比

随着冻融循环次数的增加,不同强度等级、不同含气量和不同冻结温度的混凝土压折比变化情况如图2-1-13~图2-1-15所示。

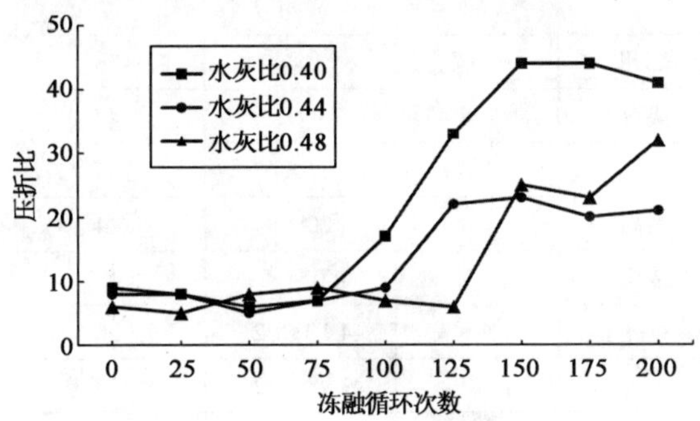

图2-1-13　不同强度等级混凝土压折比

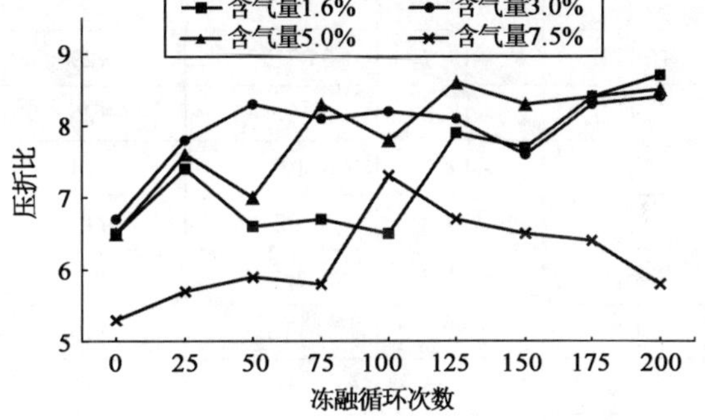

图2-1-14　不同含气量混凝土压折比

由图2-1-13~图2-1-15可见,混凝土强度等级越高,冻融后期(100次以后)压折比增加越快,说明混凝土脆性急剧增加。

1.4.2　混凝土野外和室内冻融循环的关系

(1)现场混凝土冻融过程的模拟

考虑利用式(2-1-10)将混凝土经历的现场冻融循环次数等效为实验室内的冻融循环次数,即

$$N_{eq} = f_1(N^r) \qquad (2\text{-}1\text{-}10)$$

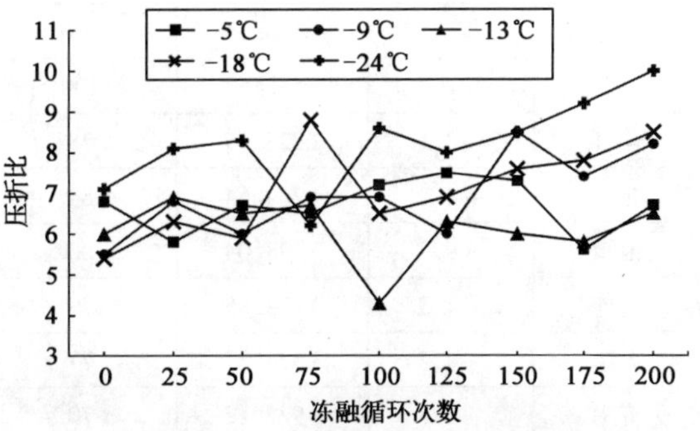

图2-1-15　不同冻融环境下压折比(抗冻混凝土)

式中:N_{eq}——通过某种函数关系f_1由现场混凝土经历的现场冻融循环次数N^r推导得到的等效室内冻融循环次数。则可利用式(2-1-11)模拟现场冻融环境中混凝土的冻融损伤规律,即

$$D = 1 - \left(1 - \frac{N_{eq}}{N_F}\right)^{\frac{1}{\xi+1}} \qquad (2\text{-}1\text{-}11)$$

(2)现场混凝土冻融耐久性的预测方法

室内理论冻融疲劳寿命N_F和人为定义的冻融疲劳寿命$N_{0.4}$之间的关系:

$$0.4 = 1 - \left(1 - \frac{N_{0.4}}{N_F}\right)^{\frac{1}{\xi+1}} \quad (2\text{-}1\text{-}12)$$

预测的现场使用年限都与定义的冻融破坏状态相对应。工程实践通常使用人为定义的冻融破坏状态($D=0.4$)作为控制状态。

(3)铺面混凝土冻融环境量化指标统计分析

应用有限差分方法求一维非稳态温度场的数值解,计算得到的不同地区混凝土面层5cm深处年逐时温度数据,根据铺面混凝土的自然冻融循环定义,我国主要地区铺面混凝土年冻融循环次数统计如表2-1-11所示。

我国主要城市铺面混凝土年冻融循环次数 表2-1-11

城市	最冷月平均气温(℃)	年平均日辐射(W/m^2)	年冻融循环次数	城市	最冷月平均气温(℃)	年平均日辐射(W/m^2)	年冻融循环次数
哈尔滨	-19.7	3831.22	129	郑州	-0.3	4194.7	58
牡丹江	-18.8	3467.45	126	武汉	2.8	3999.9	47
沈阳	-12.7	4101.7	114	合肥	2.4	4119.62	45
长春	-16.8	3782.66	119	南昌	4.4	4206.94	44
延吉	-14.7	3569.2	112	重庆	6.7	4054.2	43
西宁	-8.9	4110.5	110	杭州	3.6	4103.22	26
乌鲁木齐	-10.6	4099.3	111	上海	3.3	3780.72	23
兰州	-7.3	4647.6	107	宁波	4.9	4254.08	32
呼和浩特	-13.2	4974.22	123	长沙	4.6	4381.5	32
太原	-7	4556.34	100	贵阳	4.9	4084.9	31
拉萨	-2.3	5442.58	100	南京	3.11	3614.69	25
石家庄	-3.1	4225.75	78	成都	5.6	3940.7	15
北京	-4.7	4264.54	84	福州	10.4	4123.7	5
银川	-9.2	5128.04	80	厦门	12.6	4093.25	1
大连	-5.3	3933.85	79	南宁	12.9	4616.2	0
天津	-4.2	3574.87	77	广州	13.4	4311.1	0
济南	-1.7	3922.12	70	海口	17.1	4271.9	0
西安	-1.3	3916.8	68	昆明	7.8	5228.1	0
青岛	-2.6	4112.2	67				

对年冻融循环次数与最冷月平均气温及年平均日照辐射进行回归统计,各回归关系式中:N_{ft}表示铺面混凝土年冻融循环次数,T_{mm}表示最冷月平均气温,Q_{my}表示年日平均日照辐射。

铺面混凝土年冻融循环预估次数如式(2-1-13)所示。

$$N_{ft} = -4.33T_{mm} + 56.9 \quad (2\text{-}1\text{-}13)$$

$$R^2 = 0.939, S = 12.5, n = 31$$

按照公式(2-1-13)计算,不同气候条件下铺面混凝土年冻融循环次数预估值见表2-1-12。

铺面混凝土年冻融循环次数预估值　　表 2-1-12

气候分级	最冷月平均气温	年冻融循环次数
严寒地区	$T_{mm} < -8℃$	$N_{ft} > 92$
寒冷地区	$-4℃ > T_{mm} \geq -8℃$	$74 < N_{ft} \leq 92$
微冻地区	$T_{mm} \geq -4℃$	$N_{ft} \leq 74$

(4)铺面混凝土抗冻标号与自然冻融循环关系分析

不同冰冻降温速率下混凝土冰冻最大静水压力推算值随不同降温速率的变化见图 2-1-16。

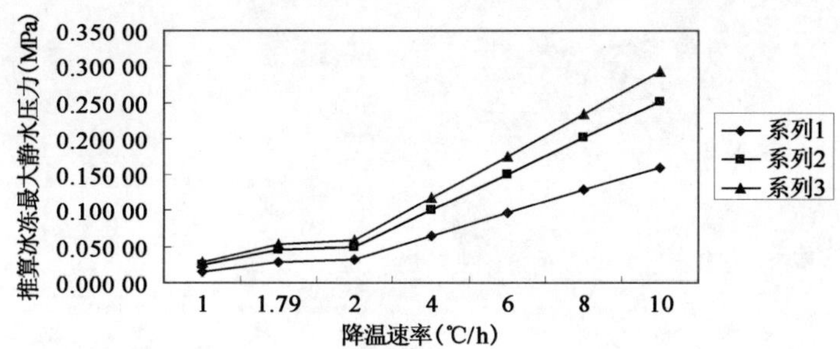

图 2-1-16　混凝土冰冻最大静水压力推算值随不同降温速率的变化

注:系列 1——降温区间 0℃ ~ −5℃;系列 2——降温区间 0℃ ~ −10℃;系列 3——降温区间 0℃ ~ −20℃。

对应动弹性模量损失率为 0.4 的冻融循环次数随不同降温速率的变化见图 2-1-17。

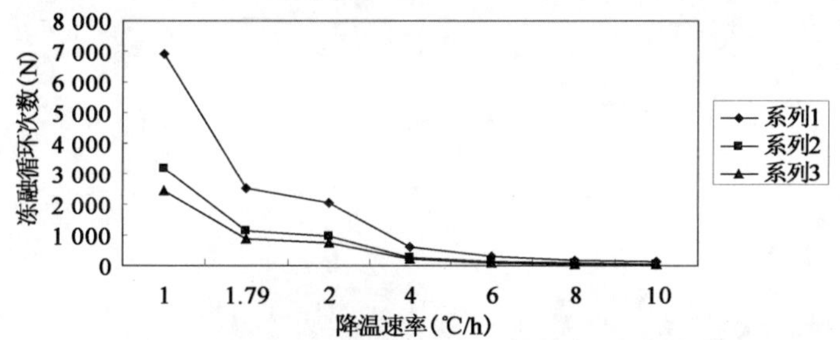

图 2-1-17　对应动弹模量损失率 0.4 的冻融循环次数随不同降温速率的变化

注:系列 1——降温区间 0℃ ~ −5℃;系列 2——降温区间 0℃ ~ −10℃;系列 3——降温区间 0℃ ~ −20℃。

在冰冻降温速率不同的单一因素下,混凝土室内冻融循环与铺面混凝土自然冻融循环的相对关系如表 2-1-13 所示。

考虑降温速率单一因素时铺面混凝土室内外冻融循环相对关系　　表 2-1-13

自然冻融循环,降温速率(0.15 ~ 4℃/h,平均 1.79℃/h)	降温速率(℃/h)		1	1.79	4	平均
	冻融循环次数($N_{自然}$)	0 ~ −5℃	6 933	2 516	609	
		0 ~ −10℃	3 170	1 141	278	
		0 ~ −20℃	2 424	873	213	
室内试验冻融循环,降温速率(6 ~ 10℃/h,平均 8℃/h)	降温速率(℃/h)		6	8	10	
	冻融循环次数($N_{室内}$)	0 ~ −5℃	299	181	122	
		0 ~ −10℃	136	82	56	
		0 ~ −20℃	104	63	43	
$N_{自然}/N_{室内}$			23.2	13.9	5.0	13.9

由于降温速率的不同为铺面混凝土自然冻融循环与室内试验冻融循环最大的区别,所以,根据混凝土冻融损伤模型,从理论上分析,一次 ASTM C666 室内试验冻融循环相当于 14 次铺面混凝土自然冻融循环的数量级。

综合理论分析及实际室内外对比结论得出:铺面混凝土抗冻标号与自然冻融循环次数之间的定量对应关系为 1:14。

第2章　原材料性能变异性及控制技术研究

2.1　集料种类、性质与路用性能的关系

2.1.1　粗集料对混凝土路用性能的影响

根据需水性定则，粗集料的粒径越大，达到相同坍落度时的单位用水量越小，或相同单位用水量时混凝土坍落度越大。

连续级配的集料，粒径越大，级配数越多，混凝土密度就越大。根据已有试验，混凝土密度每增大1%，抗压强度约增加5%。相同水灰比时，连续级配混凝土集料粒径从16mm增大至31.5mm时，抗压强度提高约6.5%。

集料粒径越大，微裂纹尺寸越大，其他条件相同时混凝土的弯拉强度会降低，不同粒径的粗集料弯拉强度系数为：

$$k_{d_0} = \left(\frac{d_{1,0}}{d_{2,0}}\right)^{-0.098} \qquad (2\text{-}2\text{-}1)$$

式中：k_{d_0}——最大粒径对弯拉强度影响系数；

$d_{1,0}$，$d_{2,0}$——不同集料的最大粒径。

集料粒径越大，断裂表面的起伏程度就越大，断裂表面分维数也越大。另外，集料粒径越大，疲劳方程系数 α 和 β 越大，集料粒径对疲劳方程参数的影响存在最佳值，在通常粒径范围内，集料粒径越小，抗疲劳断裂能力越高。

根据渗透系数张量的计算公式，渗透系数与微裂纹尺寸的立方成正比，渗水高度与微裂纹尺寸成正比。集料公称最大粒径 $d_0=9.5\sim31.5$mm，单位用水量为155kg/m^3，单位水泥用量为360kg/m^3，砂用量为678kg/m^3，粗集料含量为1 280kg/m^3，混凝土掺加引气剂，验证渗水高度与集料最大粒径的关系，结果如式(2-2-2)所示：

$$h = 12.439 + 0.001\,031\,2d_0 \qquad (n = 5, r = 0.940\,0) \qquad (2\text{-}2\text{-}2)$$

式中：h——渗水高度，反映混凝土的渗透性；

d_0——集料公称最大粒径。

根据不同集料吸水率试验结果，沉积岩、多孔火成岩、其他变质岩及卵石集料吸水率与密度的经验关系为：

$$\rho = 2\,730 - 60w \qquad (n = 72, r = -0.866) \qquad (2\text{-}2\text{-}3)$$

式中：ρ——集料的密度，kg/m^3；

w——吸水率，×100%。

根据渗透性与孔隙率的立方关系，集料的坚固性与吸水率的关系可用立方关系拟合。部分石灰岩集料的坚固性与吸水率的经验关系为：

$$Q = 6.93 + 0.04w^3 \quad (n = 15, r = 0.9507) \tag{2-2-4}$$

水灰比一定($W/C=0.40$)的条件下,不同集料坚固性与混凝土抗压强度及抗弯拉强度的经验关系为:

$$f_c = 43.57 - 0.186Q_e \quad (n = 58, r = 0.854) \tag{2-2-5}$$

$$f_r = 6.19 - 0.024Q_e \quad (n = 58, r = 0.786) \tag{2-2-6}$$

式中:f_c——混凝土抗压强度,MPa;

f_r——混凝土抗弯拉强度,MPa;

Q_e——坚固性试验重量损失率,%。

集料的吸水率对混凝土抗冻性有显著影响。根据差异收缩变形估计,粗集料与水泥砂浆的界面微裂纹的宽度可达200μm以上,集料吸水储存于界面上,界面微裂纹中的水均为可冻水,内部微裂纹中的水冻结后,多余的水不能直接排出,水往裂纹尖端的界面区排泄,引起微裂纹的扩展。

2.1.2 细集料对混凝土路用性能的影响

细度模数越大,相同条件下砂颗粒的体积浓度和线性浓度越小,混凝土的黏度系数就越小。细度模数越小,砂的颗粒越均匀,空隙率越大,达到空隙水饱和状态所需要的用水量越高。

细度模数对混凝土强度的影响与砂浆体积含量及有效水灰比有关。细度模数越大,虽然最佳砂率越高,但单位用水量减小,砂浆体积率降低,混凝土弯拉强度提高。

细集料细度模数越大,吸水率越小,集料吸收的总水量就越小,达到相同施工性能时单位用水量越低,耐久性就越好,但细度模数增大同时降低水泥用量时,可能造成砂浆空隙填充不满,形成大孔隙和多害孔,降低混凝土的耐久性。

集料中所含黏土的液限含水率一般为25%~50%,塑限含水率一般为18%~20%,含泥量每增加1%,施工性能相同时单位用水量增加3.68kg/m^3。

包裹型黏土液限含水率达到40%~45%,塑限含水率一般为20%~25%,包裹型黏土含量每增加1%,施工性能相同时单位用水量增加4.6kg/m^3。团块型黏土由于外比表面积较小,吸水相对较少,对施工性能的影响比分散型及包裹型黏土的影响小。石粉的塑限低于黏土的塑限,石灰石粉的塑限约为10%。石粉总含量每增加1%,施工性能相同时单位用水量增加1.84kg/m^3。

混凝土中的黏土矿物是结晶矿物,与水泥水化形成的结晶矿物相比,结晶体尺寸粗大,层间吸水性大,因而对混凝土强度的危害比水泥水化结晶产物的危害大。团块型黏土对混凝土抗压强度有所影响,空隙率每增加1%,混凝土抗压强度降低5%~6%;当泥块含量为1%~5%时,抗压强度降低5%~20%;泥块含量达7%时,抗压强度降低30%以上。分散型黏土及包裹型黏土含量对混凝土抗压强度的影响比团块型黏土稍小。

含泥量对抗拉强度的影响比对抗压强度的影响大,混合料组成相同时,含泥量每增加1%~2%,混凝土抗拉强度降低10%~25%。

含泥量对混凝土干缩变形也有显著影响。对于包裹型黏土,含泥量为5.0%时,28d干缩率较基准混凝土增大25%左右。对于团块型黏土,含泥量为1%时,28d干缩率增大28%;含泥量为2%时,28d干缩率增大104%。

含泥量对混凝土抗冻性有重要影响,含泥量分别为0、1%、3%和7%时,经过26次冻融循环,混凝土抗压强度损失分别为8.9%、14.8%、36.2%和47.8%。

2.2　外加剂与混凝土性能的关系

2.2.1　减水剂作用机理与选用

路面混凝土采用减水剂,主要目的是降低单位用水量,改善混合料施工性能,提高混凝土弯拉强度和路面耐久性。减水剂的掺量应根据减水率、保塑性和饱和掺量综合确定。

木质素磺酸盐普通减水剂减水率为8%~12%,常用掺量为水泥质量的0.1%~0.3%,随着掺量的提高,减水率有一定提高,掺量为0.3%时达到饱和。常用掺量下,混凝土坍落度可由10~30mm提高到20~60mm;或施工性能不变时混凝土弯拉强度提高10%~21.6%;饱和吸附热$\Delta H=-(9.0\sim10.1)$kJ/mol,水化热增加约7%。

β-萘磺酸盐甲醛缩合物高效减水剂减水率为12%~20%,常用掺量为0.5%~1.2%,饱和掺量为1.1%左右;氨基磺酸盐高效减水剂减水率为12%~25%,常用掺量为0.35%~1.0%,饱和掺量为0.9%左右。常用掺量下,混凝土坍落度可由10mm提高到35~110mm;或施工性能不变时,混凝土弯拉强度提高15%~30%;掺β-萘磺酸盐甲醛缩合物高效减水剂时,饱和吸附热$\Delta H=-(11.6\sim11.9)$kJ/mol,水化热增加约2.4%。

聚羧酸盐高效减水剂掺量为0.1%时即可明显减水,随着掺量的增加,减水量显著增加,掺量达到0.3%左右时,减水率可达30%以上。由于受侧链的影响,饱和吸附量较低,一般掺量达到0.3%以上时即可达到饱和状态。常用掺量下,混凝土坍落度可由10mm提高到120~200mm;或施工性能不变时,混凝土弯拉强度提高20%~40%。

掺木质素磺酸盐或β-萘磺酸盐甲醛缩合物可降低水的表面张力,从而降低液体的黏度;减水剂的静电作用可提高水泥的分散性,从而降低混合料屈服剪应力。降低黏度是主要的,降低屈服剪应力是次要的。减水降低水灰比,混合料黏度系数和屈服剪应力提高。如果保持坍落度不变,掺减水剂减水一般会增加混合料黏度系数,从而增加施工阻力和坍落度损失。聚羧酸盐高效减水剂主要是通过空间位阻效应减水,不降低水的表面张力,也不增加颗粒之间的静电斥力。由于减水率较高,混合料的屈服剪应力和黏度系数均较大,但屈服剪应力变化较小,因而坍落度的损失较慢。

减水剂的适宜掺量为饱和掺量的0.5~1.0倍。饱和掺量较低的减水剂,减水率对掺量变化比较敏感,减水剂的掺量变化会增加混合料施工性能和混凝土弯拉强度变异性。

综合考虑减水剂种类、掺量、减水率和经济性,高速公路及一级公路宜选用萘系高效减水剂,减水率以12%~15%为宜;其他公路宜选用木钙类普通减水剂,减水率以8%~12%为宜。聚羧酸类高效减水剂虽然减水率高,坍落度损失少,但混合料屈服剪应力及黏度系数较大,路面摊铺施工困难,因此大面积路面施工时不宜选用。

2.2.2　引气剂作用机理与选用

常用引气剂为改性松香热聚物,引气机理包括气泡形成、稳定和分布3个方面:气泡形成是气—液界面张力降低的结果;气泡稳定需要有足够的液膜厚度及弹性,还受液体黏度及表面电荷等因素的影响;气泡分布是引气的目的,满足混凝土耐久性要求。

引气剂为气泡形成剂。在水中产生泡沫时，形成气—液分散体系。单个气泡在毛细管中形成时，受到液体浮力和毛细管拉力的作用。要形成气泡，气泡半径必须足够大，使浮力大于毛细管表面引力，即满足以下条件：

$$R \geqslant \left(\frac{3r\sigma}{2\rho g}\right)^{\frac{1}{3}} \tag{2-2-7}$$

式中：R——形成气泡的半径，m；

r——毛细管的半径，m；

σ——气—液界面的界面张力，J/m^2；

ρ——液体的密度（严格应为气液之间的密度差），kg/m^3；

g——重力加速度，m/s^2。

影响气泡稳定性的主要因素是表面张力、液体黏度和液膜弹性。液膜厚度必须足够厚，与液体渗出速度相适应，提高液体黏度会减慢表面活性剂扩散速度，对泡沫稳定有利。在体系中加入保护胶体或固体粉末，它们可以浓集在界面上定向排列，提高液膜的机械强度。

含气量及气泡分布对混凝土抗冻性有重要影响。引气剂能够在混凝土中引入直径为10～100μm的孔，封闭在水泥石中，在毛细作用下，直径为10～40μm的气泡很快被水饱和，只有40～100μm的孔充水后不容易饱和，对抗冻性起作用。气泡直径有一定的分布，平均气泡直径可能波动很大，因此允许的最大气泡间距也不同，在通常的气孔直径范围内，允许最大气泡间距为180～305μm。

混凝土掺引气剂可以提高水泥的分散性，同时提高液体的黏度，因而改善水泥与集料之间的界面黏结，提高混凝土的弯拉强度和抗疲劳性能，从而提高路面混凝土的耐久性。

引气剂的掺量主要由含气量及气泡分布控制，很少的掺量即可产生大量气泡。短链阴离子表面活性产生气泡多，气泡尺寸大；非离子表面活性剂起泡较困难，产生气泡小，气泡稳定。一般引气剂掺量为0.05%～0.15%，即可使混凝土含气量由2%左右增加到4%～7%，满足不同耐久性的要求。为控制气泡尺寸，减小气泡间距，可采用阴离子表面活性剂与非离子表面活性剂组合掺入的方案。

路面混凝土不宜单独使用引气剂，引气剂宜与减水剂复合使用。引气剂要求分散性好，降低表面张力明显，泡沫稳定，气泡尺寸及间距应符合混凝土耐久性设计要求。引气剂掺量根据含气量要求及混合料黏度要求综合确定，且不得超过最大掺量，以防引入过多过大的气泡，增加混合料的黏度，降低混凝土的强度和耐久性。集料粒径越大，稳定气泡含量越小，因此，掺引气剂混凝土宜根据含气量和耐久性要求，适当减小集料的粒径。引气剂与掺和料同掺时，宜适当提高引气剂的掺量，保证气泡含量和尺寸符合设计要求。

第3章　路面混凝土搅拌均匀性控制技术

混凝土的表观密度等于单位体积内各组分材料的用量的总和。根据绝对体积法，可建立混凝土各组成体积含量之间的关系。

$$C = \alpha - \beta G \tag{2-3-1}$$

式中：C——单位水泥用量，kg/m^3；

α,β——系数按式(2-3-2)和式(2-3-3)计算：

$$\alpha = \frac{\rho_c}{\rho_c - \rho}[\rho - \rho_w(1 - V_a)] \tag{2-3-2}$$

$$\beta = \frac{\rho_c}{\rho_c - \rho_w}\left(\frac{1}{1-r} - \frac{\rho_w}{\rho_s}\frac{r}{1-r} - \frac{\rho_w}{\rho_g}\right) \tag{2-3-3}$$

式中：$\rho_c,\rho_s,\rho_g,\rho_w$——分别为水泥、砂和粗集料的表干密度及水的密度，$kg/m^3$；

V_a——混凝土中的空气体积含量，以小数表示，m^3；

r——砂率，%；

ρ——混凝土的表观密度，kg/m^3。

确定单位水泥用量后，根据绝对体积法，得单位用水量为：

$$W = \rho - C - \frac{G}{1-r} \tag{2-3-4}$$

式中：W——单位用水量，kg/m^3；

其余符号意义同前。

混凝土拌和物现场的质量控制，需要分析混合料实际组成与设计组成的符合程度，根据以上组成分析原理，可采用简单的方法现场分析混合料组成，减少直接测定单位水泥用量或单位用水量造成的误差。

在《公路工程水泥及水泥混凝土试验规程》(JTG E30—2005)T0529的组成分析方法中，粗集料用量没有考虑粗集料吸水率的影响，从而造成粗集料用量和单位用水量误差，因此宜测定粗集料在水中的质量，然后按式(2-3-5)计算粗集料用量。

$$m_g = \frac{\rho_g m'_g}{\rho_g - 1} \tag{2-3-5}$$

式中：m_g——试样中粗集料质量，g；

m'_g——试样中粗集料在水中的质量，g。

水灰比预先控制技术，主要是预先控制集料的含水状态，使含水率波动控制在规定范围内,从而保证各组成材料计量的准确性。预先控制技术要求将粗集料和细集料的含水率预先调整至稳定含水状态。稳定含水状态是指集料吸湿与蒸发平衡的状态,集料空隙中没有多余水分,表面开口毛细孔吸湿与蒸发平衡,这种状态就是饱和面干状态。

预先控制技术避免了用水量计量误差的传递和组合放大,从而提高用水量的计量准确性,显著提高水灰比控制准确性。预先控制技术不需要经常测定含水率,不需要干燥集料,节约劳动力和能源,还能缩短加水时间,降低搅拌功率,从而提高生产率。而且,预先控制技术的精度较高,能够满足水灰比控制的要求。

水灰比在线控制技术是通过在线测定颗粒材料的含水率,对材料计量进行在线修正,从而达到水灰比控制的目的。水分在线测定可采用电阻法、电容法、近红外法、中子法或微波法,常用电阻法测定。

电阻式水分传感器将被测物料的水分转换为电阻值的变化量,通过水分测量电路(对数电路)将电阻变化值转换成对应的电压值;温度传感器和温度测量电路将温度补偿转换为电压值,实现温度补偿。通过 A/D 转换器,将水分通道和温度通道传来的信号转换为数字信号,通过单片机处理,将数字信号及水分控制信号输给水分控制器,实现加水量自动控制。

在线控制技术能够达到较高的精度要求,但由于物料多,需要设计水分测定系统,并处理大量的控制信号,可靠性会降低。任何一个测量部件或线路出现损坏或受环境异常影响均会导致含水率测定误差增大。

出料控制技术是通过控制搅拌功率,人工调整加水量和出料时机,从而实现水灰比控制。实际搅拌功率曲线在力矩轴上有截距,截距表征屈服剪应力大小,直线的斜率表征黏度大小。因此根据功率曲线能够确定混合料的施工性能和搅拌均匀性。将搅拌功率曲线控制在一定范围之内,能够实现混合料屈服剪应力和黏度控制,从而实现坍落度控制。

根据搅拌功率和力矩确定混合料流变参数,根据流变参数确定坍落度和用水量,反馈给加水量控制器,也可实现自动控制。但由于出料控制为事后控制,一般只有在下一盘料搅拌时才能调整,从而造成水灰比和施工性能的波动。

细集料中粒径小于 0.075mm 的粉粒含量及含水率对称量计量和级配控制有重要影响。细粉粒之间有一定的凝聚力,这种力主要是范德华力,使得细集料结团并吸附在容器壁上,造成计量误差。当含水率超过某一临界值时,随着含水率的增加,润滑作用增强,颗粒接触应力及屈服剪应力降低,有利于下料和准确计量。

细集料在出料口成拱现象多样复杂。当细集料颗粒较粗、出料口较小时,细集料在出料口附近形成拱架状态,这种情况下只有加大出料口或冲击振动才能破拱。当细集料含泥及细粉粒较多,含水状态使得液桥作用力最大时,细粉料或结团集料堵塞在料仓出料口,使材料无法下落,破拱也较为困难,通常可采用增加含水率并振动液化的方法破拱。当细集料含泥量或石粉含量较高时,在重力作用下颗粒之间形成力链,只有料仓中间部分的物料可以下落,这种成拱现象轻者可采用振动或吹入空气破拱,严重时则需要采用机械破拱。如果出料口锥面倾角过小,壁面不够光滑,细粉料或黏粒物料容易吸附在锥面部位,从而进一步缩小出料口并增加物料下落阻力,这种现象轻者可采用振动或吹入空气破拱,严重时则需要采用机械破拱。为防止成拱现象,料仓设计时除应注意出料口锥面倾角和料仓的壁面光洁度外,还可通过设计成不对称出料口、料仓中间设隔板、料仓中间悬吊链条的方法减少成拱现象。采用振动器辅助振动下料时，振动器的安装部位必须选择在锥形壁面的波腹处，离出料口约为锥面高度的1/3部位，如果安装部位不当，反而会助长成拱。振动器辅助振动下料仅适用于黏结性较小的集料，对于机制砂或含泥量较高的细集料，有时效果不好，这与振动液化有关。

粗集料和细集料中，往往含一定的细粉粒或黏粒，粉粒尺寸为0.002～0.075mm，黏粒尺寸小于0.002mm。粉粒含量影响颗粒吸水性，从而影响体积浓度；黏粒含量影响颗粒吸水性和凝聚力，从而影响体积浓度和屈服剪应力。

细集料中含有一定比例的通过0.15mm筛孔的颗粒，而水泥或掺和料均有一定比例的0.08mm筛孔的筛余量，因此体系中粒径为0.08～0.15mm的颗粒含量会影响组成分析和不同尺度的固相体积含量。

根据以上分析，关键筛孔应为粗集料公称最大粒径对应的筛孔、4.75mm、0.15mm、0.075mm和10μm筛孔，关键筛孔控制技术包括预先控制技术和在线控制技术。

根据工程经验，砂率控制范围为$r\pm1\%$，即砂率变化范围在2%以内，此时，混凝土的施工性能和弯拉强度变化不大。粗集料含量变异性指标$V_{e,G}=5\%$时，混凝土弯拉强度变异性指标在1.5%以内。因此，控制粗集料变异性指标为5%，混凝土弯拉强度受影响不大。

粗集料含量不变的情况下，砂浆表观密度变化0.8%，单位水泥用量变化0.63%，单位用水量变化0.38%，水灰比变化约1.0%。控制砂浆表观密度变异性在0.8%以内，能够满足水泥用量偏差为±1%，用水量偏差为±0.5%，水灰比波动范围为±0.002的要求。

如果混凝土弯拉强度的波动性控制在±10%以内，则水灰比波动控制在-7%～+6%以内，对于道路混凝土，在设计水灰比范围内，水灰比控制值宜为设计值±0.025。

根据坍落度控制单位用水量和水灰比，如果单位用水量控制误差要求为±1%，通常的道路混凝土组成范围内，允许单位用水量误差为±1.6kg/m^3，则坍落度控制要求为设计值±5mm范围以内，这会有较大的控制难度。考虑坍落度试验误差，坍落度控制值达到设计值±10mm时，单位用水量误差为±2%，坍落度控制值达到设计值±15mm时，单位用水量误差为±3%。工程实践中，根据不同施工水平，确定坍落度偏差控制值。

混凝土搅拌的混合与分离过程采用分段线性映射模型描述，颗粒最终处于吸引子轨道中达到稳定混合状态，这能够抓住搅拌过程的本质。颗粒运动的混沌模型，给出了求解混合运动的方法和周期窗口数目用于确定合理的搅拌时间。多层次颗粒混合度模型，给出了颗粒混合度表示方法，能够评价粗集料含量和砂浆含量变异性。物理离析模型，给出离析势表示方法，采用离析势评价混合料组成的变异性。

搅拌机类型和性能对搅拌均匀性有重要影响。合理选用搅拌机，改进搅拌叶片布置，能够提高搅拌均匀性。搅拌机生产能力应与摊铺能力匹配，搅拌机转速应合理，降低搅拌功率。采用混沌模型合理确定搅拌时间，采用集料预混合方法、集料预湿方法及多种外加剂投料方法，改进搅拌工艺，提高生产率和拌和均匀性。

综上所述，关于混凝土搅拌均匀性的技术进步体现在：改进了混合料组成分析方法，减少分析过程中的误差传递，提高了水灰比分析及控制的准确性；提出了水灰比预先控制技术，使水灰比控制水平比常用的在线控制和出料控制明显提高，从而提高搅拌质量控制水平；提出了细集料计量控制和关键筛孔控制技术措施，提高计量控制的准确性和级配控制水平；根据拌和物组成对混凝土施工性能及使用性能的影响，提出拌和物中粗集料含量、砂浆表观密度、水灰比和坍落度控制标准，提高了施工性能控制和使用性能控制的稳定性。

综合投料顺序、搅拌时间和搅拌功率，在满足搅拌均匀性的前提下，应进一步优化搅拌工艺参数，提高搅拌生产率，降低搅拌过程中的能耗。采用混沌理论与分数布朗运动相结合的方法分析颗粒的微观涨落运动和多尺度关联，可进一步扩大混沌分析模型的适用范围。

第4章　三辊轴施工控制技术

4.1　施工机械选择与配套

目前市场上的三辊轴摊铺整平机，轴的直径有168mm，219mm和240mm几种，规格为5.4m，9m和12m几种。三辊轴摊铺整平机的选择，主要是根据摊铺厚度和作用深度的要求选择型号，根据摊铺宽度选择规格。

三辊轴摊铺整平机的规格应满足摊铺宽度要求，并至少保证倾斜15°整平时，三辊轴整平机有足够的支承长度支承在模板轨道上。三轴机的最大摊铺宽度为：

$$B = L\cos\theta \tag{2-4-1}$$

式中：B——路面摊铺宽度，m；

L——轴的长度，m；

θ——允许最大倾斜整平作业角度，(°)。

一次摊铺宽度不大于4.5m时，宜选用5.4m规格的三辊轴摊铺整平机；一次摊铺宽度为7.5～8.5m时，宜选用9m规格的三辊轴摊铺整平机；一次摊铺宽度为9～11.5m时，宜选用12m规格的三辊轴摊铺整平机。

三辊轴摊铺整平机密实所必需的压力一般为50～100kPa，根据摊铺厚度和相关式即可选择振动轴的转速。直径越大，达到相同压力时要求的转速越高，有效作用深度越小。常用三辊轴摊铺机的有效振实深度如表2-4-1所示。

常用三辊轴摊铺机的有效振实深度　　表2-4-1

型号(轴径,0.01m)	16.8		21.9		24.5	
转速(r/min)	300	380	300	380	300	380
有效振实厚度(0.01m)	0.17～0.27	0.12～0.20	0.15～0.25	0.10～0.18	0.13～0.23	0.09～0.17

摊铺宽度小于4.5m时，可选用振动梁式振捣机。振动梁式振捣机振动频率为50～100Hz，振动加速度为40～50m/s^2。摊铺宽度大于4.5m，厚度大于250mm时，可选用内部振动式振捣机。内部振动式振捣机宜采用电机内装式插入式振动器，振动频率为150～200Hz，振动棒的直径为50～70mm。振动棒的间距不大于其有效作用半径的1.5倍，并应不大于500mm。

振动棒以棒的直径划分型号，直径越大，有效作用半径也越大，有效作用半径一般为振动棒直径的4～10倍，混凝土的坍落度越大，有效作用半径越大。在路面施工中，应采用较密的振动棒间距，这样不仅适合于坍落度较低的拌和物，通过调节振动时间或振捣机的移动速度，也适合于坍落度较大的拌和物。

一次摊铺宽度大于4.5m时，应配备拉杆插入机。拉杆插入机应设有插入深度控制和拉杆间距调整装置，机械行驶速度应满足摊铺施工要求。拉杆插入机上有振动器和插入深度限位开关，插入拉杆后将混凝土振动，以便拌和物充分包围拉杆。

一次铺筑宽度大于4.5m时，应配备刻槽机。刻槽机的功率不小于7.5kW，一次刻槽的作业宽度不宜小于500mm，其数量应与施工进度相适应。应选用重量大、功率大、纹理密的刚性刻槽机。

一次铺筑宽度大于4.5m，施工速度大于1m/min时，应按比例配备普通切缝机和软切缝机，切缝机的数量应与施工速度相适应，软切缝机的锯片根据集料硬度选择，应有一定的储备数量。软切缝机的切缝深度一般为19～32mm，对预防早期断板有一定作用，但不能有效引导切缝处断裂，需要加深切缝。锯片的硬度按合金硬度分3种型号，混凝土集料硬度较高时，选用软锯片，混凝土集料硬度较低时，选用硬锯片。软切缝机数量与硬切缝机数量比例一般为1/4～1/3。

施工现场应准备有足够数量的饰面刮尺和刮板。可采用长3～5m的铝合金刮尺作密实饰面工具，采用有适当宽度的轻质金属刮板作整平饰面工具。饰面工具的接头应采用铰接，可以调节刮尺和刮板饰面时移动的方向角度和与路表面的接触宽度。

4.2 作业单元划分

插入式振捣机的移动速度为1～3m/min，经过插入式振捣机捣实后的混合料，必须在5～10min以内采用三辊轴整平机完成整平。低塑性混凝土混合料采用插入式振捣机与三辊轴摊铺整平机组合施工时，铺筑工作单元长度宜为10～20m，布料足够一个工作单元长度后插入式振捣机才开始振捣，插入式振捣机振捣过后必须紧跟着采用三辊轴摊铺整平机摊铺、整平。

塑性或流动性混合料，可不采用插入式振捣机施工，直接由三辊轴摊铺整平机完成摊铺、振动密实和成型功能，充分发挥三辊轴施工的优越性，生产均匀优质混凝土。塑性或流动性混合料不采用插入式振捣机施工时，铺筑工作单元长度宜为20～40m，布料长度达到10m以后即可开始三辊轴摊铺整平作业，并在允许工序时间内完成作业单元内的各项密实和成型工作，防止长距离赶浆。

4.3 布料控制

为了保证振动密实度，要求根据混合料的密实数确定摊铺系数。密实数按式(2-4-2)计算。

$$D_s = \frac{\rho}{\rho_t} \tag{2-4-2}$$

式中：D_s——标准密实数；

ρ——圆柱形容器中混合料的密度，kg/m^3；

ρ_t——混凝土混合料的理论密度，kg/m^3。

固定模板摊铺施工时，混凝土的摊铺系数应满足式(2-4-3)的要求，以保证混凝土充分密实。

$$K_s \geqslant \frac{1}{D_s} \tag{2-4-3}$$

式中：K_s——摊铺的松铺系数；

D_s——混凝土混合料的标准密实数。

如果摊铺系数过低，在尚未密实之前混合料已被摊平，密实度不能满足要求。如果布料系数过高，三辊轴摊铺整平机无法沉入支承在模板轨道上，大大降低驱动作用力，容易打滑和歪斜，无法保证正常施工。根据混凝土坍落度和密实数，综合分析确定三辊轴摊铺整平施工的布料系数，宜符合表2-4-2的要求。

混凝土工作性与布料系数的关系　　表2-4-2

流动性	极低	低	中	较高	高	极高
坍落度（mm）	5～10	10～30	30～70	70～120	120～160	160～200
密实数 D_s	0.78～0.80	0.80～0.85	0.85～0.90	0.90～0.95	0.95～0.98	0.98～1.0
摊铺系数 K_s	1.30～1.25	1.25～1.20	1.20～1.15	1.15～1.10	1.10～1.08	1.08～1.05

插入式振捣机振捣后的料位高度与面板厚度之比为整平系数。经过排式振捣机振捣后，混凝土的振动密实数可达0.98以上，因此整平系数取值为1.05～1.08。整平系数过大时，增加摊铺阻力，影响路面施工平整度；整平系数过小时，由于挖掘机辅助人工布料的平整度偏差较大，低洼处会被三辊轴整平机振动提起的稀浆填平，影响路面平整度、耐磨性和其他性能。三辊轴摊铺施工的整平系数根据振动密实数确定，整平系数应满足式（2-4-4）的要求。

$$K_p \geqslant \frac{1}{D_z} \tag{2-4-4}$$

式中：K_p——排式振捣机振动密实后的整平高度系数；

D_z——混凝土混合料的振动密实数。

为满足密实和成型要求，沉入值应满足以下要求。

$$S_H \geqslant (K_p - 1)h \tag{2-4-5}$$

式中：S_H——混合料沉入值，mm；

K_p——振实后的整平高度系数；

h——混凝土面板厚度，mm。

三辊轴摊铺整平施工，要求混凝土混合料具有足够大的沉入值，保证辊轴沉入混凝土混合料中，驱动轴支承在模板轨道上行驶，振动轴振动、摊铺和整平。水泥混凝土面板厚度一般为250～300mm，K_p 取值为1.05～1.08，则沉入值宜为15～25mm，对应于混凝土混合料坍落度为30～50mm。

4.4　振动与整平遍数控制

三轴机的移动速度为 v，有效影响范围为 b，则振动作用一遍的振实时间为：

$$t = \frac{2b}{v} \tag{2-4-6}$$

式中：t——振动作用一次对有效作用范围内混合料的振实时间，s；

b——振动轴的有效影响范围,m;

v——三轴机移动速度,m/s。

三辊轴摊铺整平机的振动时间为:

$$T = n_1 t \tag{2-4-7}$$

式中:T——振动密实所需的振动时间,s;

n_1——振动遍数,次,按式(2-4-8)计算。

$$n_1 = \frac{Tv}{2b} \tag{2-4-8}$$

三辊轴摊铺施工,由于离心力较大,容易产生离析,一般应控制振动时间为 10 ~ 15s;三轴机的移动速度受混合料阻力影响,一般为 0 ~ 13.5m/min,取平均移动速度为 6m/min;有效作用范围按压力为 50kPa 的范围考虑,其值一般为 0.2 ~ 0.25m。因此,三辊轴摊铺机振动作用遍数为 2 ~ 4 遍。

整平遍数取决于调出模板顶面混凝土的高度和波浪的频率及波幅。整平采用静辊压实,辊压速度为 13.5m/min,前后反复辊压 2 ~ 4 遍(往复一次为一遍),直到路表面与模板顶面平齐,路面纵、横坡和几何尺寸符合要求。对于比较干硬的混合料,或振动过后未能及时填平振动轴形成的波浪,仅采用静辊作用很难实现整平,这时必须辅助以振动作用,使表面混合料液化,波浪降低,并提浆填平原有波浪。

如果混合料振实后高出模板顶面较多,如超过 10mm 时,一般需要人工辅助将高出的混合料铲除,然后采用振动提浆、压实和整平;如果混合料布料高度不足,振捣机振捣后混合料低于模板顶面时,三辊轴摊铺整平机接触不到混合料,无法实现摊铺、振动、密实和整平作业。出现混合料低于模板顶面的情况时,必须在开振前预先补足混合料,避免振动轴提浆形成的稀浆填平低凹部位。

如果横坡或纵坡较大,混合料会有一定的流平作用。施工纵坡路段时,从低侧向高侧施工,使用整平轴的阻力阻止表面混合料流平;施工弯道超高路段时,从弯道内侧向外侧倾斜,使内侧的混合料先压实,并与整平轴一起抵抗表面混合料流平作用;遇到铲料、补料、较大纵坡及较大超高横坡的情况,通常需要采用振动整平,以保证密实度,并阻止混合料向下坡方向流平。

混合料从出料算起的最长允许运输时间,应以到达现场的坍落度不小于 30mm 控制。坍落度小于 30mm 后,施工难度大大增加,路面施工密实度和平整度无法保证,施工变异性显著增大。如果不采用插入式振捣机振捣,则最小坍落度不宜小于 50mm。

布料速度不宜低于 3m/min,从卸料至完成精确布料的时间不宜超过 15min。不满足要求时应采用挖掘机辅助布料,尽快按松铺系数要求布料。三辊轴摊铺整平施工对布料精度要求较高,振捣机振捣后还需要按整平系数整平,劳动强度大,人工布料速度慢,不满足三辊轴施工连续性要求。因此,除流动性混合料外,塑性或低塑性混合料应采用挖掘机辅助布料。

三辊轴整平机应紧跟振捣机实施整平作业,振动密实到三辊轴开始整平施工的时间相差不宜大于 5min,最长不超过 10min。混合料捣实后,由于混凝土的触变复原性,混合料的屈服剪应力和黏度急剧增大,增加三辊轴摊铺整平施工的阻力。必须在混合料剪切变稀状态下,在复原以前完成整平作业,以保证施工质量。

表面修整是三辊轴摊铺施工保证路面均匀性的关键工序。平整性修整应提早进行，采用3m刮尺进行修整，消除表面缺陷。密实性修整应采用刮尺或刮板进行，将表面稀浆刮除，保证表面均匀、密实，进一步提高平整度。收浆性修整应在混凝土泌水基本完成后进行，并在砂浆稠度不小于20mm时完成。最终修整过早会造成表面沁水不充分，影响路面表面功能；最终修整过迟会错过修整时机，表面缺陷和不平整没有及时消除，路面表面均匀性差。因此，在泌水基本完成后进行最终修整为最佳时机。

在完成三辊轴整平施工后，应及时采用长刮尺或刮板进行表面修整，将稠度超过规定要求的砂浆或水泥浆刮除。表面修整的时间不迟于砂浆稠度为20mm的时间。在混合料的表面泌水基本完成后，应及时采用刮板进行最终修整。

应设有专人指挥车辆均匀卸料。在摊铺宽度范围内，宜分多堆卸料。可用人工布料，也可用装载机或挖掘机布料和送料。采用人工布料时，应防止布料整平过的混凝土表面上留下人为踩踏的脚印，还要防止将泥土踩踏入路面中。布料的松铺系数应根据混凝土拌和物的坍落度和路面横坡大小确定。坍落度高时取低值，坍落度低时取高值。超高路段，横坡高侧取高值，横坡低侧取低值。根据超高的大小，还可适当降低横坡低侧的布料高度，但不得低于模板顶面。

布料过高时，三辊轴摊铺整平机振动的遍数过多，易产生内、外分层，路面平整度较难保证。混凝土坍落度、密实数、路面横坡与布料系数的关系如下：

横坡高侧

$$K=\frac{1}{D}+\frac{S_{\mathrm{L}}-30+10i}{h} \tag{2-4-9}$$

横坡低侧

$$K=\frac{1}{D}-\frac{S_{\mathrm{L}}-30+10i}{h} \tag{2-4-10}$$

横坡中部

$$K=\frac{1}{D} \tag{2-4-11}$$

式中：K——布料系数；

D——密实数；

h——路面板厚度，mm；

i——路面横坡，%；

S_{L}——混凝土坍落度，$S_{\mathrm{L}}\geqslant 30$mm。

三辊轴整平机施工前，混凝土表面应大致平整，不得有明显的凹陷。采用人工布料时，人脚不得随意踩入工作面内，操作工人退出工作面时，应顺便消除留下的脚印。钢筋混凝土路面和桥面铺装需要安放钢筋时，应先安装钢筋。

混凝土拌和物的布料连续长度大于10m后，进行振动密实作业。内部振动式振捣机间歇式振捣时，每次移动距离不超过振动棒有效作用半径的1.5倍，并不得大于600mm，振动时间为15~30s。内部振动式振捣机连续式振捣时，振捣机移动速度为：

$$v = \frac{1.5r}{t} \tag{2-4-12}$$

式中：v——振捣机移动速度，m/s；

r——振动棒有效作用半径，m；

t——振动时间，s。

混凝土布料后暂不振动，布料长度基本上够一个作业单元长度才开始振动，在混凝土刚振过流动性最好时，开始三辊轴摊铺整平机的施工，这时施工最容易，施工效果也最好。内部振动式振捣机采用间歇式振动时比较好控制，振捣机每移动一次的距离为振动棒有效作用半径的1.5倍，使得每次重叠为有效作用半径的0.5倍。

铺筑厚度较薄时，宜采用梁式振捣机振捣，也可采用平板振动器振捣。振动器在每一位置的振捣持续时间，以拌和物停止下沉，不再冒气泡并出浆为度，不宜少于15s，也不宜过振。

桥面铺装施工中，由于厚度较薄，钢筋密集，内部振动式振捣机不适合，施工中采用平板振动器振动。平板振动器振动后，若表面不平整，应先拖平才允许三辊轴摊铺整平机施工。

振动过后，混凝土触变复原很快，应紧跟振动机，在混合料液化状态下立即安装拉杆，以免造成困难。拉杆插入机的限位开关，应调整到合适的位置，使得拉杆安装在路面板厚的中间，拉杆插入机每次移动的距离与拉杆间距相同。

振捣机振动过后必须及时安排三辊轴摊铺整平机施工，工序之间的时间间隔不宜超过10min。三辊轴摊铺整平机按作业单元分段施工，每一作业单元长度应符合要求。

振动过后必须立即开始三辊轴摊铺整平机施工。三辊轴摊铺整平机的施工以单元进行，每个单元长度宜为10～40m。三辊轴摊铺整平机摊铺振动时，采用前进振动，后退静滚的作业方式。在整个作业单元长度内，振动和静滚逐遍交叉进行，宜分别为2～3遍，不应过振。在摊铺振动过程中，应设专人观察混凝土表面的高低情况，过高时应辅以人工铲除，轴下有间隙时，应采用同一作业单元内的混凝土找补。振动轴提起的水泥砂浆，稠度大于90mm时，应采用人工刮除。刮出的水泥砂浆不得用于路面板内，也不得用于路面的表面补平。

振动遍数不宜过多，宜为2～3遍。如果在正常振动遍数内不能将混凝土振实和摊平，应加强上一道工序，由振捣机振实。

三辊轴摊铺整平机整平作业时，将振动轴抬离模板，用整平轴前后静滚，直到平整度符合要求、路面表面砂浆厚度均匀。静滚遍数应足够多，目的不仅是整平，更重要的是使路面表面砂浆的厚度和水灰比均匀。静滚遍数一般为4～8遍。

三辊轴摊铺整平机的施工宜在混凝土初凝时间的1/3以前完成，并立即开始第一遍刮尺饰面。在推拉过程中，应调整好刮尺底面与路面的接触角度，使刮尺底面前缘离开路面。

用长3～4m的饰面刮尺，纵向摆放，从路面以外，沿横坡方向从板的一边向另一边拉刮，使表面砂浆沿横向均匀。第一遍刮尺饰面在整平轴静滚整平后尽快进行，宜在初凝时间的1/3左右，一般为25～30℃·h时进行。刮尺饰面不少于2遍，最后一遍刮尺饰面以不留下明显的浆条为宜，宜在混凝土初凝时间的1/2以前（一般为40～60℃·h）完成。推拉刮尺的速度应均匀，刮尺推拉方向的前缘应离开浆面，使刮出的浆被刮尺始终压住，刮尺推拉方向与浆面保持一定的角度。

当泌水已蒸发消失,在混凝土初凝时间的2/3以前,采用刮板进行饰面,将集料进一步压紧,使表面水泥浆进一步密实和均匀。

最后的饰面操作可采用镘刀进行。对耐磨性要求较高时,必须进行抹光处理。经过抹光处理再进行抗滑构造施工,对提高表面耐磨性效果非常明显,这道工序可使表面回弹值提高3%~5%,使磨损量降低到规定范围内。

第5章　水泥混凝土路面滑模摊铺施工变异性控制技术研究

5.1　滑模摊铺施工工艺原理

5.1.1　滑模摊铺设备

德国维特根滑模摊铺机，行走系统采用履带式，喂料系统由左、右螺旋喂料机组成；振捣系统采用电振动棒，工作段水平布置，工作频率为8 000～12 000次/min并可调整，边缘振动棒采用较大的功率；成型系统由虚方控制板、挤压成型模板、横向整平梁、超级抹平器及尾板等组件构成；调平系统利用已设定高程的钢丝绳，通过传感器传递信号，控制路面厚度和摊铺机转向；拉杆、传力杆打入装置，包括纵缝拉杆打入装置、横向传力杆插入装置和侧向拉杆（传力杆）打入装置。

美国CMI滑模摊铺机为全液压控制，采用柴油发动机提供动力，液压系统包括螺旋布料器驱动泵、串列液压振捣器泵、压力补偿驱动泵、单级液压控制系统；主机架可液压伸缩深入，分断机架，可保证增加摊铺宽度；螺旋布料器由法兰连接，可任意组合宽度，中间分隔安装，可两边独立实现单双向驱动；虚方控制板计量进入模板内混凝土的用量；振捣器为独立流量控制，频率为6 000～10 000次/min并可调整；捣实板可分段调整宽度，振动频率及振幅可调；成型模板垂直升降调整摊铺厚度、摊铺宽度和超铺角；浮动抹光板提供路面二次抹光及小误差修正；路拱系统由液压控制，实现切线形、多点式或偏置型路拱。液压控制系统微调控制摊铺机水平和转向，可选择手动或自动操作。

5.1.2　滑模摊铺工作原理

（1）布料工艺原理

滑模摊铺混合料采用自卸汽车运输，运到现场的混合料直接卸在基层上，卸料堆间距根据松铺系数和路面摊铺厚度确定。卸料后，用挖掘机辅助布料，使料位高度在螺旋布料器叶片上缘以下，最高料位不得高于松方控制板边缘。施工钢筋混凝土路面时，可采用混凝土运输车运输，采用侧向布料机布料，或者长臂挖掘机侧向辅助布料。

刮板式布料器布料速度快，表面平整性好，但对料位控制要求高，料位控制不好时，需要刮多遍才能达到预定的高度要求。刮板布料器布料容易造成粗集料离析。

根据摊铺宽度，可选择单向或双向螺旋布料器布料。螺旋式布料器叶片上物料的运动受圆周运动和轴向运动合成速度所控制，有：

$$v_c = \frac{nH}{60}\cdot\frac{\mu+\dfrac{H}{2\pi r}}{1+\dfrac{H}{2\pi r}} \tag{2-5-1}$$

$$v_{b} = \frac{nH}{60} \cdot \frac{1 - \frac{\mu H}{2\pi r}}{1 + \frac{H}{2\pi r}} \tag{2-5-2}$$

式中：v_c——物料颗粒圆周运动速度，m/s；

v_b——物料颗粒轴向运动速度，m/s；

n——轴转速，r/min；

H——螺距，m；

μ——物料与叶片的摩擦系数；

r——颗粒到螺旋轴心的距离，m。

当物料低于临界高度 r_{cr}时，没有轴向运动，颗粒只能在原地作圆周运动，造成离析。临界高度为：

$$r_{cr} = \frac{\mu H}{2\pi} \tag{2-5-3}$$

当料位高度足够高，使轴向运动速度大于圆周运动速度时，混合料移动速度大，布料效率高。联立式(2-5-1)和式(2-5-2)，并令 $v_b \geqslant v_c$，得：

$$r \geqslant \frac{H}{2\pi} \cdot \frac{1+\mu}{1-\mu} \tag{2-5-4}$$

螺旋叶片直径一般为0.45～0.50m，螺距为280～300mm，混合料与叶片的摩擦系数可取为0.25～0.50，则料位高度应不低于0.08～0.15m。螺旋转速越高，圆周运动速度就越大，此时会降低布料器的功效，增加混合料离析。在满足施工布料速度要求的前提下，螺旋布料器转速不宜大于40r/min。

(2)振动密实工艺

滑模摊铺机振捣系统由插入式振动棒组成。德国维特根滑模摊铺机采用电振动棒，频率为8 000～12 000 次/min(133～200Hz)；美国CMI滑模摊铺机采用液压振动棒，频率为6 000～10 000 次/min(100～167Hz)。振动棒的有效作用范围按下式计算：

$$\frac{A_2}{A_1} = \sqrt{\frac{r_1}{r_2}} \exp\left[-\frac{1}{2}\beta(r_2 - r_1)\right] \tag{2-5-5}$$

式中：r_1——插入式振动棒半径，mm；

r_2——在任意波阵面到振动棒中心的距离，mm；

A_2——r_2 处的混合料的振幅，mm；

A_1——振动棒表面的振幅，强迫振动中等于 r_1 处混合料的振幅，mm；

β——衰减系数，与混合料及振动频率有关。

振动棒的最大加速度为：

$$a_{max} = A\omega^2 = A\left(\frac{2\pi n}{60}\right)^2 \tag{2-5-6}$$

式中：a_{max}——振动棒表面的最大加速度，m/s^2；

A——振动棒的振幅，m；

n——振动棒的频率，次/min。

强迫振动的频率如果接近颗粒的固有频率，则产生共振，这时衰减最小，振幅可达最大。固有频率与粒径的关系为：

$$n_0 = \left(\frac{K}{d}\right)^{\frac{1}{2}} \tag{2-5-7}$$

式中：n_0——颗粒的固有频率，次/min；

K——常数，$K=7\times10^4$；

d——颗粒直径，m。

振动棒的振幅为0.1～0.4mm，一般为0.1mm。坍落度为40～60mm时，最佳振动加速度为（4～5）g（g为重力加速度），则最佳振幅为0.025～0.10mm，频率高时取低值。滑模摊铺混凝土振动波衰减系数$\beta=5\sim15\mathrm{m}^{-1}$，坍落度大时取低值，坍落度低时取高值；掺外加剂时取高值，掺粉煤灰时取高值。由式（2-5-5）估算振动棒的有效作用范围为：

$$\frac{D_2}{d_1} = 5 \sim 10 \tag{2-5-8}$$

式中：D_2——插入式振动棒的有效作用直径，mm；

d_1——插入式振动棒直径，mm。

进口摊铺机振动棒直径有42mm、50mm、70mm三种，工作段长度为436mm或508mm。振动棒水平布置于液化箱中，高度不低于路表面，并整个进入混凝土中；振动棒振动范围重叠有效作用半径的1/2，离边缘的距离不大于有效作用半径的1/2，间距宜为300～500mm，坍落度大时取高值，振动棒直径大时取大值。

摊铺机移动同时，振捣机跟着移动，并在液化箱中振动使混合料液化，混合料在液化箱中的振动时间为：

$$t = \frac{L}{v} \tag{2-5-9}$$

式中：t——振动时间，s；

L——振动棒的工作长度，m；

v——摊铺机移动速度，m/s。

（3）滑模摊铺成型

布料后的混凝土混合料随着摊铺机的行进，通过松方控制板进入振动仓，振动仓内料位控制高度应保证振动棒完全埋入混合料中。松方控制板还可在两边缘加工成倾角，使边缘部位料位高于中心部位，边缘有一定塌落后仍能保证路面边缘厚度。

混合料受到三边约束，仅边缘为临空面，在自重应力作用下，屈服面以下的混合料塌落，向外鼓出，形成塌边。混凝土混合料的饱和度$S_r=1.0$，侧向压力系数接近于1.0，采用平滑动面假定，垂直边缘的临界高度为：

$$z_0 = \frac{2\tau_y}{\rho g}\cdot\frac{\cos\phi}{1-\sin\phi} \tag{2-5-10}$$

式中：z_0——垂直边缘的临界高度，m；

τ_y——混合料的屈服剪应力，Pa；

g——重力加速度，9.81m/s^2；

ρ——混合料的表观密度，kg/m^3；

ϕ——混合料的内摩擦角，度（°）。

根据坍落度计算解释理论，边缘坍落度为：

$$S'_L = \frac{2}{g}\left[\frac{\rho_w g z_0(1-\alpha_a)}{\eta}(H-z_0)\right]^2 \times 1\,000 \tag{2-5-11}$$

式中：S'_L——边缘坍落度，mm；

H——路面厚度，m；

η——混合料黏度系数，Pa·s；

α_a——接触点面积率，按式（2-5-12）计算。

$$\alpha_a = 1 - \frac{W_0}{\rho_w} \tag{2-5-12}$$

式中：ρ_w——水的密度，kg/m^3；

W_0——集料饱和面干状态单位用水量，kg/m^3。

如果合理调整混合料的屈服剪应力，使得 $H = z_0$，不计内摩擦角的影响，则不塌边的屈服剪应力要求为：

$$\tau_y = \frac{1}{2}\rho g H \tag{2-5-13}$$

为防止塌边，可采取加长边模板的措施，使边模板一直延伸至抹平器端部，对混合料边缘起到支承作用。混凝土振动密实后，在较短时间内絮凝结构就可形成，稳定性得到逐步提高，延长侧模板可便于人工修补，并由抹平器抹平。

混凝土滑模摊铺施工，通过挤压成型板挤压作用，将振动密实和捣实提浆后的混凝土压得更密实。挤压成型板宽度不小于1.5m，长度与路面宽度相同。由机架传递而来的重力施加于路面，使混合料挤压密实。挤压成型板前缘为弧面，或采用前倾角，以增加进料，前倾角一般为2°～5°，根据混合料的施工性能及摊铺机的吨位设置。摊铺机行进时，光滑的挤压成型板随摊铺机行进拖出光滑的表面。采用不锈钢成型底板，能够增加表面光滑，并从后部释放出小气泡。

自动抹平板标准长度为3.66m，宽度为20cm，压力、倾角、方向和移动速度可调整，在挤压成型后可进一步将路面表面缺陷抹平。

通过设置基准线，自动抹平板可利用传感器自动控制路面摊铺宽度和厚度，并形成横坡、超高、路拱等。侧向边模板可自动升降，可伸缩或张开活动，以便摊铺不同厚度的路面，并保证连续摊铺时接头平顺。

（4）传荷装置施工

后置法传荷装置的施工有表面打入或压入，以及侧面打入施工，施工过程需要克服的阻力包括混合料的屈服剪应力、挤压力、浮力和黏性阻力。

插入过程中克服混合料的屈服剪力为：

$$Q = 2\tau_y l h \tag{2-5-14}$$

式中：Q——插入传荷装置克服槽壁的剪切阻力，N；

τ_y——混合料屈服剪应力，Pa；

l——传荷装置的长度,m;

h——传荷装置的插入深度,m。

插入过程中,需要克服的混合料挤压力为:

$$P = \frac{1}{2}\rho ghV_{料} = \frac{1}{2}\rho gh^2 dl \tag{2-5-15}$$

式中:P——混合料受到的挤压力,N;

ρ——混合料的表观密度,kg/m^3;

$V_{料}$——排开混合料的总体积,m^3;

d——传荷装置的直径,m。

插入过程中受到的浮力为:

$$F_{\mathrm{f}} = \frac{1}{4}\pi d^2 l(\rho_{\mathrm{g}} - \rho)g \tag{2-5-16}$$

式中:F_{f}——传荷装置受到的混合料浮力,N;

ρ_{g}——传荷装置的密度,kg/m^3。

插入过程中受到的黏性阻力为:

$$F_{\mathrm{n}} = 6\pi\eta v \tag{2-5-17}$$

式中:F_{n}——黏性阻力,N;

η——混合料黏度系数,Pa · s;

v——插入速度,m/s。

插入传荷装置受到的总阻力为:

$$F = n(P + Q + F_{\mathrm{f}} + F_n) \tag{2-5-18}$$

式中:F——插入传荷装置的总阻力,N;

n——同时插入传荷装置的根数,根。

影响传荷装置施工阻力的主要因素是混合料的黏度与屈服剪应力。此外,插入速度越快,受到的阻力越大;插入深度越大,受到的阻力越大;钢筋直径及长度越大,受到的阻力越大,从而造成挤压底面挤压力的变化和摊铺速度的变化,影响路面施工平整度。

侧向打入拉杆或传力杆时,只需克服拉杆周围混合料的屈服剪应力,施工过程中受到的阻力为:

$$F = n\pi dl \tag{2-5-19}$$

式中:F——侧向打入传力杆的阻力,N;

其余符号意义同前。

传荷装置施工可采用前置法,预先用支架安装传荷装置,采用侧向布料机布料,然后进行滑模摊铺施工,不需要克服施工过程中的阻力,对路面平整度没有明显影响。

5.2 滑模摊铺混凝土结构形成

5.2.1 滑模摊铺混凝土内分层结构形成

振动棒垂直插入混合料中振动时,由于远离振动棒表面的振幅逐渐减小,颗粒的移位也逐渐减小。振动棒拔出后,其位置留下空穴,由塌落的混凝土填充。由于振幅分布与位移分布的相似性,混凝土的密度分布也与振幅分布相似,形成以振动棒为中心,密度逐渐变化的内分层结构。

插入式振捣机振捣密实要求必须将振动棒插入混凝土内部,而要避免内分层的不利影响时,则不允许振动棒插入混凝土内部,但是水平振动棒一直在混凝土内部拖动,这就存在矛盾。解决这一矛盾的方法是振捣棒安装在路表面以上,通过增加松铺系数使振动棒全部埋入混合料中,实现振动液化作用;通过挤压成型板控制进料,将多余的混合料向前刮除。

混凝土振动密实成型过程中,不同粒径的颗粒沉降产生的位移不同。粗颗粒的沉降位移较大,较快形成粗集料堆聚结构。这时,如果继续振动,粗集料颗粒堆聚结构的空隙中,砂浆继续产生分层,形成典型的内分层结构。

根据密实过程理论分析,颗粒沉降速度按下式确定:

$$v_{\max} = \frac{r^2[g(\rho_g - \rho) + \rho_g A\omega^2]}{9\eta}t \tag{2-5-20}$$

式中:v——颗粒沉降速度,m/s;

r——颗粒半径,m;

g——重力加速度,9.81m/s^2;

ρ_g——颗粒密度,kg/m^3;

η——混合料黏度系数,N·s/m^2;

ρ——混合料密度,kg/m^3;

A——振幅,m;

ω——角频率,rad/s;

t——振动时间,s。

振动时间越长,颗粒位移越大;振幅越大,颗粒位移越大;振动频率越高,颗粒位移越大;颗粒尺寸越大,颗粒位移越大;颗粒密度越大,位移量越大;混合料黏度越小,颗粒位移就越大。这些结果与观察到的现象完全相符。

内分层形成的条件是粗集料形成骨架后继续振动,骨架阻碍浆体及气孔向上迁移。如果混凝土混合料的砂率过低,不能充满粗集料形成的骨架,振动成型后难形成外分层,主要形成内分层。

从已密实成型的混凝土表面后置插入传荷装置,形成的沟槽由周围混合料自然塌落来填充,形成新的内分层结构。槽孔的塌落条件应满足以下要求:

$$H_{cr} \geqslant \frac{4c'}{\rho}tg\left(\frac{\pi}{4} + \frac{\varphi'}{2}\right) \tag{2-5-21}$$

式中:H_{cr}——槽孔塌落的临界高度,m;

c'——混合料的黏聚力,Pa;

ρ——混合料的表观密度,N/m^3;

φ'——混合料的有效内摩擦角,度(°);

其余符号意义同前。

如果混合料的黏聚力和内摩擦角较大,而槽孔的深度不大,槽孔壁则不能塌落,留下槽孔。如果混凝土混合料的流动性不足,由于槽孔位置的水头快速下降,在混合料中形成水流梯度,水迅速向槽孔渗透,同时槽孔被空气填充,孔壁塌落后将部分空气埋在混凝土中,会降低填充槽孔混凝土的密实度。如果插入传力杆时增加辅助振动,传力杆可拍打下部混凝土混合料,并阻止下部混凝土气孔迁移及水分迁移,形成传力杆下部内分层。

5.2.2 滑模摊铺混凝土外分层结构形成

滑模施工过程中,由于侧模板造成的附壁作用,可增加边缘混凝土的空隙率,形成边缘效应密度变异外分层。如果侧模为设拉杆的固定模板,模板边缘受拉杆的影响,插入式振动棒无法通过进行连续振动,则拉杆会影响增加新的边缘效应外分层的厚度。

在干燥的基层表面铺筑水泥混凝土路面,在毛细管压力和重力共同作用下,混凝土混合料中的水向基层内迁移。基层吸水后底部混凝土的流动性变差,底部的混凝土混合料难以液化,形成结构疏松的底面过渡区,钻芯取样经常发现芯样底面蜂窝、麻面。基层吸水后混凝土混合料底部容易产生较大的塑性收缩,塑性收缩变形与基层的变形不协调,造成底面微裂缝,钻芯取样经常发现芯样底面存在微裂缝。基层吸水底面密实数测定值 $D=0.75\sim0.85$,外分层混凝土的密度 $\rho_{c,b}=1\,900\sim2\,100\text{kg/m}^3$。

为满足路面平整度和抗滑构造施工要求,在摊铺机前方配备有振动夯实杆,振动频率为0~2Hz可调。振动夯实杆的频率虽低,但振幅大,使大颗粒容易下沉,提浆作用明显。由于只是振动力的作用,没有离心力的作用,表面砂浆的水灰比与混凝土内部的水灰比相差不大,提浆形成的外分层结构对路面平整、抗滑和耐磨使用性能十分有利。

整平梁摇动作用下,侧模板边缘附近混凝土混合料受水平振动,容易造成边缘塌边或塑性混凝土拉裂,影响路面平整度和耐久性。因此,侧模板的长度应延伸到振动整平梁后缘一定长度,保证混合料受摇摆振动时不塌边或不被拉裂。

5.3 滑模摊铺施工工艺参数

5.3.1 机械配套

应根据摊铺宽度和厚度选用滑模摊铺机,使摊铺机的技术性能满足摊铺施工要求。摊铺宽度和厚度越大,对摊铺机重量和功率要求就越高。高速公路、一级公路水泥混凝土路面施工宜选用滑模摊铺施工,滑模摊铺机的技术性能参照表2-5-1的要求。

滑模摊铺机的技术性能 表2-5-1

性能项目	摊铺宽度（m）	摊铺厚度（mm）	摊铺速度（m/min）	空驶速度（m/min）	行走速度（m/min）	履带数（个）	整机重量（t）	驱动功率（kW）
重型	7~12	200~320	0.5~1.5	0~5	0~15	4	≥60	≥250
中型	3.5~9.0	200~260	1.0~2.0	0~5	0~15	2~4	≥40	≥150

滑模摊铺施工可采用挖掘机或装载机辅助布料,降低料堆高度,使料堆高度满足螺旋布料器布料的要求。宜优先选用长臂挖掘机辅助布料,增大辅助布料作用半径,提高布料效率。摊铺钢筋混凝土路面或桥面铺装,或采用前置法安装传力杆时,应配备侧向上料和辅助布料装置。

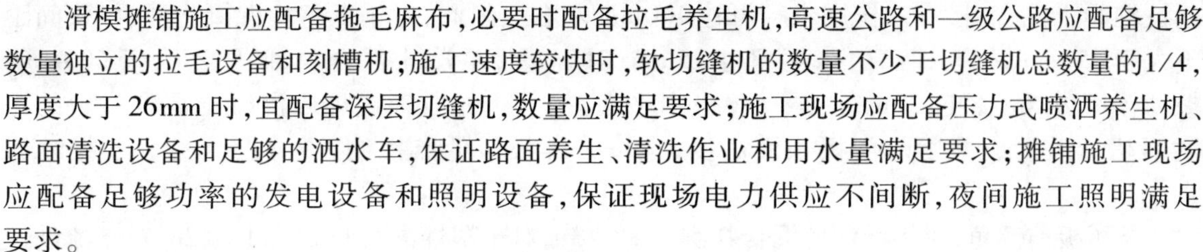

滑模摊铺施工应配备拖毛麻布，必要时配备拉毛养生机，高速公路和一级公路应配备足够数量独立的拉毛设备和刻槽机；施工速度较快时，软切缝机的数量不少于切缝机总数量的1/4，厚度大于26mm时，宜配备深层切缝机，数量应满足要求；施工现场应配备压力式喷洒养生机、路面清洗设备和足够的洒水车，保证路面养生、清洗作业和用水量满足要求；摊铺施工现场应配备足够功率的发电设备和照明设备，保证现场电力供应不间断，夜间施工照明满足要求。

5.3.2　基准线设置

基准线用钢丝应为优质制绳用钢丝，可采用光面钢丝或镀锌钢丝，钢丝的抗拉强度不低于1 470MPa。基准线用钢丝直径不小于2.0mm，能够承受的拉力不小于4 000N。基准线的长度宜为400～500m。

根据路面几何尺寸要求进行基准线安装时，宜采用单坡双线式安装，一次摊铺宽度较小时，可选用单坡单线式安装。基准线的平面位置，应保证摊铺机履带通过时不被碰撞，两侧应对称，保证中线平面偏位符合要求。基准线采用线桩安装固定，直线段线桩纵向间距不大于10m，平曲线和竖曲线段根据曲线半径大小应适当加密基准线桩，最小桩距不小于2.5m。根据路面边缘高程和横坡，确定基准线安装高程，基层顶面至夹臂的高度宜为450～750mm，基准线桩夹臂口至桩的水平距离宜为300mm。单根基准线的长度不宜大于450m，基准线张拉力不小于1 000N，在重力作用下产生的挠度、风振动和插入传荷装置时的振动幅度应满足平整度控制要求。基准线安装，实测项目按表2-5-2的方法检查，并应符合规定的要求。

基准线安装要求　　表2-5-2

项　　目		规定值或允许偏差	检查频率与方法
中线平面全偏位(mm)		≤10	经纬仪，每200m检6处
路面宽度(mm)		≤+15	尺量，每200m检6处
面板厚度(mm)	代表值	≥-3	每200m检10个断面，单车道每断面检3点，双车道每断面检5点，按200m评定
	极值	≥-8	
纵断高程(mm)		±5	水准仪，每200m检6处，每处检2点
路面横坡(%)		±0.10	水准仪，每200m检6处，每处检2点
纵缝高差(mm)		±1.5	尺测，每200m检3处，每处间隔2m检3点

基准线安装后，应加强两端的锚固。摊铺施工过程中，应避免扰动、碰撞基准线。风速达到三级以上，基准线容易振动时，应加密基准线桩。施工过程中应随时检查基准线，如发生碰撞或变位，应重新测量安装，各项安装质量指标应符合要求。

5.3.3　滑模摊铺施工参数设定与校准

振动棒间距应根据有效作用半径布置，有效振动作用范围重叠应为振动棒有效作用半径的1/2，边缘振动棒离摊铺边缘的距离不大于振动棒有效作用半径的1/2。对于低塑性混凝土混合料，有效作用半径一般为振动棒直径的4～6倍；对于塑性混凝土混合料，有效作用半径一般为振动棒直径的6～10倍。常用混凝土混合料，有效作用半径为300mm左右；

塑性混凝土混合料，有效作用半径可达400mm左右。因此，对于低塑性混凝土混合料，间距不大于450mm，振动棒离边缘不超过15mm；对于塑性混凝土混合料，间距不大于600mm，振动棒离边缘不超过20mm。振动棒应水平布置，其工作段轴线埋入混凝土混合料中的深度不超过预计成型后的面板顶面高度，宜按挤压板最低点控制，虚方厚度应大于振动棒直径。

挤压板前倾角，对于低塑性混合料宜为2°~3°，对于塑性混合料宜为1°~2°，对于流动性混合料宜为0°~1°。挤压板前倾角宜大于混合料的内摩擦角，使其能够压入混合料中，增加密实度，并将多余的混合料刮除。前倾角过大时，不能增加混合料的挤压密度，反而增大了摊铺阻力，影响混凝土的平整度。应根据混合料类型对前倾角作适当调整。

提浆夯板振幅和频率应满足要求，能够预先将粗集料压入路面中，并对较粗颗粒进行振实。其位置宜在挤压板前缘以下5~10mm之间。提浆夯板的振幅较高，振动频率较低，一般为2Hz，适用于较粗颗粒的振动。置于挤压板前缘，预先将粗集料压入面板中，并振动提浆，有助于表面提浆成型和整平施工，满足路面表面功能要求。

根据混凝土的坍落度和施工黏度，确定两侧边缘超铺高度，宜为3~8mm，坍落度越大，黏度越小，超铺高度应越大。为防止滑模摊施工塌边，可适当延长边模，或在两侧边设置一定的超铺量。

搓平梁前缘宜调整至与挤压板后缘高程相同，其后缘比挤压板后缘低1~2mm，并与路面高程相同。横向搓平梁摆动幅度为20~30mm，摆动频率为每分钟40~90次，路面振动提浆和压入传荷装置后，采用横向搓平梁搓平，能够消除路面表面缺陷，提高路面平整度。

在直线段应采用钢钉或基准线法校准滑模摊铺机挤压底板角点高程、侧模前进方向。4个角点传感器和2个方向传感器应全部挂上基准线上，并检查传感器灵敏度和反应方向。首次摊铺时，应空载检查校准滑模摊铺机传感器灵敏度和方向，保证路面几何参数和精度符合摊铺施工要求。开动滑模摊铺机进入设置好的桩位或线位，使摊铺机底板恰好落在设置好的基准线控制高程上，同时调整好滑模摊铺机前后左右的水平度。滑模摊铺机自动行走，再返回校核1~2遍，正确无误后方可开始摊铺施工。滑模摊铺机首次摊铺路面，应挂线对其铺筑位置、几何参数和机架水平度进行调整和校准，正确无误后方可进行摊铺。

滑模摊铺机起步调整至正常摊铺施工应在10m内完成。起步5m内，应及时检查路面几何尺寸，根据检测结果，在摊铺机行进过程中及时缓慢调整各参数，该过程应在起步后10m内完成。不得停机调整滑模摊铺施工参数。

路面高程和横坡的调整，通过反向旋转水平传感器，在滑模摊铺机行进过程中缓慢完成。如果高程差异无法及时调整，在保证面板厚度和平整度的情况下可以放弃调整。

路面宽度和平面位置的调整，采用钢尺测量边模板至基准线的距离。路面宽度和平面位置的调整通过方向传感器进行，先及时测出边模至基准线之间的距离，发现误差及时通过调整水平传感器消除。

横向施工缝的施工，应将摊铺机退回到已完成工作缝的路面内，挤压板前缘对齐工作缝，调整摊铺机底板角点的高程设置，检查路面几何尺寸和摊铺机参数满足要求后方可接着摊铺。考虑混凝土有一定的沉降收缩影响，保证接缝平顺，开始施工后，在1~2块板长度内调整高程，按设计控制高程控制。

5.4　铺筑作业控制

5.4.1　摊铺前准备

基层应清扫干净,摊铺面板位置应洒水润湿,不得有泥土污染或积水。封层受损坏部位应提前修复处理。履带行走路线的道路应密实、平整,使履带不下陷,并不得有障碍物。

分幅摊铺时,纵缝塌肩部位应切割顺直。纵缝拉杆应校正调直,缺少的拉杆应采用钻孔法补齐,钻孔灌水泥浆锚固。纵向施工缝上半缝壁应满涂沥青。

纵缝拉杆采用钻孔法埋设时,应灌水泥砂浆锚固,确保拉杆抗拉能力满足要求。采用后置法在硬化前插入的拉杆,应检查调直,但不应超过90°反弯,以免拉杆折断。

5.4.2　布料

滑模摊铺机前的料位高度应高于螺旋布料器轴线以上,低于叶片顶面高度,不得堆料和缺料。布料速度应与摊铺速度相适应。采用刮板式布料机布料时,料位高度应保持在松方控制板控制高度以上,并满足摊铺厚度和成型密实度要求。根据混凝土的密实数确定布料松铺系数,滑模摊铺施工布料的摊铺系数参考表2-5-3确定。

混凝土工作性与摊铺系数的关系　　表2-5-3

流动性	极低	低	中	较高	高	极高
坍落度(mm)	5~10	10~30	30~70	70~120	120~160	160~200
密实数 D_S	0.78~0.80	0.80~0.85	0.85~0.90	0.90~0.95	0.95~0.98	0.98~1.00
摊铺系数 K_S	1.30~1.25	1.25~1.20	1.20~1.15	1.15~1.10	1.10~1.08	1.08~1.05

5.4.3　滑模铺筑

滑模铺筑时,应随时检查松方控制板进料位置,确保料位高度。进入振动仓的料位高度应保证能够全部埋入水平布置于路面高程以上的插入式振动棒,并不得低于规定的松铺系数要求。料位高度根据密实数和埋入插入式振动棒的要求综合确定,以高值为控制依据。施工过程中振动棒不得外露。料位高度也不能过高,以免增加施工阻力,影响施工速度和平整度。

根据不同施工性能的混凝土混合料振动密实成型要求,确定摊铺速度,摊铺作业应均衡连续进行,不得追赶、随意停机等料或间歇式摊铺。摊铺速度可按表2-5-4选用。

不同施工性能混合料摊铺速度选用　　表2-5-4

坍落度(mm)	10~30	30~50	50~70	70~90
振动时间(s)	45~30	30~20	20~15	15~10
摊铺速度(m/min)	0.60~1.0	1.0~1.5	1.5~2.0	2.0~3.0

混凝土摊铺速度根据振动密实成型时间要求确定。振动棒的工作长度为L,振动时间要求为t,滑摊铺速度为:

$$V_t = \frac{60L}{t} \tag{2-5-22}$$

式中:L——振动棒工作段(水平埋入混凝土段)长度,m,一般为0.45~0.5m;

t——振动时间,根据混合料施工性能和振动程度综合确定,s。

挤压板适宜的前倾角不宜大于5°，否则施工阻力会明显增大，影响路面施工的连续性和平整度。上坡施工时应根据坡度调整挤压板的前倾角，避免前倾角超过允许值，纵坡大于3%时，挤压板的前倾角应调平，并适当调轻抹平板压力。下坡施工纵坡大于3%时，每增加1%，挤压板前倾角应增大1°，并适当增大抹平板的压力，以保证挤压板有一定的前倾角，满足路面密实要求。

超高路段，混凝土振动液化后，会由高侧向低侧流动，造成高侧高程降低，低侧高程增加，减少路面横坡。超高大于3%时，横坡高侧的布料系数应增大，横坡低侧的布料系数应降低，坡度每增加1%，横坡高侧布料高度增加10mm，低侧布料高度降低10mm。

一次铺筑宽度大于4.5m时，应设纵向施工缝，纵缝拉杆采用垂直插入方法插入。分幅摊铺施工时，纵向施工缝应设拉杆，采用侧向拉杆插入机插入。

传力杆施工宜采用支架前置法，支架安装应牢固，传力杆位置偏差应符合要求。当摊铺宽度较小，或摊铺厚度不大时，也可采用后置法插入传力杆。

后置法插入传力杆过程中，由于受到混凝土混合料的阻力作用，摊铺机后部被混凝土顶起，增大了挤压板的前倾角，从而增大了摊铺阻力。严重时，摊铺机前履带陷入土基或基层中，会导致传感器过度压紧基准线，增大基准线的拉力和挠度，从而降低摊铺平整度。采用后置法插入传力杆摊铺宽幅、大厚度混凝土路面，施工平整度大大降低，标准差1.2mm的合格率普遍偏低，并存在大量沿传力杆的塑性收缩裂缝和传力杆上部混凝土崩裂现象。采用后置法插入传力杆仅适用于摊铺宽度较窄、混凝土坍落度较高的情况。采用打入法插入拉杆或传力杆，对基准线的扰动较大，应采用辅助振动方法插入拉杆或传力杆。

5.4.4 路面修整

应采用自动搓平梁或自动抹平装置，对路面进行修整，将表面局部麻面和缺陷修复。局部明显缺料或高出的部位，在挤压板挤压后，搓平梁整平前，补充合适的混合料或将高出的混合料铲平，然后由自动搓平梁搓平。搓平后，为进一步提高表面密实度和均匀性，可局部辅助人工修整，可采用3m刮尺进行修整，局部可补水泥砂浆，但不得整个表面加薄层砂浆修补。

纵缝边缘由于侧向约束段较短，混凝土触变后尚未复原时，滑动模板容易造成边缘塌边或溜肩，应安装侧向支承模板或方形铝型材，然后用人工进行修整，保证表面平整，纵缝顺适，减少硬化后大面积切缝的困难。

摊铺机开始起步摊铺时，施工缝应采用水准仪抄平，并安装长度大于3m的靠尺或方形铝型材，然后用人工修整。横向施工缝施工，高程控制应根据先施工端板施工缝的高程确定，用水准仪抄平，并安装靠尺或方形铝型材，然后用人工修整。

应当根据临界最小布料高度及最佳功率布料高度计算公式，选择螺旋布料机，并确定工艺参数。

滑模摊铺施工基准线的设置和摊铺机行走的平顺性对路面平整度及成型质量有重要影响，通过基线桩设置和控制基准线的张力可防止基准线下挠，防止路面摊铺形成波浪；通过提高履带行走路线基层的强度和平整度，可提高摊铺机行走的平稳性。

滑模摊铺施工速度受振动密实成型控制，根据振动密实成型时间要求确定摊铺速度，提出了摊铺速度计算公式。滑模摊铺施工应均衡连续,机械配套与供料速度应与摊铺速度相适应,保证工艺参数与混合料施工性能相适应,各工序时间充足,满足路面摊铺、密实与成型的要求。

滑模摊铺施工对配套机械的生产能力提出很高的要求,应采用重型滑模摊铺机,提高搅拌站出料能力,并控制一次摊铺宽度,从而提高施工连续性。

第6章 水泥混凝土路面养生

6.1 养生相关理论模型

混凝土密实成型过程是流动过程和填充过程,新拌混凝土密实成型后,毛细孔隙处于水饱和状态。由于混凝土组成材料存在密度差,水的密度最低,路面成型时,水向混凝土上表面垂直迁移。如果水分足够多,就产生表面析水。

6.1.1 混凝土表面泌水率及影响因素

水泥颗粒的空隙率可按一般粉体的空隙率公式计算,即:

$$\varepsilon = \kappa\left(\frac{1}{d}\right)^{\theta} \tag{2-6-1}$$

式中:ε——水泥颗粒的空隙率,%;

κ,θ——经验常数,$\kappa = 1.01$,$\theta = 0.290$;

d——水泥颗粒的平均粒径,μm,按式(2-6-2)计算。

$$d = \frac{\sum a_i}{\sum \frac{a_i}{d_i}} \tag{2-6-2}$$

式中:a_i——直径为d_i颗粒的分计筛余量,以小数表示,可采用RRB公式[式(2-6-3)]计算。

$$a_i = 100\exp\left(\frac{-d_i}{d_0}\right)^n \tag{2-6-3}$$

式中:a_i——某一筛孔上的累计筛余,%;

d_0——水泥颗粒特征粒径,μm,按式(2-6-4)计算。

$$d_0 = \frac{36.8 \times 10^3}{S_{比}\, nG_c} \tag{2-6-4}$$

式中:$S_{比}$——水泥比表面积,m^2/kg;

n——均匀系数,对不同粉磨工艺$n = 0.85 \sim 1.20$;

G_c——水泥颗粒的相对密度,无量纲。

根据黏度系数计算解释理论,计算水泥浆的黏度系数,根据水灰比不同,黏度系数为:

当$0.35 < W_0/C \leqslant 0.43$时,

$$\eta_1 = 6 \times 10^{-5}\left(\frac{W_0}{C}\right)^{-7.0957} \tag{2-6-5}$$

当 $0.43 < W_0/C \leqslant 0.61$ 时，

$$\eta_1 = 2.5 \times 10^{-3}\left(\frac{W_0}{C}\right)^{-2.6924} \tag{2-6-6}$$

式中：η_1——水泥浆的黏度系数，Pa·s；

W_0/C——水灰比（集料饱和面干状态）。

计算混凝土表面泌水率，对55组计算结果进行回归，得混凝土的表面泌水率与水灰比及水泥比表面积的关系为：

$$Q = 6436.4\left(\frac{W_0}{C}\right)^{3.1386} S_{比}^{-1.2709} \quad (n = 55, R^2 = 0.9717) \tag{2-6-7}$$

式中：Q——泌水率，$kg/m^2 \cdot h$；

其他符号意义同前。

随着水灰比的增大，混凝土表面泌水率增大。水灰比小于0.39时，由于水泥水化需要，几乎没有析水；当水灰比大于0.43时，混凝土表面开始有一定的析水；当水灰比大于0.53时，混凝土析水量明显增大，甚至产生明显的离析。

随着水泥比表面积的增大，混凝土表面泌水率降低。比表面积越大，水泥水化速度越快，结合水量越多，会降低有效水灰比，增大黏度系数，从而也会降低表面泌水率。

6.1.2 混凝土表面蒸发率及影响因素

混凝土的蒸发率主要与料温和空气相对湿度有关。温度越高，蒸发率越大；相对湿度越低，蒸发率越大；风速越高，蒸发率越大。

不同混凝土混合料，产生塑性收缩开裂的临界蒸发率不同。水灰比较大的混凝土，由于表面泌水率较大，塑性收缩开裂的临界蒸发率也较大，蒸发率超过 $1kg/(m^2 \cdot h)$ 时容易产生塑性收缩开裂。水灰比较低的混凝土，由于表面泌水率较低，塑性收缩开裂的临界蒸发率也较低，蒸发率超过 $0.5kg/(m^2 \cdot h)$ 时就需要采取防护措施。

6.1.3 外加剂的影响

在水灰比和砂率一定的情况下，外加剂掺量对混凝土黏度系数的影响可采用黏度系数比值表示，即：

$$\eta_{ar} = 1 + k_a\sqrt{\frac{c}{c_0}} \tag{2-6-8}$$

式中：η_{ar}——外加剂溶液的比黏度系数，无量纲；

k_a——常数，对于木钙类普通减水剂 $k_a = -0.3$，萘系或密胺系高效减水剂 $k_a = -0.7$；

c——外加剂掺量，%；

c_0——外加剂饱和掺量，%。

掺减水剂混凝土，水灰比相同的情况下，泌水率增大倍数为：

$$k_{Q,\eta} = \frac{1}{\eta_{ar}} \tag{2-6-9}$$

式中：$k_{Q,\eta}$——掺外加剂混凝土表面泌水率增加系数。

掺外加剂混凝土泌水率取决于黏度系数降低和水灰比降低相互竞争的结果。如果黏度系数降低不多,水灰比降低较多,则泌水率减少;如果黏度系数降低较多,水灰比降低较少,则泌水率增大。

6.1.4 掺和料的影响

使用掺和料的混凝土,其临界蒸发率与混合料的水胶比及塑性强度有关。掺粉煤灰混凝土可提高混凝土的塑性强度,粉煤灰的需水性较小时,临界蒸发率有所提高。采用磨细粉煤灰需水性较大时,掺入粉煤灰会降低临界蒸发率。

掺硅灰的混凝土,虽然提高了混凝土的塑性强度,但由于硅灰较细,相当于增大胶结料的比表面积,因而表面泌水率降低。此外,表面水分蒸发在细小毛细管中形成毛细管应力比在大毛细管中形成的应力大得多,这时即使混凝土塑性强度提高,但毛细管应力增大更多,临界蒸发率大大降低,临界蒸发率为 0.25kg/(m^2·h)时可产生塑性收缩裂缝。

可蒸发水含量对干缩值有重要影响。根据 Powers 模型,全部水泥完全水化时,化学结合不可蒸发水量为 $W_n=0.25C$,C 为单位水泥用量,水泥水化程度为 α 时,最大可蒸发水量为:

$$W_f = W_0 - (0.1875 + 0.25k_\theta)\alpha C \tag{2-6-10}$$

参数 k_θ 根据 Vuorinen 的试验按下式确定:

$$k_\theta = 1 - \frac{\frac{W_0}{C} - 0.39\alpha}{\frac{W_0}{C} - 0.19\alpha} \tag{2-6-11}$$

当 $W/C>0.39$ 时,水泥可完全水化,$\alpha=1.0$,比水泥完全水化多余的水将在毛细作用下蒸发,形成毛细孔,这部分水为毛细水,其最大含量为:

$$W_c = W_0 - 0.39\alpha C \tag{2-6-12}$$

式中:W_c——毛细孔水最大含量。

当 $W_0/C<0.39$ 时,最大水化程度为:

$$\alpha = \frac{\frac{W_0}{C}}{0.39} \tag{2-6-13}$$

由于水分蒸发,产生的毛细管拉应力近似为:

$$\Delta P_c = \frac{\sigma S_{比} \rho_c}{\frac{W}{C}} \tag{2-6-14}$$

式中:ΔP_c——毛细管拉应力压,Pa;

σ——水的表面张力,J/m^2;

W/C——水灰比(质量比);

$S_{比}$——水泥比表面积,m^2/kg;

ρ_c——水泥的密度,kg/m^3。

设混凝土收缩变形过程为弹性变形,符合胡克定律,则收缩率为:

$$\varepsilon = \frac{\Delta P_{c}}{E(t)} = \frac{\sigma \cdot S_{比} \rho_{c}}{E(t)\dfrac{W}{C}} \tag{2-6-15}$$

式中：$E(t)$——龄期为 t 天时混凝土的弹性模量，MPa；

$\frac{W}{C}$——集料干燥状态水灰比。

混凝土标准干缩率试验采用水灰比为0.39，水泥比表面积为270m^2/kg，水泥浆体含量以20%为基准，混凝土干缩率与标准干缩率的关系及影响因素表示为：

$$\varepsilon_{y}(28) = k_{S}k_{W/C}k_{p}\varepsilon_{y,0}(28) \tag{2-6-16}$$

式中：$\varepsilon_{y}(28)$——混凝土龄期28d的干缩率，$\mu\varepsilon$；

$\varepsilon_{y,0}(28)$——混凝土28d标准干缩率，$\mu\varepsilon$，按下式确定：

$$\varepsilon_{y,0}(28) = 0.7\varepsilon_{y,0}(\infty) \tag{2-6-17}$$

$\varepsilon_{y,0}(\infty)$——混凝土标准极限干缩率，取值为：

$$\varepsilon_{y,0}(\infty) = 324\mu\varepsilon \tag{2-6-18}$$

k_{S}——水泥比表面积系数；

$k_{W/C}$——水灰比系数；

k_{p}——水泥浆体积含量系数。

6.1.5　水泥比表面积的影响

混凝土干缩率与水泥比表面积成正比，经8次试验标定，水泥比表面积对标准收缩率的影响系数为：

$$k_{S} = 0.3739 + 0.00232S \quad (n = 8, r = 0.9648) \tag{2-6-19}$$

式中：S——水泥比表面积，m^2/kg。

6.1.6　水灰比的影响

随着水灰比的增加，可蒸发水含量增加，混凝土弹性模量和收缩应力降低。水灰比对收缩率的影响，取决于弹性模量、可蒸发水含量和收缩应力的大小。根据试验结果标定，水灰比对标准收缩率的影响系数为：

$$k_{\frac{W}{C}} = 0.2554 + 1.9321\frac{W}{C} \quad (n = 8, r = 0.9993) \tag{2-6-20}$$

式中：$\frac{W}{C}$——集料干燥状态混凝土水灰比。

6.1.7　外加剂与掺和料的影响

掺外加剂降低表面张力时，同时降低混凝土水灰比，如果水灰比降低效应大于表面张力降低效应，则混凝土收缩值会增大。

掺和料对混凝土收缩值的影响，取决于掺和料的比表面积和浆体的含量。掺和料比表面积大于水泥比表面积时，会增大混凝土的收缩；掺和料超量取代增加浆体的体积含量时，浆体含量对收缩值的影响按下式评价：

$$k_{p} = 0.6234 + 9.466V_{p}^{2} \quad (n = 8, r = 0.9988) \tag{2-6-21}$$

式中：V_p——水泥石体积含量，%。

混凝土导热系数可采用各组成材料的导热系数进行估算。导热系数符合混合率，根据各组成材料的导热系数及用量，按下式计算：

$$\lambda = \frac{\lambda_c C + \lambda_s S + \lambda_a A + \lambda_w W}{\rho} \tag{2-6-22}$$

式中：λ_c、λ_s、λ_a、λ_w——分别表示水泥、砂、粗集料和水的混凝土导热系数，kJ/(m·h·℃)；

C、S、A、W——分别表示单位水泥用量、用砂量、粗集料用量和单位用水量，kg/m^3；

ρ——混凝土表观密度，kg/m^3。

混凝土的热变形系数可由各成材料的热变形系数确定。根据混合率，有：

$$\alpha_c = \frac{\alpha_p E_p V_p + \alpha_a E_a V_a}{E_p V_p + E_a V_a} \tag{2-6-23}$$

式中：α_c、α_p、α_a——分别为混凝土、水泥浆和集料的热变形系数，1/℃；

E_p、E_a——分别为水泥浆和集料的弹性模量，MPa；

V_p、V_a——分别为水泥浆和集料的体积含量，以小数表示。

混凝土比热是各种组成材料比热的复合，符合混合率，即：

$$c = 1.05 \times \frac{c_c C + c_s S + c_a A + c_w W}{\rho} \tag{2-6-24}$$

式中：c_c、c_s、c_a、c_w——分别表示水泥、砂、粗集料和水的混凝土比热，kJ/(kg·℃)；

C、S、A、W——分别表示单位水泥用量、用砂量、粗集料用量和单位用水量，kg/m^3；

ρ——混凝土表面密度，kg/m^3。

根据导温系数的定义，导温系数可由导热系数和比热计算确定，有：

$$a = \frac{\lambda}{c\rho} \tag{2-6-25}$$

式中：a——导温系数，m^2/h；

c——混凝土比热，kJ/(kg·℃)；

ρ——混凝土表面密度，kg/m^3。

水泥水化放热，混凝土绝热温升按下式计算：

$$\Delta T = \frac{Q(\tau)(C + kF)}{c_c \rho} \tag{2-6-26}$$

式中：ΔT——混凝土绝热温升，℃；

C——单位水泥用量，kg/m^3；

c_c——水泥比热，kJ/(kg·℃)；

ρ——混凝土表观密度，kg/m^3；

$Q(\tau)$——龄期为τ(d)水泥的水化热，kJ/kg，按下式计算：

$$Q(\tau) = Q_0[1 - \exp(-a\tau^{sb})] \tag{2-6-27}$$

a、b——与水泥种类及强度等级有关的常数；

k——掺和料折减系数，对粉煤灰 $k = 0.25$；

F——水泥中混合材用量，以小数表示；

Q_0——水泥的最终水化热,kJ/kg,按表2-6-1中180d的水化放热确定。

水泥水化热(单位:kJ/kg)　　表2-6-1

水泥强度等级		32.5	32.5(R)	42.5	42.5(R)	52.5	52.5(R)
龄期(d)	3	210	260	290	315	330	350
	7	260	300	330	350	375	400
	28	290	330	360	370	400	440
	90	300	350	380	400	435	470
	180	310	360	400	410	445	480

温度变形受到基层约束,在混凝土面板中就会产生温度应力。温度翘曲变形受基层约束时,混凝土板边缘中部的最大温度翘曲应力为:

$$\sigma_{tm} = \frac{\alpha_c E_c h T_G}{2} B_x \tag{2-6-28}$$

式中:α_c——混凝土的线膨胀系数,1/℃;

E_c——混凝土的弹性模量,MPa;

h——混凝土面板厚度,m;

T_G——温度梯度,℃;

B_x——与相对刚度半径及板分块有关的温度翘曲应力系数。

混凝土温度开裂主要受混凝土热物理特性、水泥水化放热、混凝土的弹性性质和破坏强度控制。混凝土导温系数越大,温度梯度越小,采用石英砂和石灰岩碎石的混凝土,较其他集料混凝土具有较好的抗裂性;采用水化热较低的水泥,或减少水泥用量,可降低早期温度梯度,提高混凝土抵抗温度收缩开裂能力;混凝土吸水率越高,潮湿状态下热变形系数越大,抵抗温度变形开裂能力越低。

6.2 不同养生方式对内部温度梯度的影响

新铺混凝土路面内由于水泥水化释放大量的热量及外部环境温度的变化,路面结构内部的温度处于一个不断变化的过程当中。

水泥水化过程中产生大量的水化热,加之混凝土是热的不良导体,水泥发出的热量聚集在结构物内部不易散失,因而导致混凝土内部温度有较大的上升。工程实践表明,水泥水化热引起的温度升高一般为15~30℃,有些情况下甚至可能达到40℃。混凝土在施工阶段,气温的变化对混凝土的水化热有较大影响。外界气温越高,混凝土的浇筑温度也越高,同时混凝土的绝热温升也越高。而外界气温下降,特别是温度的骤降,会在混凝土表面引起急剧的降温,由于混凝土是热的不良导体,这时混凝土内部仍处于高温阶段,因此,在表层将形成陡的温度梯度,严重限制混凝土的急剧收缩,从而引起温度应力,使混凝土表面产生裂缝。

混凝土内部的温度是水化热的绝热温升、浇筑温度和结构物的散热降温等各因素的叠加,温差越大混凝土变形相差就越大。所以在夏季高温环境下,如何解决混凝土内外温差大而显得非常重要。

6.2.1 不同养生方式下路面板沿深度方向的温度变化分析

对不同养生方式下路面板沿深度方向的温度变化作比较分析,试验结果如图2-6-1所示,

温度数据为每隔5min记录一次。

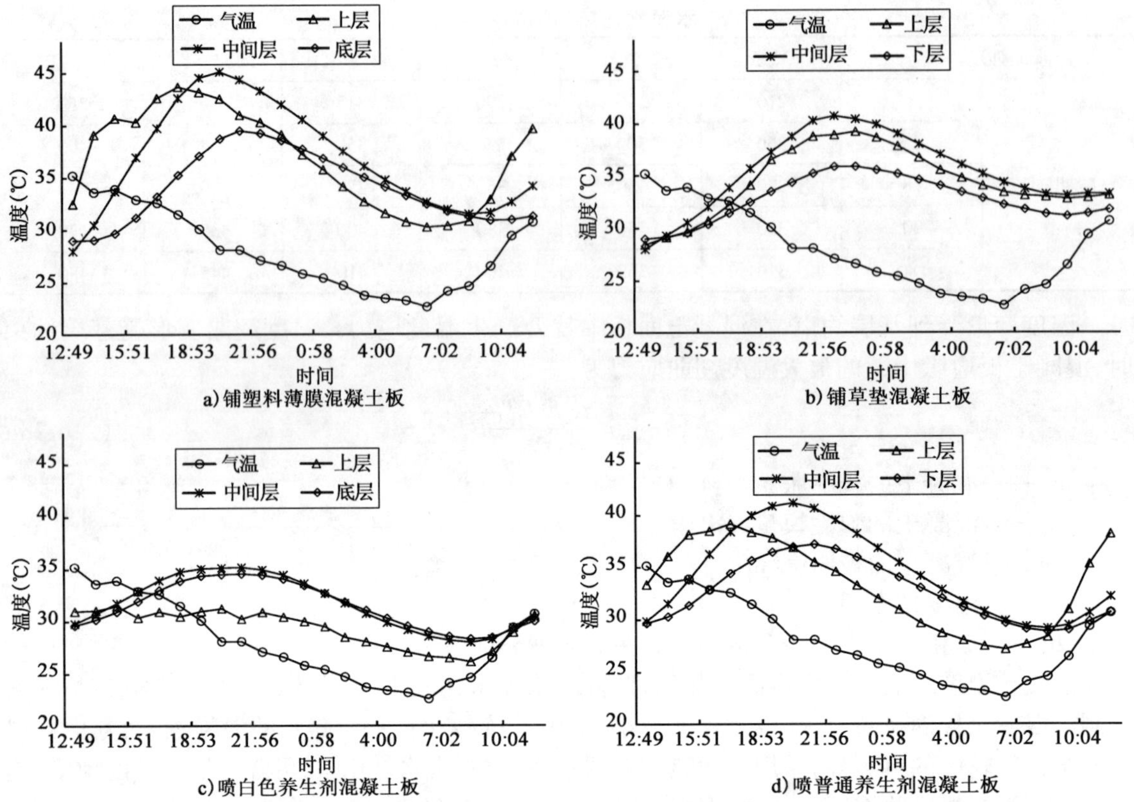

a)铺塑料薄膜混凝土板

b)铺草垫混凝土板

c)喷白色养生剂混凝土板

d)喷普通养生剂混凝土板

图2-6-1 不同养生方式下混凝土板的温度变化

从图2-6-1中可以看出,喷普通养生剂及铺塑料薄膜的水泥混凝土路面板随深度增加温度峰值滞后性明显,这是由于混凝土路面板表面受到外界气温和太阳辐射的影响,但是热量向路面内部传导仍需要一定的时间,因此随着深度的增加,温度变化曲线峰值出现的时间也随深度而滞后。表2-6-2列出了这两块板的中间层和底层的温度峰值相对于上层温度峰值的滞后时间。

温度峰值滞后时间表

表2-6-2

位　　置	喷普通养生剂混凝土板	铺塑料薄膜混凝土板
中间层	2h 45min	1h 55min
底层	3h 40min	3h 15min

而铺草垫及喷白色涂料的水泥混凝土路面板不同深度的温度几乎同时达到最大值。由于草垫是经过浸湿处理后铺在水泥混凝土路面板上的,草垫上水分的蒸发带走了路面板表面一部分热量,且其能够遮挡太阳辐射,从而使外界气温和辐射对水泥混凝土板的温度影响减小,混凝土内部水化放热成为温度升高的主要因素,故路面内温度变化出现一致性,温度峰值几乎同一时间达到;由于白色涂料具有极强的太阳辐射反射率,太阳辐射对混凝土板的影响更小,所以喷白色涂料的混凝土板内温度变化几乎只受自身水化的影响,其温度峰值也是同时出现。经调查,白色涂料对太阳辐射的吸收率约为0.3,混凝土表面太阳辐射吸收率一

般为0.65。

对于喷普通养生剂及铺塑料薄膜的水泥混凝土路面板，其板的中间层温度在刚刚铺筑的3～5h内，由于水化反应低，且路表的热传导需要时间，其温度要比路表温度低；而后，水化反应加快，路面板中间受路表导热、板周围及自身水化热的综合影响，其温度超过其他深度处的温度。

从图2-6-1中还可以看出，喷普通养生剂的混凝土路面板不同深度处的最大温差为7℃，铺塑料薄膜的混凝土路面板温差达到12℃，而铺草垫及喷白色涂料的混凝土路面板的温差明显较其他两种养生方式下的混凝土板的温差要小，均为4℃，且路面板不同深度处的温度比其他两种养生方式下路面板对应深度处的温度低，温度波动幅度较小。

由于草垫浸湿后铺在水泥混凝土路面板上，路面板白天受气温和太阳辐射的影响小；随着水分的蒸发，草垫逐渐变干，夜晚无太阳辐射且气温降低的情况下，由于草垫的保温作用，路表受气温的影响仍然不大，所以路面板的温度波动幅度较小。

同理，由于喷洒白色涂料，路面板温度一直处于较低的状态，无论白天、晚上，路表与气温热交换量都少，路面板的温度波动不大。又由于路表吸收的热量远远低于散失的热量，导致路面板上层的温度要低于其他深度处的温度。

6.2.2　不同养生方式下路面板同一深度处温度变化分析

对不同养生方式下路面板同一深度处温度变化作比较分析，试验结果如图2-6-2、图2-6-3所示。

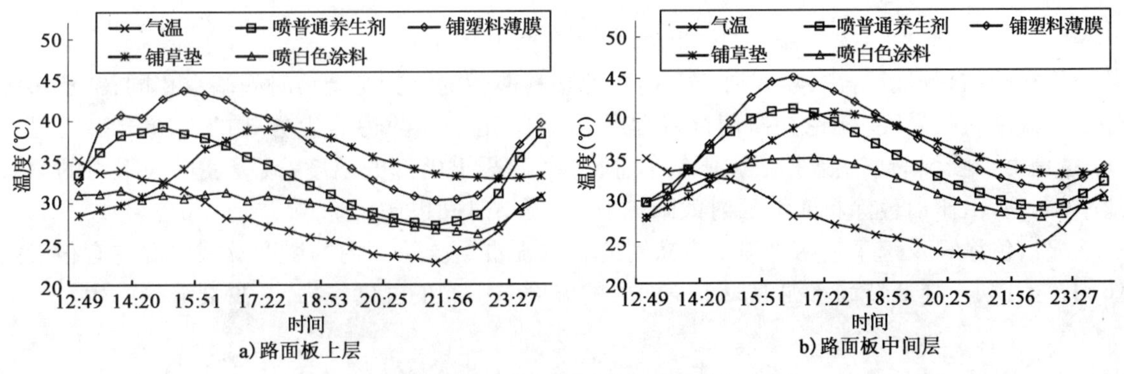

图2-6-2　路面板上层和中间层同一深度的温度变化

从图中可以看出，在路面板上层和中间层处，喷白色涂料的水泥混凝土路面板的温度明显比其他养生方式的温度低。在路面板上层，喷白色涂料的混凝土板与铺塑料薄膜的混凝土板的温度差达到13℃，在路面板中间层达到10℃，这主要是由于混凝土路面在不同的养生方式下太阳辐射吸收率不同所造成的。由于白色涂料能够反射大量的太阳辐射，对太阳辐射吸收率极小，其养生下的水泥混凝土板受外界变化影响很小。

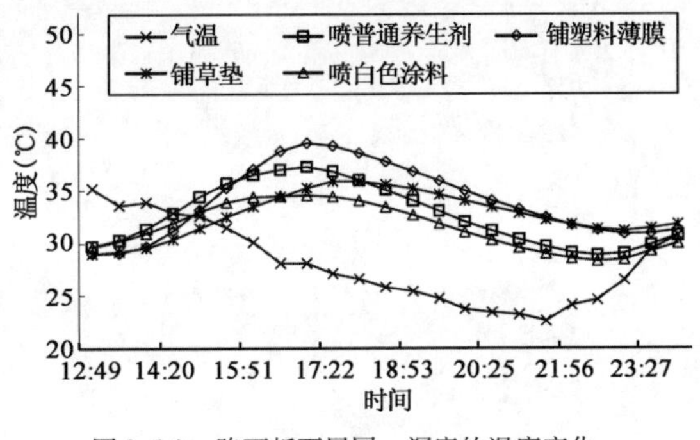

图2-6-3　路面板下层同一深度的温度变化

随着深度的增加,路面板受太阳辐射及气温的影响逐渐减小,四种养生方式的水泥混凝土路面板的温度波动幅度都逐渐减小,且四种不同养生方式下的水泥混凝土路面板的温度相差不大,最大温度差仅为5℃。但仍然可以看出,喷白色涂料的路面板温度较低。

为进一步说明养生方式对混凝土的凝结时间影响加大。测定混凝土的凝结时间通常采用如下方法:通过在一定时间间隔内,测定混凝土拌和物中筛出的砂浆的灌入阻力,当贯入阻力达到3.4MPa时的时间为初凝时间,达到28MPa时的时间为终凝时间。一般情况下,初凝发生在拌和后2~6h内,终凝发生在4~12h内。

通过测定分析四种养生条件下水泥混凝土砂浆的灌入阻力变化规律,研究了不同温度环境对水泥混凝土凝结时间的影响,如图2-6-4所示。

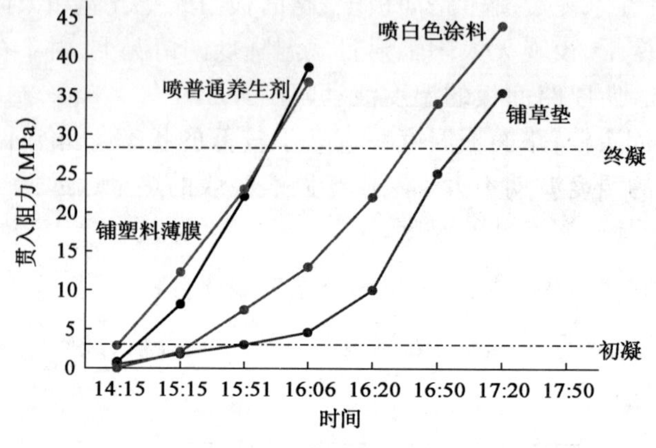

图2-6-4　贯入阻力曲线图

从实验结果可以得出,喷普通养生剂及铺塑料薄膜的混凝土凝结时间基本相同;铺草垫的混凝土凝结时间最晚,无论初凝时间还是终凝时间比上述两种养生方式的混凝土都推迟约1h,这是由于浸湿的草垫遮挡了太阳辐射,降低了混凝土内部的温度,减缓了贯入阻力的增长速率;同理,由于白色涂料能够反射太阳辐射,其凝结时间也比较晚。

喷白色涂料及铺草垫两种养生方式对降低水泥混凝土路面内的温度及减少温差有很大的作用,这有利于降低新铺水泥混凝土路面内的温度差引起的温度应力,减少裂缝的产生。

第3篇

水泥路面使用性能评价和预养护技术研究

第1章　水泥路面工作状态评价方法与使用性能预估模型

1.1　工作状况评价方法

水泥混凝土路面在使用过程中，经受车辆荷载和环境因素（温、湿度变化、雨水等）的重复作用，表现为路面结构性能（接缝填缝料、接缝传荷、板下支承状况、接缝错台、路面结构抗疲劳能力等）和路面使用性能（表面平整度、抗滑力等）随时间的不断变化。水泥混凝土路面从竣工运营到寿命完结的历史就是接缝填缝料的老化、失黏和脱落，板下脱空的产生和发展，接缝错台的出现和加剧，接缝传荷效率的下降，裂缝的发生和发展，进而断板、破碎的形成，以及表面平整度、抗滑力衰减的过程。当前，我国已建和新建水泥混凝土路面结构性能和使用性能逐渐劣化，面临着养护维修的任务，以延长其使用寿命和改善其服务水平。而科学地评价路面工作状态，进而构建预养护条件下水泥混凝土路面使用性能的衰变模型，是制定养护维修对策及确定最佳养护时机的前提条件。

1.1.1　水泥混凝土路面工作状态评价方法

水泥混凝土路面工作状态评价，可采用接缝填缝料完好性、接缝传荷效率、板底脱空程度以及接缝错台量等作为评价路面工作状态的指标，建立单个指标的评价标准，进行单个方面的评价，用于路面板单个病害的预防性养护维修措施的制订。亦可采用层次法，通过赋予各个指标以不同的权重，来区分各个指标的影响程度，建立综合性的评价指标，用于最佳养护时机的确定。两种评价方法各有优势，其用处不尽相同，需要分别展开。

对于路面预防性养护措施而言，宜采用单个指标，建立单个指标的评价标准，方便养护维修对策的选择，但对于路面病害并非单一时，需要采用综合评价指标进行评价，进而选择综合性的养护维修措施。对路面预防性养护最佳时机的确定来说，若路面病害单一，可采用单个指标标准确定最佳养护时机；但通常路面病害是多种多样的，宜采用综合性的评价指标，建立预防性条件下的路面使用性能衰变模型，以此来确定最佳养护时机。

1.1.2　板底脱空与错台的关系

板底脱空是指路面板与基层（或地基）顶面出现了局部空隙，路面板不能完全同基层（或地基）顶面保持接触的现象。错台是指接缝边缘两侧的路面板表面不在同一水平线上，高程存在差异的现象。

造成路面板底脱空的原因是多方面的。国内外研究表明，水泥混凝土路面板底下基层冲刷唧泥是导致板底脱空发展扩大的根本原因，影响冲刷唧泥的因素包括水的存在、水自板下挤出的速率、底基层材料的易冲刷性、重复荷载的大小和次数，以及挠度的大小。同时，温度、湿度变化引起的路面板翘曲变形也是板底脱空产生的重要原因。此外，基层塑性累积变形亦是板底脱空产生的原因。

接缝错台的形成原因包括不同板块下基层（或路基）的差异沉降和路面板下脱空等。水泥混凝土路面在使用过程中，路面板底脱空和接缝错台是一个问题的两个方面，路面板底脱空与接缝错台的关系是复杂的，两者既有联系，又有区别，不能一概而论。

当水泥混凝土路面板块间接缝未设传力杆时，可以认为路面板底脱空是接缝错台产生的主要原因，板底脱空的进一步发展导致接缝错台加剧。当设有传力杆时，路面板底脱空并不一定引起接缝错台。另一方面，路面板接缝出现错台，并不能由此推定路面板底一定存在脱空。

1.1.3 路面使用性能与接缝完好性的关系

接缝完好性评价涉及接缝填缝料的完好性、接缝传荷效率的高低和接缝错台量的大小等几个方面。路面使用性能（这里指路面局部平整度）与接缝完好性密切相关。

当接缝完好性评价为优时，要求接缝填缝料完好，没有失黏、脱落、挤出和老化现象，接缝具有较高的传荷效率，以及没有或仅为轻微的接缝错台量。这样，车辆以一定速度驶经接缝时，车辆行驶的舒适性较好，对路面板的冲击作用最小，路面使用性能良好，不需养护维修。

当接缝完好性评价为差时，表明接缝填缝料失黏、脱落、挤出和老化现象严重，接缝传荷效率低下，以及接缝出现了较严重的错台，当车辆以一定速度驶经接缝时，车辆行驶的舒适性差，对路面板的冲击作用最大，路面板损坏加快，路面使用性能不佳，急需养护维修。

当接缝完好性评价介于优和差之间时，表明接缝填缝料、接缝传荷效率以及接缝错台等的一个或几个方面逐渐变差，这样，车辆以一定速度驶经接缝时，车辆行驶的舒适性，对路面板的冲击作用均介于良好和差之间，路面使用性能亦介于良好和差之间，需要采取相应措施，进行预防性养护维修，使路面使用性能恢复到良好的状态。

（1）填缝料损坏分类

填缝料损害类型分为五类，分别为基本完好、微小孔隙、脱边、脱落和断裂，如图 3-1-1 所示，接缝中的孔隙区域用不同深浅的阴影表示。

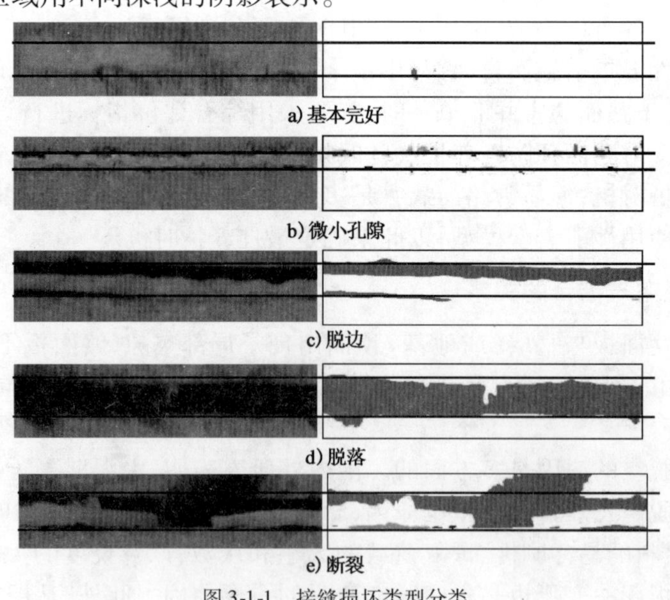

a）基本完好

b）微小孔隙

c）脱边

d）脱落

e）断裂

图 3-1-1 接缝损坏类型分类

填缝料各损坏类型的特征描述如下：

①基本完好：填缝料与水泥板块之间有极少量的孔隙或完全没有孔隙。

②微小孔隙：填缝料与水泥板块之间存在少量的孔隙。

③脱边：填缝料与水泥板块之间存在较大的孔隙，孔隙的形状为狭长，在填缝料的一侧或两侧。

④脱落：接缝中部分或全部的填缝料缺失，孔隙较长、较宽，一般位于接缝中部。

⑤断裂：填缝料断裂，但未从接缝中脱落，孔隙较宽，但较短，一般位于接缝的中部。

(2)填缝料检测评价方法

填缝料好坏检测主要依靠图像采集设备，通过图像处理，进行接缝定位和损坏区域提取，最后通过模式识别对损坏情况进行分类，对不同损坏类型按不同权重处理，采用指标 SPI 来反映、评价填缝料好坏。

①接缝定位。

如图 3-1-2 所示为接缝定位流程图。根据水泥混凝土路面接缝图像具有的特征，接缝定位大体分为图像预处理、接缝粗定位和精定位三个步骤。图像预处理是将彩色图像变换为灰度图像，以便提高分析速度和减少计算机内存占用，然后利用中值滤波方法过滤图像中的随机噪声。接缝粗定位基于图像的灰度投影特征，定位的边界可通过对投影曲线做一维傅里叶正逆变换并过滤投影曲线中的高频分量实施，进而将板边的投影峰值凸显出来以实现粗定位，并提取粗定位图像，此时，图像中尚包括接缝以及小部分水泥混凝土路面板边缘。精定位是对粗定位的进一步加工，可通过 Kirsch 边缘检测，增强板边图像能量，并用最大熵阈值分割法对粗定位区内图像做二值化处理，在二值化处理的基础上利用接缝的直线特征，用 Hough 变换，找到 1 条或 2 条接缝边缘，得到接缝的倾角，通过图像的旋转校正，使接缝垂直或平行于图像底边，最后在旋转后的图像内分别做灰度、边缘投影，并过滤高频分量，根据边缘和灰度投影的峰态找到接缝的准确位置，完成精定位。

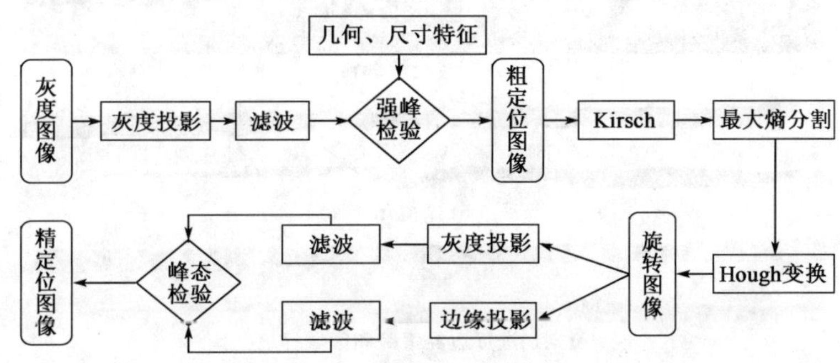

图 3-1-2　接缝图像模式识别流程图

对旋转的二值图像做投影，也即对接缝边缘做投影，由于接缝边缘丰富，且经过图像旋转校正接缝两个边缘已经比较明显了，为了提高算法的鲁棒性，再对边缘投影做傅里叶变换，过滤高频分量后，做傅里叶逆变换得到接缝的准确位置。

②填缝料损坏区域标记。

由于填缝材料类型多样且使用年限不一，它的灰度没有统一的特征，尤其是长时间使用，被路面的灰尘污染后，与水泥混凝土路面板的颜色相近，因此，接缝二值化的分析对象定为缝中孔隙，即使完好的填缝料在缝边也有明显的灰度梯度，并且孔隙的灰度变化区间并不大，二值化后，将缝边缘孔隙作为二值化的前景色，对于填缝料颜色并未发生很大变化的路面，先对灰度图像做对数，然后再用最大熵法进行二值化；对使用年限较久的路面，二值化方法采用特征聚类法。

特征聚类法的基本思想是根据目标的不同特征将它们划分为不同的类，一般用于多阈值分割。聚类的方法很多，如K—均值聚类法、模糊聚类、ISODATA 聚类等。K—均值聚类法是常用的图像聚类方法，令 $X=(x,y)$ 代表一个像素的坐标，$g(X)$ 代表这个像素的灰度值，K—均值聚类法就是最小化如下指标：

$$E_{\text{K-mean}}=\sum_{i=1}^{K}\sum_{x\in Q_j^i}\|g(X)-\mu_j^{i+1}\|^2 \tag{3-1-1}$$

式中：K——类别数目；

Q_j^i——第 i 次迭代后分类 j 的像素集合；

μ_j^{i+1}——第 j 类的均值。

式(3-1-1)表示每个像素到其对应类均值的距离和，此值最小化时，为最佳分类。接缝二值化后，对前景进行链码跟踪，每个闭合的链码就构成了一个区域，针对每个区域进行特征提取，利用链码数据结构能够完整地将目标的外轮廓提取出来，以链码为基础可以计算目标的周长、面积、形状、角点、矩等特征参数，这些特征参数将用于填缝料损坏类型分析。

由图 3-1-3 中可以看出，二值化后直接对图像进行边界跟踪，由于干扰因素（如嵌入孔隙中的石子）常常划分出过多的区域，影响后续的特征提取以及损坏类型判断，因此，二值化后，图像应进行开运算，即对目标区域做先膨胀后腐蚀的处理。如图 3-1-3e）所示，对图像作开运算后进行区域划分，得到两个区域而不是四个区域，很明显，这两个区域分别为填缝料两边失去黏结力造成的孔隙，这样分析起来就更加直观了。

a) 接缝及填缝料

b) 二值化

c) 对b)进行边界跟踪和区域标记

d) 对b)先膨胀后腐蚀

e) 对d)边界跟踪和区域标记

图 3-1-3　接缝中孔隙区域标记

③填缝料损坏特征提取。

对接缝图像,缝宽记作 w;每个孔隙区域面积记作 Spore,i;沿接缝方向的长度记作 l_i;m_i 为孔隙 i 的起始位置横坐标。外接矩形宽度记作 w_{Ri};垂直接缝方向的长度记作 $d(x)$;区域的个数记作 n;垂直与接缝方向对接缝的每个位置做孔隙计数,记作 $N(x)$;孔隙的上边界纵坐标记为 $Up(x)$;下边界纵坐标记为 $Down(x)$;x 为接缝方向的图像坐标;$y+$、$y-$ 分别为接缝两边界纵坐标;$y+$,$y-$,$N(x)$,$Up(x)$,$Down(x)$的定义如图 3-1-4 所示。

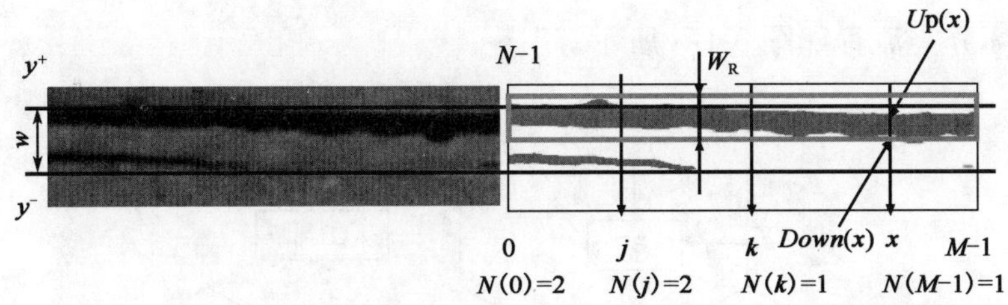

图 3-1-4　填缝料损坏特征提取示意图

经试验筛选,选取相对宽度、相对位置、相对外接矩形宽度和相对侧投影量作为用于填缝料损坏分类的模式特征。

相对宽度 γ_w:

$$\gamma_w = \frac{s_{\text{pore},i}}{wl_i} \tag{3-1-2}$$

描述的是孔隙 i 的宽度与接缝宽度的比值,一般脱边孔隙宽度小于脱落孔隙宽度。因此,此参数能较好地反映脱落和脱边的宽度差异特征。

相对位置 γ_p:

$$\gamma_p = \frac{\sum_{i=m_i}^{m_i+l_i}[Up(x)_i - y^+ + Down(x)_i - y^-]}{w} \tag{3-1-3}$$

相对位置 γ_p 描述的是孔隙 i 在接缝中的相对位置,由式(3-1-3)看出,当孔隙的位置越接近接缝中线,γ_p 越趋向于0;当孔隙位于接缝的一侧时,γ_p 远离 0 值。脱边一般发生在接缝的一侧,在填缝料与水泥板黏结处存在狭长的孔隙,位置距离中心较远;而脱落留下的孔隙,一般在接缝中心;因此 γ_p 能较好地反映脱边和脱落的位置差异,该值有正负之分,表示孔隙在中心线的哪一侧。

相对外接矩形宽度 γ_R:

$$\gamma_R = \frac{w_{Ri}}{w} \tag{3-1-4}$$

在实际检测中发现,接缝处留下的孔隙形状各异,并不接近于矩形,可用孔隙的外接矩形近似的描述孔隙的形状特征。相对外接矩形宽度 γ_R 反映了脱落和脱边这两种损坏类型外接矩形的尺寸差异特征。

相对侧投影量 γ_n：

$$\gamma_n = \frac{\sum_{x=m_i}^{m_i+l_i} N(x)_i}{l_i} \tag{3-1-5}$$

接缝中可能存在填缝料两侧均与水泥板脱离，留下两条狭长孔隙，这是脱边与脱落的重要区别。γ_n 值越大，说明孔隙 i 存在脱边的可能性越大。

④填缝料损坏分类。

填缝料损坏分类流程如图 3-1-5 所示。

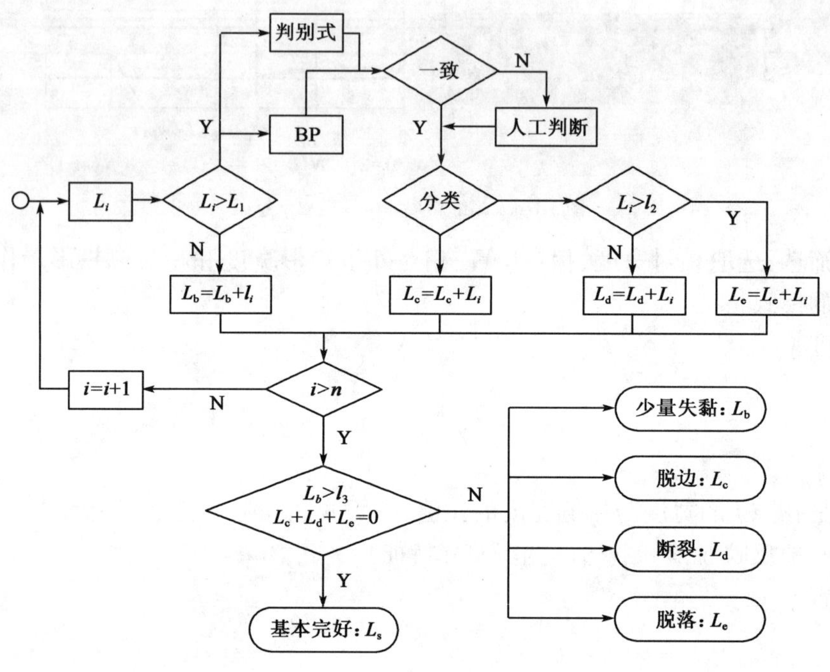

图 3-1-5　填缝料损坏分类流程图

填缝料损坏类型分为五类，基本完好和少量失黏的情况明显区别于后三者，它们的特征是长度非常小，这两类图像的特征就是孔隙较多，但孔隙非常小。对于后三者，脱边的孔隙宽度值一般较小，位置偏离接缝中心；断裂和脱落的孔隙宽度、位置相似，主要区别为孔隙的长度，脱落的孔隙长度远远大于断裂的孔隙长度。考虑到后三种损害类型可能共同存在，情况较复杂，首先将断裂和脱落看作为一类缺陷，利用优化的 BP 神经网络和直接判别式法根据填缝料的孔隙特征将脱边识别出来，再根据断裂与脱落的长度差异将两者分离，对于小孔隙，只做统计。

流程图 3-1-5 中 l_1 为小孔隙过滤阈值，取 0.011；L_i 为接缝长度；l_2 为脱落与断裂的分割阈值，取 0.11；l_3 为基本完好与少量失黏的分割阈值，取 0.051。由于一条接缝中小孔隙、脱边、断裂和脱落可能同时存在，将各自缺陷的相对长度分别累加到 L_b、L_c、L_d 和 L_e 中，它们将用于填缝料完好性评价指标 SPI 的计算。

1.1.4　水泥混凝土路面使用性能评价指标

路面使用性能评价就是利用调查的路况数据，对路面所处的状况进行判断，然后在此基础上作出养护决策，在时间和空间上对养护资金的分配进行优化。因此，首要的任务就是选定合适的预养护评价指标。国际上,水泥混凝土路面状况评价主要围绕以下四个方面的内容来展开:路面平整度(与路面服务特性或行驶舒适性有关)、路面破损状况、路面结构性能以及路面的抗滑性能(与行驶安全性有关)。在这些指标中,有适用于日常养护、应急养护用的指标,也有适用于预防性养护用的指标,而在预防性养护指标方面,不同时期以及不同地区也会有不同的考虑。

1.1.5　路面性能评价指标

在交通荷载和环境因素(温、湿度变化、雨水等)的综合作用下,路面的性能会逐渐衰减,进而影响行车质量和道路服务水平,因此有必要对路面状况进行评价,而路面现状评价又是路面养护、维修和改建决策的重要依据,可以判别路面状况是否适应目前的交通和使用要求,并确定路网内哪些路段需要采取养护和改建措施以及采取什么措施较合适。

国际上路面常用评价指标归纳如下:

(1)路面破损的评价指标:主要有路面破损指数(PDI)、路面状况指数(PCI)、裂缝率(Cracking Rate)、断板率(DBL)和错台量Ft(Faulting)等。

(2)路面结构强度评价指标:主要有结构适应性指数(SAI)、脱空度(PM)和接缝传荷能力(LTE)。

(3)路面平整性评价指标:主要有现时服务性能指数(PSI)、行驶舒适性指数(RCI)、国际平整度指数(IRI)、现时服务能力等级(PSR)、断面指数(PI)和行驶质量指数(RQI)等。

(4)路面抗滑能力评价指标:主要有抗滑指数(SRI)、横向摩擦系数(SFC)和纵向摩擦系数(PFC)。

(5)总体性指标:综合反映路面破损、路面结构以及路面服务性能,如路面质量指数(PQI)。

1.1.6　适用于预防性养护的评价指标

(1)预养护指标选取原则

在路面数据采集中,所采用的很多评价指标都是为应急性养护或者管养部门进行路况评价以及进行维修费用统计服务的。对于预防性养护而言,需要采用可预测的指标,以便根据相应的预防性养护规律及时加以实施。因此,预养护评价指标不仅仅是对路面状况进行评价,同时还要满足性能预测模型的建立和养护的需要。一般而言,适用于预防性养护的评价指标应符合以下三个基本原则:

①应能反映道路的性质、等级,重要性以及区域性等基本特征。

②要通俗易懂,并易于自动化采集。

③具有延续性、可预测性。

可以看出,满足以上三个基本原则的指标可用于模型的建立,以便为预养护时机确定和养护计划的制定提供有力的保障。

(2)拟采用的预养护指标

根据依托工程的路面损害特征、工程地所处区域的环境等,按照预养护指标所应具备的基本要求,在前面综合分析各预养护指标的基础上,采用的主要预养护评价指标为:横向接缝错台量、横向板体开裂率、板体破碎率、接缝料损坏率以及国际平整度等。值得指出的是,这些指标均可以利用目前普遍使用的多功能道路检测车对路面进行检测,综合分析路面实际使用性能。同时,今后这些指标还将随着自动化、数字化、综合化检测设备的不断发展,其便利性和可行性均会得到有效的保障,路面损坏的检测手段和评价指标都会随着发生变化。路面平整度的检测目前已经普遍自动化、数字化,其数据采集工作越来越便利了。

1.2 路面性能预测模型的重新标定、修正和建立

通过分析桂海高速公路的病害特征,综合认为错台、板体开裂、面板破碎是其中比较突出的病害类型。考虑到地区差异、气候、交通、路面结构等问题,国内、国外的模型并不一定完全符合桂海高速的情况,需要对模型的形式、参数等进行修正或重新标定,并对其进行对比分析。此外,重点对面板破碎模型以及 IRI 模型的建立进行了较为深入的分析。

1.2.1 数据准备与整理

(1)交通量计算

交通量是性能预测的一个重要因素。从广西高速公路的交通量调查数据来看,不同时期的统计方式有所不同,而且公路运营部门基于高速公路车辆通行费收费标准和交通工程学方法统计的交通量尚不能直接用于路面性能的预测,需要采用适当的方法进行相应的转换后再使用。对于公路上的混合交通量,根据桂海公路的调查资料,综合交通量研究成果并参照其他有关材料进行计算。轿车及小客车由于轴载较小,此处忽略不计。

(2)错台数据

错台数据为 2006 年桂海高速公路桂柳段大修工程所做的一次专项调查,即依据《公路水泥混凝土路面设计规范》(JTG D40—2011)加铺层结构设计中路面损坏状况调查评定的要求,测定调查路段内的错台量,得出本段路面每公里的平均错台量。数据类型的转换过程包括:首先,不引入其他参数项,根据散点图可初步将其拟合成线性或对数关系,直接将错台数转换为平均错台量;其次,为了加强公路路龄对错台的影响,同时也为了表征路龄相同但是交通量不同所引起的差异,引入累积交通量参数项;最后,根据其拟合的结果,分析得出较合理的转换关系式,用于柳南路各路段的错台数据转换。

考虑到累计交通量的转换模型的相关系数比未考虑累计交通量数模型要高,数据点离散性相对要小一些,而且在错台数比较小时,线性回归式中平均错台量也相对较小,但是对数回归式中当错台数和交通量较小时其平均错台量为负值,不符合工程实际,因此,采用引入交通量变量后的线性回归模型来进行原始数据的转换。

(3)其他主要病害数据预处理

为统一起见,按照《公路技术状况评定标准》(JTG H20—2007),把不同严重度的病害按照一定的权重分配,以满足分析的需要。各种严重度的开裂和破碎的权重分别见表 3-1-1。由此得到各路段的开裂率和破碎板率。

不同严重度损坏的权重　　表 3-1-1

损害类型	轻	中	重
裂缝	0.6	0.8	1.0
破碎板	0.8	—	1.0
断角	0.6	0.8	1.0

1.2.2　错台模型

选定 FHWA PRS3.0 错台模型来进行修正，在此结合我国的情况并根据依托工程的路面数据对其进行标定。由于工程所在地沿线降雨量与气温状况差别不大，对于 PRS 模型中的降雨量与高温天数这两个变量，参考国内的研究成果，可考虑用路龄来反映环境的差异，错台模型所采用的形式如式(3-1-6)所示。

$$F_t = D_H^a(b + cY) \tag{3-1-6}$$

式中：F_t——错台量；

D_H——累积损伤；

Y——路龄；

a、b、c——回归系数。

(1)错台模型的修正流程

水泥混凝土路面接缝错台修正与标定计算流程图如图 3-1-6 所示。

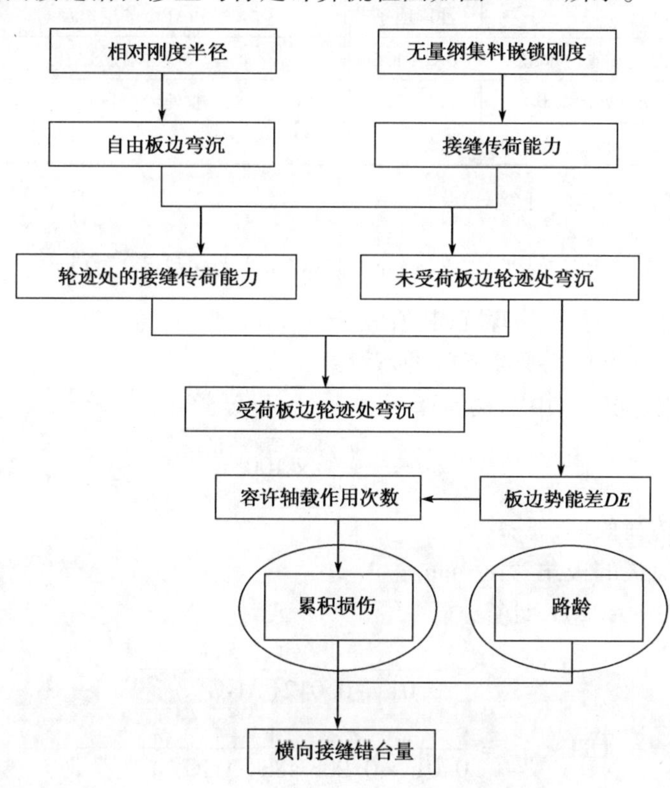

图 3-1-6　水泥混凝土路面接缝错台修正与标定计算流程图

(2)错台模型的计算步骤

①累积损伤 D_H 的计算。

累计损伤按照 Miner 线性累积原理，由下式计算：

$$D_H = \frac{N_e}{N_{RH}} \tag{3-1-7}$$

式中：N_e——标准轴载累计作用次数，以百万计；

N_{RH}——容许荷载作用次数（以百万计），此处指的是荷载作用于板角处横缝边缘，当路面接缝达到某一临界错台值时所对应的累计作用次数。

②容许作用次数 N_{RH} 的计算。

容许作用次数由下式计算：

$$\log(N_{RH}) = -0.76458 - \log(\alpha_r) - 0.92991[1 + 0.40 \times \alpha_q \times (1-\alpha)] \times \log[DE \times (1 - 1.432 \times d_s + 0.513 \times d_s^2)] \tag{3-1-8}$$

式中：α_r——基层冲刷因子，其值在0.5～7.5之间，详见表3-1-2；

α_q——基层渗透性，不透水为0，透水则为1；

α——传力杆设置参数，设置为1，未设置为0；

DE——板角处形变势能差；

d_s——传力杆尺寸。

PIARC 基层分类及其冲刷因子 表3-1-2

PIARC 基层类型	冲刷因子	PIARC 基层类型	冲刷因子
8%贫混凝土、6%沥青混凝土或透水层	0.5～1.5	2.5%水泥处治土	3.5～4.5
5%水泥处治粒料、4%沥青处治粒料	1.5～2.5	非处治粒料基层	4.5～5.5
3.5%厂拌水泥处治粒料、3%沥青处治粒料	2.5～3.5		

③板边势能差 DE 由下式计算：

$$DE = \frac{1}{2}k(w_L^2 - w_{UL}^2) = \frac{1}{2}k(w_L + w_{UL})(w_L - w_{UL}) \tag{3-1-9}$$

式中：$w_L + w_{UL}$——自由板边的总弯沉，其值等于 $w_{fe,x}$；

$w_L - w_{UL}$——受荷板与非受荷板间的弯沉差。

④受荷板的板边弯沉 w_L 由下式计算：

$$w_L = \frac{w_{UL}}{\text{LTE}} \times 100 \tag{3-1-10}$$

式中：LTE——接缝传荷效率，%；

w_{UL}——未受荷板的板角弯沉，mm。

⑤接缝传荷能力效率 LTE 计算。

$$\text{LTE}_{x=0} = \frac{1}{0.01 + 0.012(\text{AGG}^*)^{-0.849}} \tag{3-1-11a}$$

$$\text{LTE}_{x=914} = \frac{1}{0.01 + 0.003483(\text{AGG}^*)^{-1.13677}} \tag{3-1-11b}$$

式中：AGG*——无量纲集料嵌锁刚度，由式(3-1-12)计算。

$$\text{AGG}^* = 2.3\exp\left[-0.166\frac{L}{r} + \left(\frac{d_s}{25.4}\right)^{2.2}\right] \tag{3-1-12}$$

式中：r——板的相对刚度半径，m。

轮迹处的板角接缝传荷效率 LTE 由下式计算：

$$\text{LTE} = \text{LTE}_{x=0} + \left(\frac{\text{LTE}_{x=914} - \text{LTE}_{x=0}}{914}\right)x \tag{3-1-13}$$

对于普通宽度行车道板荷载作用在距板角305mm处(外侧轮迹处),而对于超宽板的情况下为超宽板比普通宽度车道板多出的宽度加上外侧轮迹处即:305 +609 =914mm,如图3-1-7所示。

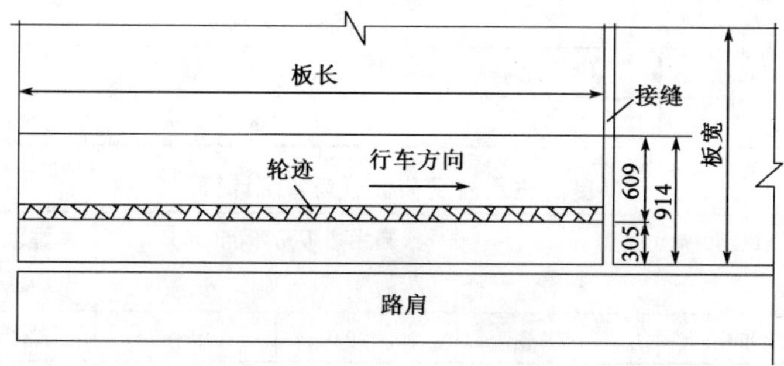

图3-1-7　板角接缝传荷能力计算示意图(尺寸单位:mm)

⑥未受荷板边弯沉 w_{UL} 由下式计算:

$$w_{UL,0} = w_{fe,0}\left(\frac{LTE_{x=0}}{100 + LTE_{x=0}}\right) \tag{3-1-14a}$$

$$w_{UL,914} = w_{fe,0}\left(\frac{LTE_{x=914}}{100 + LTE_{x=914}}\right) \tag{3-1-14b}$$

$$w_{UL} = w_{UL,0} + \left(\frac{w_{UL,914} - w_{UL,0}}{914}\right)x \tag{3-1-14c}$$

式中:$w_{fe,0}$,$w_{fe,914}$——自由板边板角处的弯沉,mm;

$LTE_{x=0}$,$LTE_{x=914}$——板角处接缝传荷效率;

$w_{UL,0}$,$w_{UL,914}$——未受荷板的板角弯沉,mm。

自由边板角弯沉可由下式计算:

$$w_{fe,0} = \left(\frac{0.133r^2 + 0.110r + 0.293}{r^2E_0}\right)P \tag{3-1-15a}$$

$$w_{fe,914} = \left(\frac{0.0997r^2 + 0.154r - 0.02543}{r^2E_0}\right)P \tag{3-1-15b}$$

式中:P——标准轴重,100kN;

其余符号同前。

(3)错台模型参数的标定

按照时间换空间的方法,将两相邻收费站之间的路段划分为一个路段,采用双幅(上、下行方向)平均错台量,四个路段五年的数据共计18个路段(2008年度的两个路段数据记录不完整,此处暂不考虑),详见表3-1-3。

各路段历年的平均错台量(单位:mm)　　表3-1-3

年　份	柳州—柳州西	柳州西—凤凰	凤凰—来宾	来宾—小平阳
2004	3.911	4.929	4.388	4.192
2005	3.691	4.943	4.294	4.057
2006	3.779	4.889	4.937	4.768
2007	4.666	6.617	6.062	5.298
2008	4.971	7.202	—	—

分别计算出各参量,其结果详见表3-1-4～表3-1-7。

板角传荷能力系数计算 表3-1-4

板角接缝传荷效率(%)			集料嵌锁刚度	相对刚度半径(m)
$LTE_{x=305}$	$LTE_{x=914}$	$LTE_{x=0}$	AGG*	r
53.66	72.75	44.11	0.938	0.833

自由边及未受荷板板角弯沉计算 表3-1-5

未受荷板角弯沉(mm)			自由边板角弯沉(mm)		板角接缝传荷效率(%)	
w_{UL}	$w_{UL,914}$	$w_{UL,0}$	$w_{fe,914}$	$w_{fe,0}$	$LTE_{x=914}$	$LTE_{x=0}$
0.500 3	0.298 6	0.601 3	0.709 0	1.964 7	72.746 0	44.108 0

板边势能差计算 表3-1-6

板边势能差	受荷板弯沉(mm)	未受荷板弯沉(mm)	接缝传荷效率(%)
DE	w_L	w_{UL}	LTE
0.062 4	0.932 3	0.500 3	53.66

容许作用次数计算 表3-1-7

容许作用次数(百万)	基层腐蚀因子	基层透水性参数	传力杆参数	传力杆尺寸
0.567	4	0	0	0

以此计算得到以上各参数后,即可根据累计作用次数计算出累计损伤,最后根据累计损伤、路龄以及实测错台量数据,基于SPSS 11.5分析得到错台方程为:

$$F_t = D_H^{0.683}(1.205 + 0.003\,5Y) \tag{3-1-16}$$

模型概述:$n=18$,$R^2=0.79$。

(4)模型修正效果检验

为了检验修正模型的计算结果是否与实际相接近,以及是否对FHWA3.0模型有改善作用,分别绘出两个模型的平均错台量预测值与实测值的关系图(图3-1-8)和残差图(图3-1-9)。

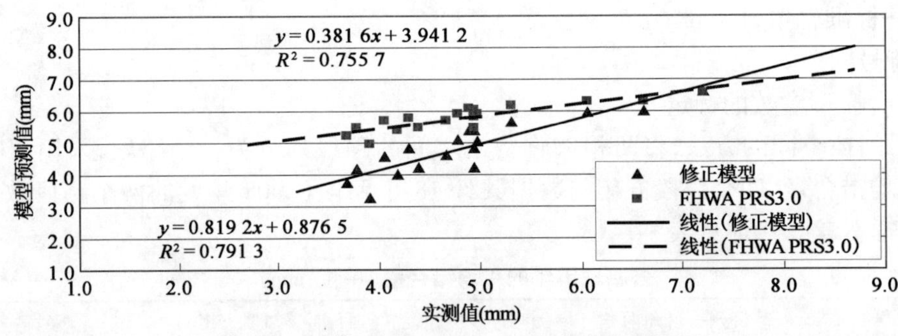

图3-1-8 平均错台量预测值与实测值的关系图

从图3-1-8可以看出,回归模型相关系数较大,修正模型预测值与实测值的相关关系较好。同时,FHWA PRS3.0错台模型预测值与实测值之间也有着较好的相关性,但从标准残差图3-1-9可知,修正模型比原PRS模型具有更小的残差值,可认为修正模型具有更好的拟合效果。

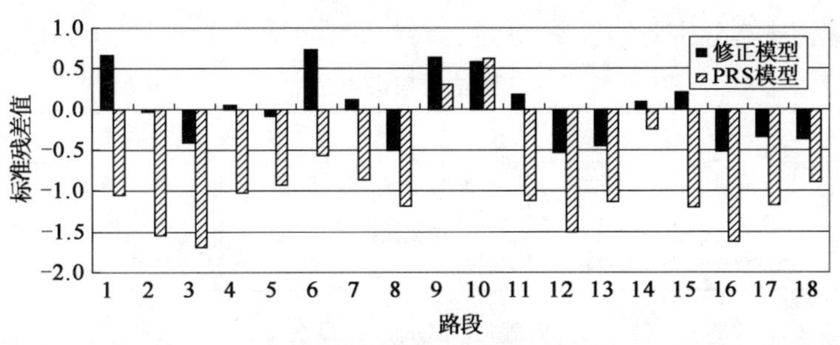

图 3-1-9　修正模型与 PRS 的标准残差对照图

1.2.3　断板率模型

从实际工程中我们不难发现，裂缝、断角以及破碎等对 IRI 有着较大的影响，为了综合反映出其影响，考虑到我国以往道路研究以及养护规范中曾采用断板率指标来综合反映裂缝、断角以及破碎等，因此根据我国《公路水泥混凝土路面养护技术规范》(JTJ 073.1—2001)，采用断板率(DBL)来综合表征破碎、裂缝和断角，分析断板率的增长规律。

通过对开裂模型特点的分析可以看出，开裂模型主要考虑荷载应力以及温度翘曲应力，所不同之处主要体现在荷载应力和温度翘曲应力的具体计算方法上，以及是否通过综合影响系数将它们综合起来考虑。鉴于我国《公路水泥混凝土路面设计规范》(JTG D40—2011)中主要是以荷载应力以及温度翘曲应力的计算为基础的，且计算方法也较符合我国的实际情况，因此，根据国内外以往相关研究者的研究思路，以及我国在疲劳方程所取得的研究成果，进行断板率模型的建立。同时，考虑到工程地所处地区各路段气候条件变化不大，可通过考虑路龄变量来突出或反映环境因素的不同对模型的影响。断板率模型所采用形式为：

$$DBL = aYD_Z \qquad (3\text{-}1\text{-}17)$$

式中：Y——路龄。

(1)断板率模型流程图

水泥混凝土路面断板率模型流程图见图 3-1-10。

(2)断板率模型的参数标定

与错台计算一样，按照时间换空间的方法，将两相邻收费站之间的路段划分为一个路段，采用双幅(上、下行方向)平均断板率，四个路段五年的数据共计有效路段 18 个(2008 年度的两个路段数据不完整，此处不考虑)，汇总于表 3-1-8。

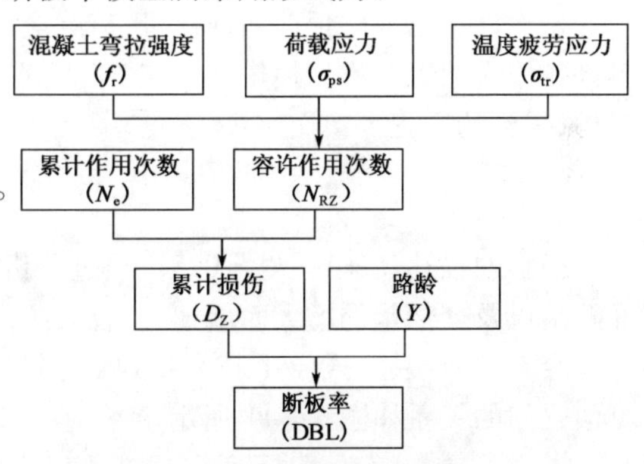

图 3-1-10　水泥混凝土路面断板率模型流程图

各路段历年的断板率(%)　　表 3-1-8

年　份	柳州—柳州西	柳州西—凤凰	凤凰—来宾	来宾—小平阳
2004	1.921	2.966	6.412	7.295
2005	2.728	5.476	10.748	11.415
2006	1.556	4.527	12.424	13.233
2007	9.245	13.935	16.057	17.948
2008	8.597	12.254	—	—

根据上述计算步骤,分别计算出各参量,其结果详见表3-1-9～表3-1-12。

路面结构层参数表　　表3-1-9

面层			基层		底基层		土基	
板长（m）	弯拉强度（MPa）	弯拉模量（MPa）	厚度（m）	回弹模量（MPa）	厚度（m）	回弹模量（MPa）	厚度（m）	回弹模量（MPa）
4.5	5	30 000	0.24	500	0.2	130	0.18	35

荷载应力(σ_{ps})计算表　　表3-1-10

荷载应力（MPa）	相对刚度半径（m）	基层顶面回弹模量（MPa）	a	b	E_x(MPa)	h_x(m)	D_x(MN·m)
1.20	0.83	111.22	2.82	0.58	334.42	0.34	1.08

温度疲劳应力(σ_{tr})计算表　　表3-1-11

温度疲劳应力（MPa）	温度疲劳系数	与自然区划有关的系数			温度翘曲应力（MPa）	混凝土线膨胀系数	最大温度梯度	综合温度应力系数	$1/r$
		a	b	c					
0.915	0.477	0.871	0.071	1.287	1.920	0.000 01	86	0.620	5.404

容许作用次数(NRZ)计算表　　表3-1-12

容许作用次数（次）	温度疲劳应力（MPa）	弯拉强度（MPa）	荷载应力（MPa）	接缝传荷效率	动偏载综合系数
141 610 584	0.915	5	1.20	0.9	1.3

依次计算出基层顶面回弹模量、荷载应力、温度疲劳应力后,就可计算出纵缝板边中部的容许作用次数以及累计损伤,然后基于SPSS 11.5分析软件对DBL、路龄及累计损伤进行回归分析,得到的方程为:

$$\mathrm{DBL} = 0.344 + 45.331 YD_{\mathrm{Z}}^{1.076} \tag{3-1-18}$$

式中:Y——路龄。

模型的描述:$n=18$,$R_{\mathrm{Z}}=0.51$,通过分析模型中各参数的符号,可知DBL会随着混凝土路面路龄以及交通量的增大而增加,符合实际的情况。一般而言,由于施工养护期等因素,通车初年会有部分裂缝,式(3-1-18)常数项较小,与实际情况较为接近。断板率模型的预测值与实测值之间的关系如图3-1-11所示。

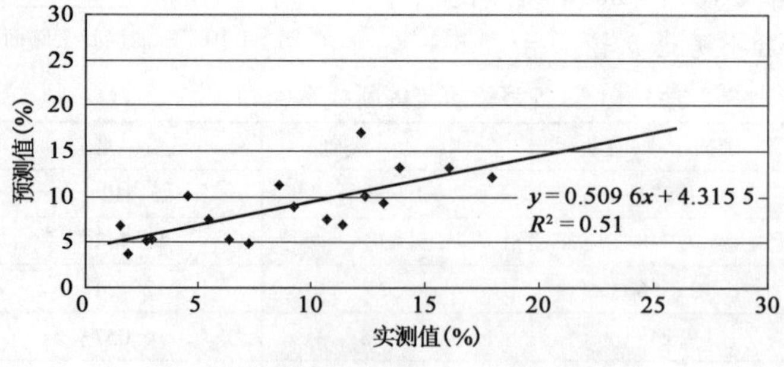

图3-1-11　断板率预测值与实测值的关系图

1.2.4　IRI 模型

由前面的分析可知,IRI 与其他路面性能评价指标如错台、开裂、碎裂等存在某种函数关系。在此探索 IRI 与其他评价指标的关系,以便于对路面性能进行综合评价。模型建立过程主要由以下步骤完成。

(1)IRI 与错台、开裂、破碎板、断角的关系

IRI 与错台、开裂、破碎板、断角的关系散点图如图 3-1-12 ~ 图 3-1-15 所示。

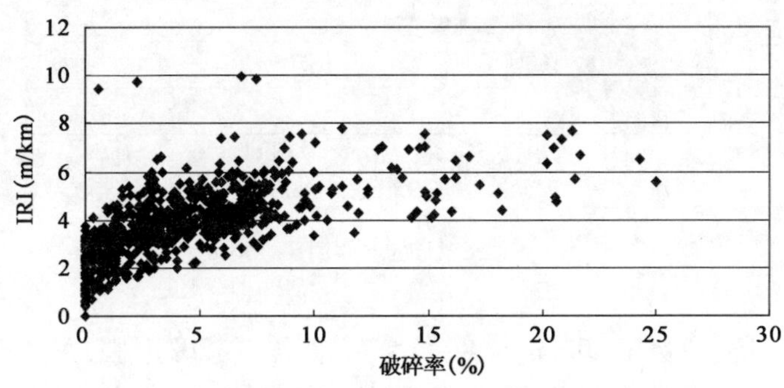

图 3-1-12　IRI 与破碎率关系图

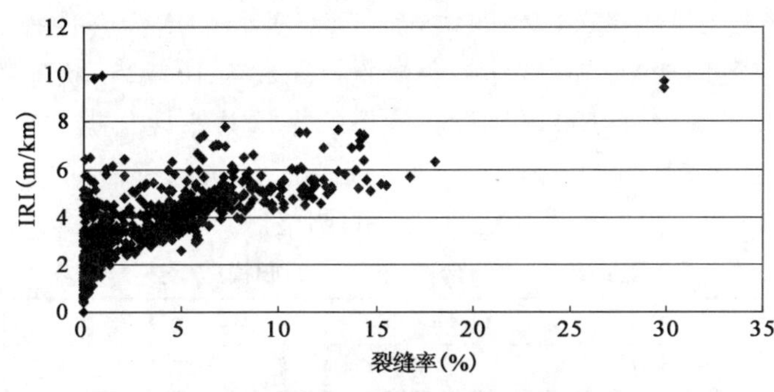

图 3-1-13　IRI 与裂缝率关系图

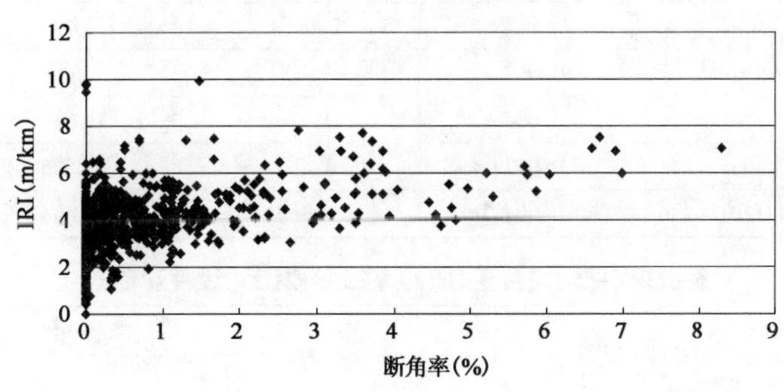

图 3-1-14　IRI 与断角率关系图

由 IRI 与破碎率、裂缝率、断角率以及平均错台量的关系散点图以及关于平整度与路面损坏指标之间的关系可知,IRI 与其他几个变量可认为存在某种线性关系,因此,初步决定的模型基本形式为:

$$\mathrm{IRI} = a + bF_t + cC_r + dB_r + eS_r \tag{3-1-19}$$

式中：F_t、C_r、B_r、S_r——分别为平均错台量、裂缝率、断角率和破碎率；

a、b、c、d、e——回归系数。

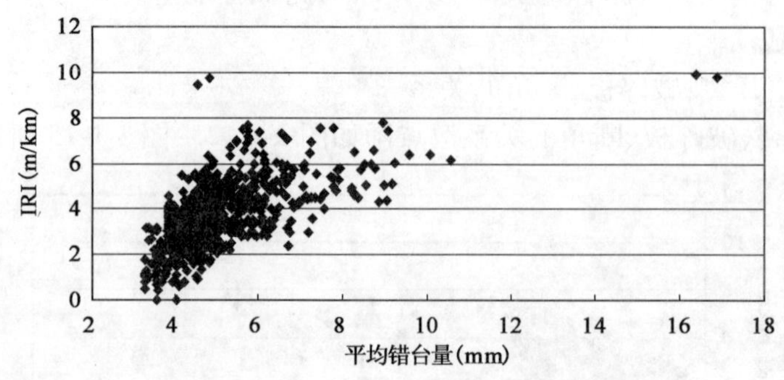

图 3-1-15　IRI 与平均错台量关系图

(2)模型变量和参数的分析

首先将平均错台量、裂缝率、破碎率、断角率变量全部考虑进去，采用逐步回归法(STEPWISE)进行回归，依次进入的顺序为裂缝率、平均错台量和破碎率，而断角率变量被剔除。表3-1-13的回归模型相关系数较大，表3-1-14中进入模型的三个变量以及常数项都通过了参数检验，且均为正值，较符合实际情况，即错台、开裂、破碎的增大会使得平整度也增大。从表3-1-15多重共线性诊断结果可知，破碎率变量的状况数为10.825(状况数大于10时认为存在较强的多重共线性，当其大于100时则存在严重的多重共线性)，据此可知变量之间存在较强的多重共线性，而且方差比例中，破碎率对平均错台量的贡献率占到96%，而平均错台量对破碎的贡献率则占到92%，需要对模型进行适当的调整。

裂缝率、平均错台量、破碎率回归模型概述　　表 3-1-13

R	R^2	SEE	F 值	p 值
0.947	0.897	0.430	2516.05	0

裂缝率、平均错台量、破碎率回归模型参数检验　　表 3-1-14

参数	参数估计	标准差	Beta 值	t 值	p 值
常数项	5.77×10^{-5}	0.062	—	0.001	0.999
裂缝率	0.216	0.004	0.576	50.657	0
平均错台量	0.493	0.012	0.453	39.506	0
破碎率	0.120	0.004	0.344	28.864	0

裂缝率、平均错台量、破碎率回归模型共线性诊断表　　表 3-1-15

参数	特征根 (Eigenvalue)	状况数 (Condition Index)	方差比例			
			常数项	裂缝率	平均错台量	破碎率
常数项	3.326	1.000	0	0.03	0	0.03
裂缝率	0.340	3.125	0.02	0.91	0.02	0.01
平均错台量	0.305	3.301	0.02	0.04	0.01	0.92
破碎率	0.028	10.825	0.95	0.02	0.96	0.05

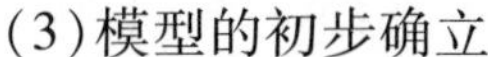

(3)模型的初步确立

一般情况下,消除多重共线性的方法可采用剔除变量和增大样本容量的方法,此处考虑剔除破碎率变量。剔除破碎变量后逐步回归过程中变量进入的先后顺序为:裂缝率、平均错台量。其回归结果见表3-1-16~表3-1-18。

裂缝率、平均错台量回归模型概述 表3-1-16

R	R^2	SEE	F值	p值
0.893	0.798	0.602	1 715.125	0

裂缝率、平均错台量回归模型参数检验 表3-1-17

参数	参数估计	标准差	Beta值	t值	p值
常数项	-0.152	0.086	—	-1.772	0.077
裂缝率	0.251	0.006	0.668	43.747	0
平均错台量	0.602	0.017	0.552	36.145	0

裂缝率、平均错台量回归模型共线性诊断表 表3-1-18

参数	特征根(Eigenvalue)	状况数(Condition Index)	方差比例		
			常数项	裂缝率	平均错台量
常数项	2.630	1.000	0.01	0.05	0.01
裂缝率	0.340	2.781	0.02	0.94	0.03
平均错台量	0.030	9.414	0.97	0.01	0.96

从模型的分析结果来看,各变量都通过了参数检验,较符合实际情况,即错台、裂缝的增大会使得平整度也增大,但常数项为负,这与工程实际存在矛盾,尚需要根据实际情况完善。不过,从共线性诊断表可以看出,状况数为9.414,而且方差比例中,裂缝率和平均错台量的方差贡献率90%均来自自身,可认为已不存在多重共线性问题,此时得到IRI与平均错台量F_t、裂缝率C_r的关系式为:

$$\mathrm{IRI} = -0.152 + 0.251C_r + 0.602F_t \tag{3-1-20}$$

式中各符号意义同前。

模型的统计量:$n=871$,$R^2=0.798$,SEE=0.602。

(4)模型的确立

由模型的初步建立过程可以看出,IRI仅表达为错台和裂缝的线性关系,表明错台和裂缝对于路面的平整度有着较大的影响。然而,从实际工程中不难发现,断角以及破碎对IRI的影响也是很大的,IRI与DBL关系图见图3-1-16。

因此不应该仅考虑到模型多重共线性的影响而忽略其对路面平整度的影响。为了综合反映出其影响,根据《公路水泥混凝土路面养护技术规范》(JTJ 073.1—2001)中的方法,采用DBL来综合反映破碎率、裂缝率、断角率对IRI的影响,由此建立起IRI与平均错台量、DBL的函数关系,回归过程变量进入的先后顺序为:DBL、平均错台量,其逐步回归结果见表3-1-19~表3-1-21。

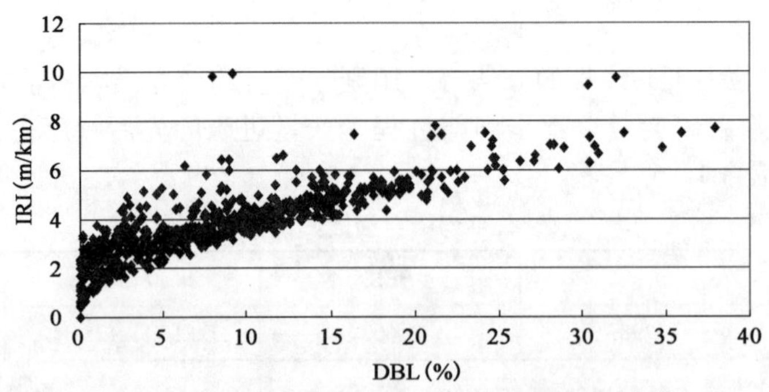

图 3-1-16　IRI 与 DBL 关系图

断板率、平均错台量回归模型概述　　表 3-1-19

R	R^2	SEE	F 值	p 值
0.932	0.868	0.485	2 866.995	0

断板率、平均错台量回归模型参数检验　　表 3-1-20

参数	参数估计	标准差	Beta 值	t 值	P 值
常数项	0.255	0.068	—	3.745	0
DBL	0.152	0.003	0.742	58.352	0
平均错台量	0.444	0.014	0.407	32.013	0

断板率、平均错台量回归模型共线性诊断表　　表 3-1-21

参数	特征根 (Eigenvalue)	状况数 (Condition Index)	方差比例		
			常数项	DBL	平均错台量
常数项	2.732	1.000	0.01	0.04	0.01
DBL	0.239	3.384	0.04	0.95	0.03
平均错台量	0.030	9.607	0.95	0.01	0.96

从模型的分析结果来看，各变量以及常数项都通过了参数检验，且均为正值，符合实际情况，即错台、断板的增大会使得平整度也增大。此外，从共线性诊断表可以看出，状况数为 9.607，而且方差比例中，DBL 和平均错台量的方差贡献率 90% 以上均来自于自身，可认为此时已不存在多重共线性问题，由此得到 IRI 与断板率、平均错台量的关系式为：

$$\mathrm{IRI} = 0.255 + 0.152\mathrm{DBL} + 0.444F_t \qquad (3\text{-}1\text{-}21)$$

将 IRI、DBL 和平均错台量之间关系绘制成图 3-1-17，可看出其拟合效果较好。

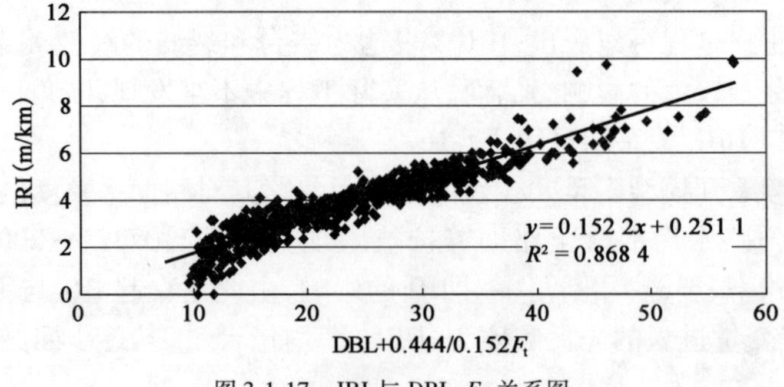

图 3-1-17　IRI 与 DBL、F_t 关系图

1.3　预养护条件下水泥混凝土路面衰变规律分析

水泥混凝土路面常用的预防性养护措施包括：接缝补封，裂缝密封，金刚石打磨，传力杆修复，破碎维修，全厚度修补，部分厚度修补，板底灌浆，排水系统维护等单项措施以及混凝土路面修复（CPR）等综合措施。与沥青路面不同，水泥混凝土路面的预防性养护措施针对性较强，一般情况下，一种预防性养护措施往往只针对某种特定的路面损坏状况，而水泥混凝土路面的损坏通常不是单一的，所以往往要同时采取多种预防性养护措施，但各种措施的实施顺序要安排合理，这里就存在一个对组合措施的效果进行评价的问题。

1.3.1　单项预防性养护措施的效益

养护性能改善包括养护后路面体系使用性能的提高（下降型指标）或下降（上升型指标），可体现在两方面：一是在养护短时间内，路面使用性能提高；二是处治后路面衰减速率的下降。不同养护措施的性能改善通常可用性能突变值（PJ）、路面衰变率的减缓值（DRR）来表示。

S. Labi 等人根据美国印第安纳州总长 5 000mile（1mile = 1 609. 344m）的路段建立了各种常用养护措施的效果的预估模型。这些养护措施包括裂缝填封（传统密封材料）、裂缝密封（废旧橡胶粉）、接缝/隆起部位打磨和薄层罩面等。加州、伊利诺伊州、爱荷华州、南达科他州和印第安纳州等则在金刚石打磨方面进行了较为深入的研究。

（1）裂缝填封效益模型（传统填封材料）

裂缝填封是把填封材料置入裂缝里，其目的是使路面下材料免受水的侵蚀，避免结构强度下降以及唧泥现象的发生。该措施的模型形式为：

$$DRR = \frac{1}{-12.08 - 12.99X_{FC} + 6.61X_{TL} + 1.47X_{IPC} + 909X_{WD}} \tag{3-1-22}$$

式中：X_{FC}——公路功能等级，州际公路为 1，非州际公路为 0；

X_{TL}——年累计标准轴载（80kN）作用次数，以百万计；

X_{IPC}——养护措施实施前的路况，以 PSI 表示；

X_{WD}——年潮湿天数。

（2）裂缝填封效益模型（废旧橡胶粉）

废旧橡胶粉填封材料的衰变减缓率方程如下：

$$DRR = \exp(-123.21 + 2.78X_{TL} + 2.63X_{PPN} - 0.02X_{SQ} + 62.28X_{E}) \tag{3-1-23}$$

式中：X_{TL}——年标准轴载（80kN）作用次数，以百万计；

X_{PPN}——降雨量，以 in/年计；

X_{SQ}——地基特性，它是细料百分比和弹性指数的乘积；

X_{E}——养护措施的费用，以＄1 000/mile 计。

（3）接缝/隆起部位打磨模型

接缝打磨所带来的性能突跃效果是很显著的，在其他条件相同的情况下，耗费越大，性能突变值就越大。其方程为：

$$PJ = 0.087 + 0.132X_{E} \tag{3-1-24}$$

式中：X_{E}——养护措施的消耗费用，以＄100/mile 计。

(4)金刚石打磨模型

金刚石打磨的效果与打磨前的路况直接相关,美国加州对金刚石打磨进行了较为深入的研究,其得出的性能突变回归线性方程为:

$$Y = 1.08 + 0.0044X \tag{3-1-25}$$

式中:Y——打磨前的 IRI 值与打磨后的 IRI 值的比值;

X——打磨前的 IRI 值,in/里。

整理上式,可得:

$$Z = \frac{X}{1.08 + 0.0044X} \tag{3-1-26}$$

式中:Z——打磨后的 IRI 值;

X——打磨前的 IRI 值,in/里。

1.3.2 组合措施或综合措施效益

水泥混凝土路面各预防性养护措施可以针对个别损坏,单独进行修复,但一般来说,水泥混凝土路面损坏都不是单一的,而且,与沥青路面的预防性养护措施不大一样,沥青路面预防性养护措施中的一些措施可以解决多种路面问题,因此,水泥混凝土路面通常需要多项修复措施来共同完成。这也就涉及多种组合措施以及综合措施的短期效益评价问题。

(1)薄层罩面模型(稀浆封层等)

薄层罩面等用作预防性养护措施,通常是在路面处于较好路况时实施。由于薄层罩面的实施而引起的路面性能突变值,其模型形式如下:

$$\mathrm{PJ} = \frac{71.63}{42.01 + 10^{-5.11} \times 97.17^{X_{\mathrm{IPC}}}} \tag{3-1-27}$$

式中:PJ——实施了 HMAC 薄层罩面而引起的路面性能突变值,以 PSI 表示;

X_{IPC}——养护措施实施前的路况。

(2)LTPP SPS 研究成果

Kathleen T. Hall 等人(2002)在 LTPP SPS-6 数据分析合同中对养护和维修措施的效益进行了研究,各试验路段采用的养护、维护措施列于表 3-1-22。表中,A 表示需要时才实施,B 表示需要时进行清除和置换,C 表示全深度传力杆修复或开槽更换传力杆,D 表示不管状况如何或必要与否均实施该项措施。试验路中部分组合措施的性能提高值见表 3-1-23。

SPS-6 各试验路采取的措施 表 3-1-22

修复措施	试验路段							
	601	602	603	604	605	606	607	608
沥青加铺层厚度(in)	0	0	4	4	0	4	4	8
碎裂与稳定							√	√
锯缝与封缝				√				
接缝密封	A	A			B			
裂缝密封	A	A			B			
部分深度修补		A	A	A	B	B		

续上表

修复措施	试验路段							
	601	602	603	604	605	606	607	608
全深度修补		A	A	A	B	B		
传力杆修复					C	C		
金刚砂打磨		A			D			
板底灌浆					A	A		
地下排水					D	D	D	D

SPS-6 试验路各种养护对策实施前后效果对比　　表 3-1-23

对策类型/路段	实施前		实施后		实施前后差值(PJ)	
	IRI(m/km)	PSI	IRI(m/km)	PSI	IRI(m/km)	PSI
601	2.39	2.97	2.54	2.82	-0.15	0.15
602	2.26	3.12	1.82	3.63	0.44	-0.51
603	2.15	3.20	0.98	4.49	1.17	-1.29
604	2.20	3.20	1.00	4.47	1.20	-1.27
605	2.40	3.02	1.36	4.10	1.04	-1.08
606	2.27	3.09	1.00	4.47	1.27	-1.38
607	2.08	3.27	1.08	4.38	1.00	-1.11
608	2.23	3.15	0.97	4.50	1.26	-1.35

Joanna K. Ambroz 等人(2005)对 LTPP SPS-6 试验路进行了初步评价和分析,得到了不同维修措施实施后的 IRI 年增长率,如表 3-1-24 所示。

SPS-6 试验路各种养护对策实施后 IRI 年增长率　　表 3-1-24

对策类型/路段	601	602	603	604	605	606	607	608
IRI 年增长率(m/km)	0.338 0	0.280 7	0.158 0	0.160 4	0.363 4	0.142 9	0.126 9	0.050 7

Shreenath Rao 等人(1999)对 LTPP 中的金刚石打磨试验路进行了分析。在两种修复水平下(最低限度的修补和强化修补)金刚石打磨后 IRI 值与控制路段 IRI 值的对比情况见表 3-1-25。其中最后一行为印第安纳州(Indiana)的数据,该州没有进行金刚石打磨,只进行了 CPR,它表明修复行为使得 IRI 值稍有增加。

SPS-6 部分州试验路金刚石打磨效果　　表 3-1-25

州　名	IRI(m/km)		
	控制路段	最小限度修补	强化修补
伊利诺伊州	2.65	—	0.8
爱荷华州	2.2	1.25	1.50
蒙大拿州	2.2	1.1	1.0
南达科他州	2.55	1.0	0.9
印第安纳州	2.75	3.35	3.5

同时,打磨与罩面的效果对比表明,进行金刚石打磨所达到的IRI值与新建路面或者进行沥青罩面层所达到的IRI值相当。但是,金刚石打磨仅处治服务性能方面的问题,而对于存在材料问题的路段,比如“D型”裂缝或活性集料,则不能采用。当存在结构性问题时,进行罩面或重建显得更为合适,效果详见表3-1-26。

伊利诺伊州 SPS-6 试验路效果 表3-1-26

试验路/对策	IRI(m/km)		
	1990年(修复前)	1991年	1994年
控制路	2.65	2.7	2.75
强化修补+打磨	2.25	0.8	1.05
最小限度修补+4in罩面	2.4	1.0	1.05
强化修补+4in罩面	2.8	1.05	1.1
碎裂稳定+4in罩面	2.15	1.25	1.25
碎裂稳定+8in罩面	2.45	1.2	1.2

第2章　水泥混凝土路面抗滑性衰减评价方法研究

水泥混凝土路面的刻槽构造在行车荷载及环境因素作用下，很容易被磨蚀，从而导致水泥混凝土路面的抗滑、降噪等表面功能出现不同程度的变化。本章在探讨刻槽水泥混凝土路面磨损机理的基础上，提出水泥混凝土路面抗滑构造衰减评价方法，研究刻槽参数对水泥混凝土构造深度磨耗率的影响，建立刻槽水泥混凝土路面抗滑性变化模型，总结刻槽水泥混凝土路面抗滑衰减规律，为刻槽水泥混凝土路面抗滑耐久性设计提供理论依据。

2.1　水泥混凝土路面抗滑性暂时衰减规律研究

Grosch 等认为，冰面上橡胶的摩擦力起因于两种机理：其一为界面黏着，见于光滑表面摩擦；其二为橡胶表面犁削或变形，见于粗糙冷冰面上的摩擦。橡胶—冰之间的摩擦亦在很大程度上取决于冰温。附着完整冰膜、熔化冰膜、破碎冰膜、撒砂冰面试件的抗滑值均有不同幅度的下降（橡胶的温度为 20℃，冰面温度为 -15 ~ 1℃）。

当试件表面附有致密、平整冰面时（冰面温度为 -15℃），冰雪完全阻隔了摆式摩擦仪橡胶块与试件表面的接触，橡胶块与冰的界面黏着是光滑表面上摩擦的唯一原因，由于冰面的微凸体远少于试件表面的微凸体，所以滞后摩擦力上的作用相对很小。冰面出现水膜之前主要以黏附摩擦力为主，因此摩擦阻力也较小；随着摩擦的进行，在冰面可能产生膜厚仅为几个分子大的水膜（冰面温度为 -15 ~ -12℃），即进入边界润滑状态，冰面的抗滑值较试件初始摆值下降了近 20BPN，此时黏附摩擦力急剧下降，抗滑值最低。这正是完整冰面上最常遇到的情况。因此冰面的低摩擦阻力可以归因为摩擦界面冰融化形成的润滑性极强的薄层水膜。

而当冰层破碎为碎冰块后（冰面温度为 -15 ~ -12℃），破碎冰块边缘的微凸体将与橡胶块发生切削，橡胶的滞后摩擦力增加，碎冰相当于增加了冰面的宏观构造，碎冰尖角对摆式仪的橡胶块也会产生犁沟和切削作用，使变形滞后阻力增加，总的摩擦阻力也较完整冰面有所增加，因此冰面破碎后的抗滑值仅比初始摆值低了约 10BPN。

在冰雪路面上撒布一定粒径的砂石材料，能提高冰雪路面的摩擦系数。Easton 首先研究了砂料对冰雪路面上轮胎摩擦特性的影响，发现砂料可极大地改善冰雪路面上轮胎的摩擦特性。

（1）撒布河砂对冰冻水泥混凝土路面抗滑值的影响

本试验通过在试件上撒布不同量的河砂来测定冰面撒布河沙后的抗滑值。冰面撒砂情况下的摆值变化见图 3-2-1。

在撒布量较少时（冰面温度为 -15 ~ -12℃），不能阻断橡胶块与冰面的接触，仅减小了橡胶块与冰面的接触面积，但砂粒也提供了一定的滞后阻力，所以能略微增加抗滑值；随着撒布量的增加，冰面的粗糙度大大增加，抗滑值也随着增加，但砂粒并没有嵌到冰中，不能与橡胶块形成良好的相互啮合，并且对橡胶块的犁沟与切削作用不如粗糙试件表面明显，所以并不会像粗糙路面一样具有较高的抗滑值；而当砂量继续增加时，在冰面形成薄的隔离层，橡胶块滑过时仅能接触到铺砂层，冰面摩擦完全变为砂石表层的摩擦，因此抗滑值也趋于稳定，由于松散砂粒既不能形成粗糙的整体磨耗表面，也不能形成稳定牢固的嵌锁结构，剪切强度较低的铺砂层无论黏着摩擦力还是滞后摩擦力都小于表面构造丰富的试件表面，因此抗滑值仍低于原本粗糙的试件。

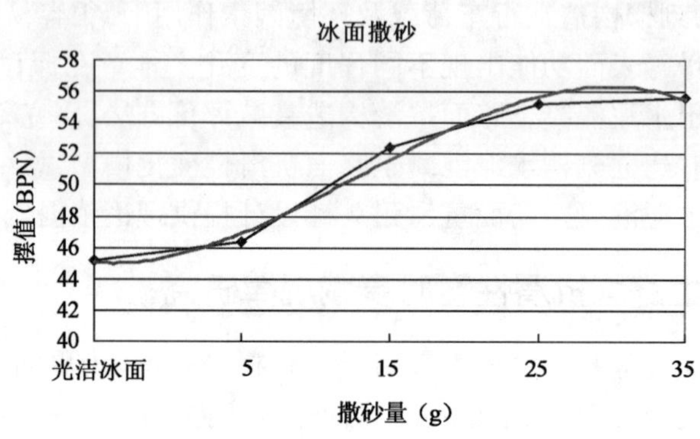

图 3-2-1　冰面撒砂情况下的摆值变化

当冰面破碎（表面温度为 -5 ~ -1℃），形成冰雪、砂石、积水共存的形式时，在这种情况下摩擦机理主要为摩擦副表面微凸体间产生的黏着、冰和砂砾对滑动块的犁沟切削以及流体剪切，此时的抗滑值为52BPN（纵向刻槽），仅比完整冰面时略高（完整冰面44BPN）；当冰继续溶化时试件表面被水膜完全覆盖后（表面温度为 -1 ~1℃），橡胶块滑动时是流体动力润滑状态，抗滑值为48BPN，与冰水混合物时的抗滑值相近（纵向刻槽，冰水混溶情况时50BPN）。

Rechard 研究了砂料同冰面的结合问题，将砂料预热到 82℃左右再撒布到冰面时可以大大提高轮胎与路面的摩擦力，因为此时热砂料熔化表层冰或板结面，并随后在该处冻结且部分地镶嵌入冷冰，形成的具有粗糙砂砾冰面既提高了轮胎的 μ_h 值，又增加了路面的 μ_m 值，所以可从整体上改善车辆在冰雪路面上行驶时的抗滑能力。

（2）不同界面状态下冰冻水泥混凝土路面抗滑值

路面雪水结冰或积雪由于反复碾压形成密实板结雪后，使用机械则难以清除。为快速清除冰雪，在气温仍很低时，可采用撒布除冰盐的方法，使冰雪融化（或软化）后，配合机械除冰雪作业。

本试验通过在试件上撒布不同量的除冰盐来测定冰面撒布河砂后的抗滑值。冰面撒布除冰盐情况下的摆值变化见图 3-2-2。

当刚撒布除冰盐时（冰层厚度 5cm 以下时除冰盐一般撒布量为 50 ~70g/cm^2，每块试件的撒布量为 5.5g 左右），与撒布砂石材料类似，会使冰面的抗滑值有略微的增加。当冰面开始融化除冰盐颗粒嵌入到冰面后，增加了冰面对橡胶块的犁沟和切削作用，摩擦副的滞后阻力也大幅增加，μ_h 值与 μ_m 值的提高使冰面的抗滑值进一步增加。当冰面融化速度增加，冰面出现麻面后，大大增加了冰面的粗糙度，微凸体的增加使滞后阻力提高，冰面的抗滑值得到持续提高，但这一时段非常短暂。在冰雪大面积溶化或软化后，将会在表面形成一层光洁的盐水界面膜，μ_h 值与 μ_m 值的降低使抗滑值从上升转为快速下降；而当试件表面冰雪完全融化，试件表面形成盐水层，橡胶块滑动时，将产生流体动力润滑，车辆在这种情况下行驶极易发生滑溜事故。另有研究表明，撒盐后光洁的盐水路面给驾驶员以安全感，结果思想放松而导致交通事故的数量可能多于撒盐前（盐水路面摩擦系数约为0.4，湿润路面摩擦系数约为0.6，冰面摩擦系数约为0.1）。因此在冰雪融化（或软化）后，必须及时清除，以免诱发交通事故，或二次冻结。

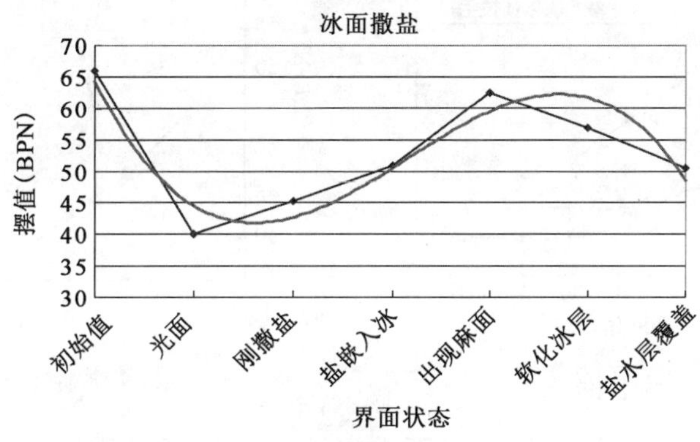

图 3-2-2　冰面撒盐情况下的摆值变化

2.2　油污条件下路面的抗滑性暂时衰减规律

路面在使用较长一段时间后，由于汽车尾气的长期作用，在路面表面会形成黑色的油迹，严重的地方甚至会出现薄薄的油膜，这就是平时我们所说的汽车尾气油污染。当路面被油污染，尤其是被机油等具有润滑作用的油污染后，路面的抗滑性能就会大大地降低，严重影响行车的安全性，容易引发交通事故。所以有必要对路面进行油污染情况下的抗滑性研究，分析路面受油污染情况下的抗滑性，以及路面受油污染后其摩擦性能的衰减规律。

当路面存在机动车遗漏的机油、汽油、汽车润滑油等具有低摩擦系数的吸附材料膜，将路面与轮胎彼此做相对运动的表面隔开时，降低了路面的摩擦阻力。形成介质膜的润滑油的主要成分是碳氢化合物，其介质膜的分子结构特点通常为：在接近固体表面时，链状分子按一定方向排列并垂直于表面，其极件集团吸附在试件表面上；链与链之间具有内聚力，形成 层有很大侧向强度的单分子膜，从而有一定的承载力。机油、汽油等润滑介质的特性使其具有比水膜更好的吸附性，更低的摩擦系数。

2.2.1　试验方法

试验时，在各个路面试件板上选定一个测试区域，并测试其构造深度；然后，采用摆式摩擦仪依次对所选择区域进行干燥状态、潮湿状态、油污染状态下的路面抗滑值测试；测试油污染情况时，要求变化单位面积的用油量，第一次在10cm×20cm的测试区域上加2g的废机油，用油刷将机油尽可能均匀地涂抹在测试区域上，然后进行路面抗滑值的测试，路面抗滑值测试步骤按照规范进行;测试完毕后在原有2g的基础上再增加2g并涂抹均匀,然后再次对其抗滑值进行测试;这样按每次2g的速度增加测试区域的单位面积用油量,以此模拟实际路面不同的油污染程度。

2.2.2 结果分析

润滑剂膜的厚度、运动表面的几何特性以及几何相似程度均会对润滑效果产生影响,因此存在不同的润滑状态。未磨耗试件和磨耗试件的摆值变化规律见图3-2-3和图3-2-4。

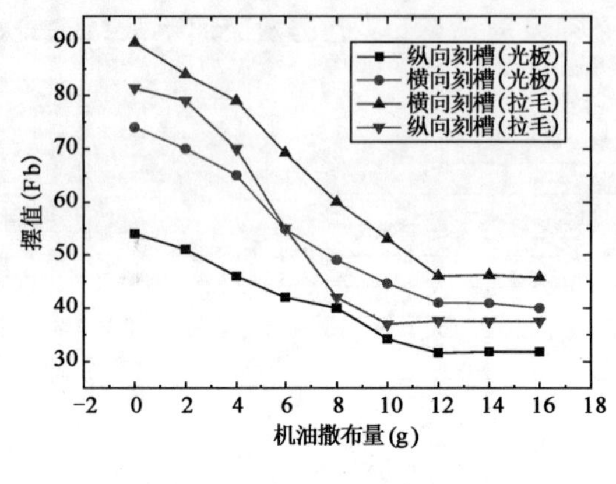

图3-2-3 未磨耗试件的摆值变化规律

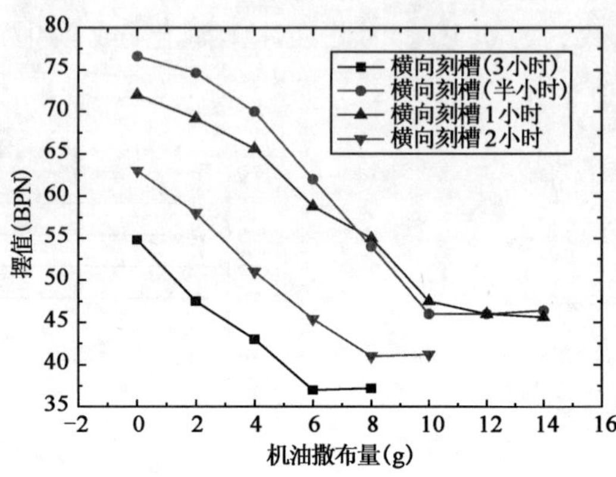

图3-2-4 磨耗试件的摆值变化规律

当机油的喷洒量比较低时,轮胎与路面之间被极薄的润滑膜(厚度为0.1μm)隔开,轮胎与路面处于边界润滑状态,轮胎与路面的摩擦不是取决于润滑剂的黏度,而仍是取决于表面的特性和润滑剂特性,由于油膜的存在,摩擦阻力来源于边界膜分子层间的相互作用,但实际上由于路表是粗糙不平的连续平面,接触微凸体的压力很大,同时接触点上的温度很高,这些因素使部分的边界膜发生破裂,从而使轮胎与路边仍能直接接触,但接触面积与干燥时相比开始逐渐减小,路面的抗滑值受机油的润滑作用也显著降低。由于未磨过的试件微观构造较磨过的试件要丰富,微凸体分布更均匀,数量也更多,因此未磨过的试件抗滑值下降速率比磨过的试件要低一些。

随着机油喷洒量的增加,润滑剂膜的厚度逐渐增加,润滑状态将进入部分弹性流体动压润滑或混合润滑区,荷载部分由油膜承担,另一部分由微凸体承担,摩擦阻力也分别来自微凸体的相互作用和油膜的剪切。由于油膜的摩擦系数远小于路表的摩擦系数,因此抗滑值继续呈现下降的趋势。

如果继续喷洒机油,则路表与轮胎的接触面将被润滑剂膜所隔开,润滑剂膜的厚度将会大于路表的粗糙深度。由于油膜的链状分子对路表具有极强的吸附性,并且链与链之间具有内聚力,使油膜不会像水一样容易从路面的宏观结构中排出,而是形成具有一定承载力的油膜,使得路表与轮胎将不直接接触,只在润滑油分子之间发生摩擦,路表与轮胎进入流体润滑状态。此时的摩阻力源于润滑剂的内摩擦。此种条件下,系统的摩擦学特性决定于润滑剂的流变性能,由于没有表面之间的直接接触,因此除疲劳因素外,磨损过程不会发生。油膜的摩擦系数随油膜厚度的增加而增加,并最终趋于稳定。这就是两类试件随机油的喷洒量增加而都逐渐趋于稳定,并且抗滑值彼此非常接近的原因。

2.3　轮胎屑堵塞沟槽情况下的路面抗滑衰减规律

路面上最常见的污染物是从轮胎上磨削下来的橡胶颗粒。橡胶颗粒以及其他填充颗粒可能填堵路面的表面构造，阻隔路表构造与轮胎的接触，使轮胎的滞后变形降低，从而影响轮胎与路面间的摩擦，当路面潮湿时尤为严重。我们对磨耗与未磨耗的试件板进行了测试，以模拟沟槽填充物对新、旧路面的影响。

试验时，在各个路面试件板上选定一个测试区域，并测试其构造深度；然后，采用摆式摩擦仪依次对所选择区域进行干燥状态、潮湿状态、轮胎屑污染状态下的路面抗滑值测试；测试胎屑污染情况时，在10cm×20cm的测试区域上加少量轮胎屑，至能够填堵沟槽为止，然后再次对其抗滑值进行测试。

轮胎屑堵塞沟槽情况下的试验数据见表3-2-1。

轮胎屑堵塞沟槽情况下的摆值变化　　表3-2-1

项　目	未磨耗试件（TD=1.2）	磨耗试件（TD=0.42）	项　目	未磨耗试件（TD=1.2）	磨耗试件（TD=0.42）
干燥试件摆值	83	68	干燥橡胶屑摆值	90	74
洒水试件摆值	76	54	潮湿橡胶屑摆值	63	48

与其他固体相比，橡胶的摩擦特性很独特，在常规路面上，轮胎的摩擦因数可能超过1.0（干燥状况），也可能低于0.4（潮湿状况），这是因为橡胶是低弹性模量的黏弹体，在很宽频域范围内均具有很高的内摩擦，通常条件下轮胎与路面之间的摩擦阻力主要起因于橡胶内摩擦而非摩擦界面上的能量损耗。试验过程中摆式仪的橡胶片与橡胶磨粒摩擦的过程都经过了压缩、松弛和恢复的过程，在此过程中，受橡胶弹性滞后现象的影响，将产生能量损耗。橡胶磨粒的存在一定程度上降低了试件表面凸起对摆式仪橡胶块产生的犁沟或切削作用，而且当摆式仪橡胶块滑动时，橡胶屑受到压缩而产生压缩阻力，滞后摩擦力的增加与压缩阻力的存在使试件的抗滑值增加。

而当橡胶屑填充沟槽试件表面潮湿时，橡胶块的滑动，不仅产生了压缩阻力，而且由于水的存在同时产生了湿阻力（由于橡胶屑的阻隔在试件表面并不能产生连续水膜），因此摩擦力既包括黏着力，还包括滞后阻力以及界面混溶流体的黏滞阻力。但在试件表面的局部仍然会产生润滑摩擦，使总体的抗滑值比干燥时略有降低。当试件表面洒水时，由于沟槽的排水能力下降，在试件表面容易形成积水使橡胶块与试件的摩擦更早地进入流体剪切润滑阶段。

2.4　土体污染情况下的路面抗滑衰减规律

施工以及风沙等会在路面上造成土体的污染，而在降水情况下又会形成泥浆污染，土或泥浆造成的路面隔离层都会使路面抗滑性能降低。研究表明，在黏土地区，因路肩土带入路面引起的滑溜性污染，可使路面的抗滑能力降低16～35BPN。

2.4.1　干土

水泥混凝土路面面板磨损前后摆值随其表面尘土量变化的关系曲线见图3-2-5和图3-2-6。

对于没有经过磨耗的试件，其表面的微观构造丰富，在撒布少量干土时，土体不会覆盖试件的表面而是填充到各个沟槽之间，少量土颗粒填充到表面微凸体凹槽之间，当橡胶块滑过试件表面时，摩擦仍是以试件表层的砂浆与橡胶块为主，但少量土颗粒的存在会降低橡胶块与试件的实际接触面积，由此使橡胶块对试件的附着力下降，造成试件的抗滑值有小幅度的下降。而对于磨耗的试件，少量土体即可将较浅的沟槽填充，因此试件的抗滑值下降幅度还要大一些。

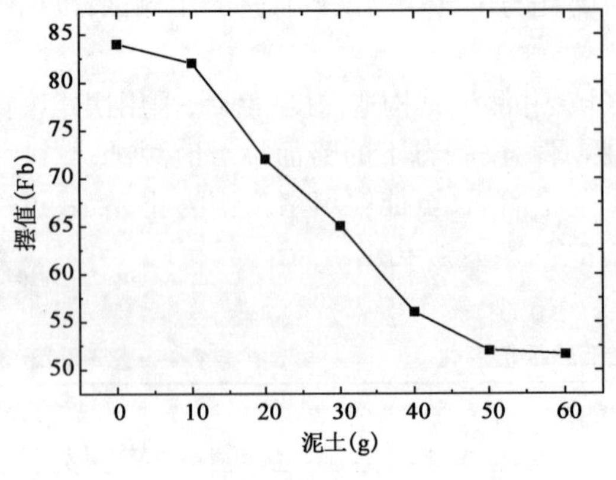

图 3-2-5　未磨耗试件洒尘土量对摆值的影响

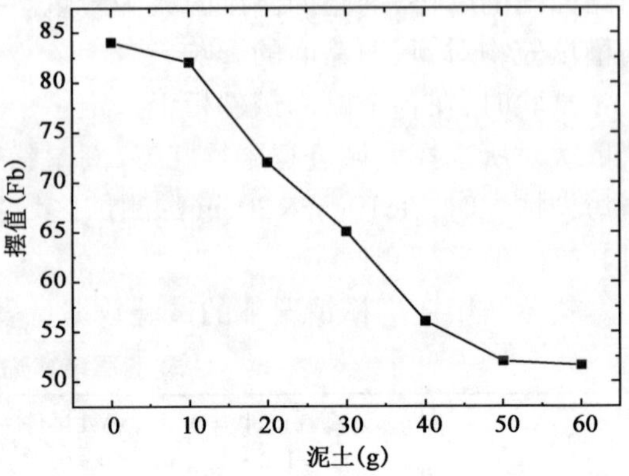

图 3-2-6　磨耗试件洒尘土量对摆值的影响

当干土的量不断增加时，试件表面的微凸体被逐渐覆盖，土颗粒隔离层逐渐形成，使橡胶块同试件表面的实际接触面积继续减少，并使微凸体对橡胶块的犁沟和切削作用降低，由于松动土体不能形成相互咬合，没有足够大的阻力使橡胶产生变形、位移，因此滞后阻力也会相应降低。剪切抗力的损失与犁沟切削作用的下降使总体摩擦力大幅下降，抗滑值降低。

当土体完全覆盖试件表面时，土颗粒隔离层完全形成，摩擦副将变为橡胶块与土颗粒隔离层，松动土颗粒的剪切抗力极低，此时阻力已完全由滞后摩阻力控制。这种状况下摆值比干燥洁净试件低了约 40BPN，与洒水试件相比也要低 10BPN 左右，磨耗试件初始状态摆值相对较低，因此下降幅度要小一些。如果车辆在这种存有薄层隔离层的路面行驶时极易发生滑溜，旧路面比新路面则更易形成隔离层，危害更大。

2.4.2　泥浆

给试件表面涂洒一层泥浆，其摆值随泥浆量的关系曲线见图 3-2-7 和图 3-2-8。

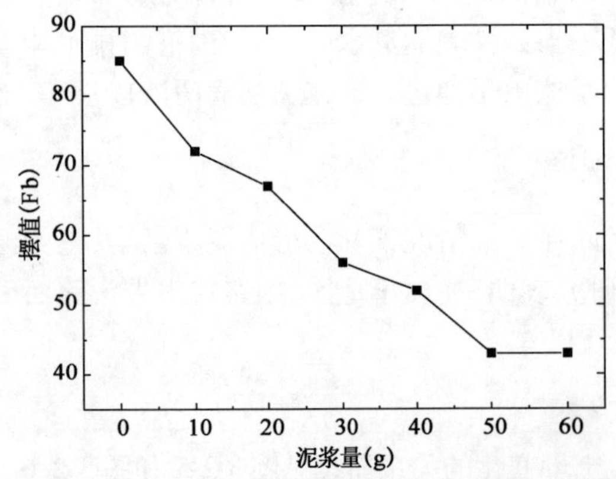

图 3-2-7　未磨耗试件洒泥浆量对摆值的影响

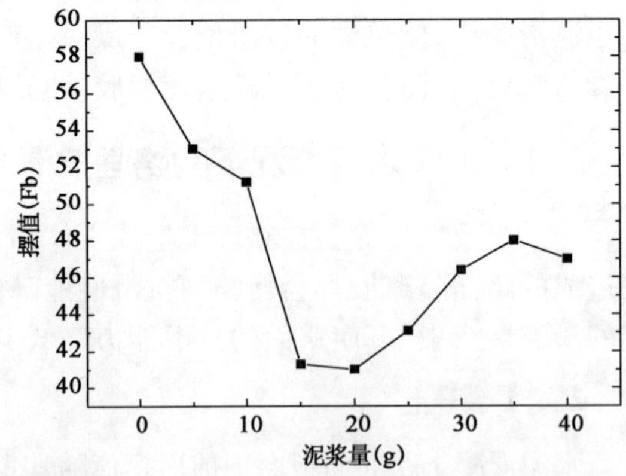

图 3-2-8　磨耗试件洒浆泥量对摆值的影响

可以看出,未磨耗试件抗滑值下降的速率将更快。这是因为泥浆更易形成均匀的隔离层,一方面,水分在较粗颗粒之间起着润滑作用,使摩擦力降低;另一方面,黏土颗粒表面结合水膜的增加使原始黏聚力减小。在这种条件下滞后阻力更早地占据主导作用。值得注意的是,在存在泥浆的情况下试件的抗滑值衰减速率更快,这是因为泥浆的存在对摩擦起了润滑的作用,其试件的摩擦系数比土颗粒更低;泥浆在形成完整的薄层隔离层后,会起到润滑的作用使摩擦系数降低,因此其抗滑值比土颗粒情况下更低。但如果泥浆隔离层厚度继续增加,当橡胶块滑过时泥浆会隆起,进而增加其剪切抗力,使抗滑值有小幅度的增加。

2.5　刻槽水泥混凝土路面抗滑构造衰减试验结果分析

2.5.1　横向构造深度衰减结果分析

按正交试验制备的 9 块横向刻槽水泥混凝土试板,在磨损过程中不同时刻的构造深度值见表 3-2-2。

横向刻槽参数正交组合后水泥混凝土板不同时构造深度　　表 3-2-2

槽型	磨耗时间(h)								磨耗率(mm/h)
	初始	0.5	1	2	3	4	5	6	
2-2-10	19.31	19.94	20.31	20.85	21.22	21.14	—	—	0.451 2
2-4-20	20.73	21.20	21.40	21.62	21.98	22.27	22.88	23.47	0.408 2
2-6-30	20.58	20.76	20.94	21.19	21.62	22.03	22.22	22.47	0.323 7
4-2-20	24.51	24.73	24.94	25.30	25.60	25.85	26.22	26.50	0.325 1
4-4-30	20.70	20.94	21.51	21.64	21.76	22.18	22.45	22.55	0.296 6
4-6-10	22.60	22.83	23.05	23.32	23.47	24.22	25.15	25.20	0.452 9
6-2-30	21.68	21.88	22.14	22.25	22.49	22.99	23.16	23.49	0.291 8
6-4-10	22.72	23.13	23.24	23.57	23.99	24.22	24.85	25.57	0.429 7
6-6-20	23.46	23.89	24.02	24.45	24.63	24.97	25.37	25.37	0.343 9

(1)槽深对构造深度衰减的影响分析

根据正交设计试验的直观分析结果,绘制槽深对横槽构造深度衰减的效应曲线,见图 3-2-9。

可以看出,随着刻槽深度的增加,磨耗率呈减小趋势,但衰减速率先快后慢。这主要是因为水泥混凝土表面的材料组成主要为振捣过程中提出的砂浆,构造深度较小时,在轮胎作用下很容易被磨蚀掉。当刻槽深度增加时,水泥混凝土刻槽容易被由于加速磨耗的金刚砂所填充,而且金刚砂容易被往复的轮载碾压密实,轮胎作用面积增大,对水泥混凝土路面特别是刻槽凸出部分的冲击作用减弱,使得磨耗率降低。

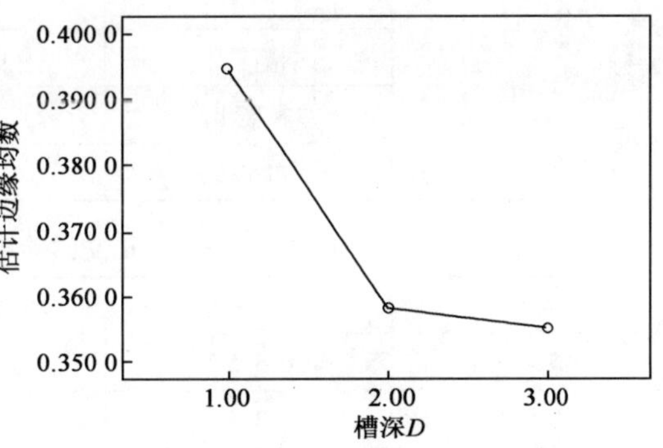

图 3-2-9　刻槽深度对横向刻槽路面磨耗率

(2)槽宽对构造深度衰减的影响分析

刻槽宽度对横向刻槽水泥混凝土路面磨耗率的效应曲线如图 3-2-10 所示,从图 3-2-10 可以看出,随着宽度的增加磨耗率呈先增大后减小的趋势。这主要是因为刻槽宽度较小时,轮胎作用范围内的凸出体较多,单位面积上的荷载较小,轮胎荷载对水泥混凝土凸出体的磨耗作用减弱。当刻槽宽度增加到4mm时,轮胎接触范围内的刻槽凸出体数量相应的减少,单位面积内刻槽凸出体承受的压力增大,从而造成水泥混凝土路面凸出体磨蚀量的增大。当刻槽宽度继续增大时,轮胎作用范围内的凹下部分宽度增加,用于加速试验的金刚砂会增加胶轮接触面积,因此,荷载作用大部分由槽内的金刚砂所承担,从而磨耗率又会逐渐减小。

(3)槽间距对构造深度衰减的影响分析

刻槽间距对横向刻槽水泥混凝土路面磨耗率的效应曲线如图3-2-11所示,从图3-2-11可以看出,随着刻槽间距的增加磨耗率呈现减小的趋势。刻槽间距的增大,刻槽凸出部分连续且变长,相应地减少了单位长度内路面刻槽凹下部分的数量,从而提高了轮胎接触面积,减弱了轮胎对水泥混凝土板的磨耗作用。

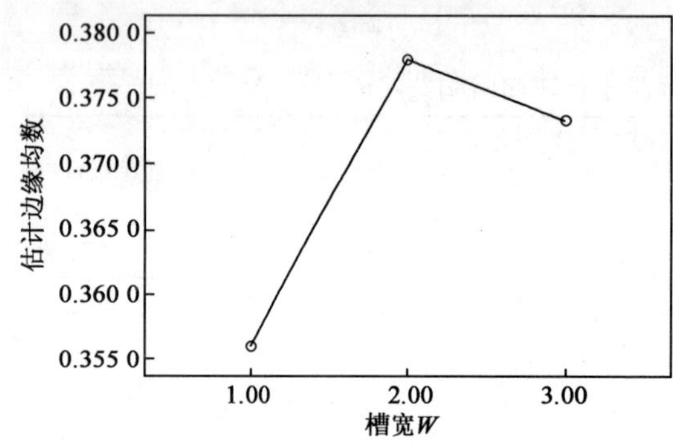

图3-2-10 刻槽宽度对横向刻槽磨耗率的效应曲线

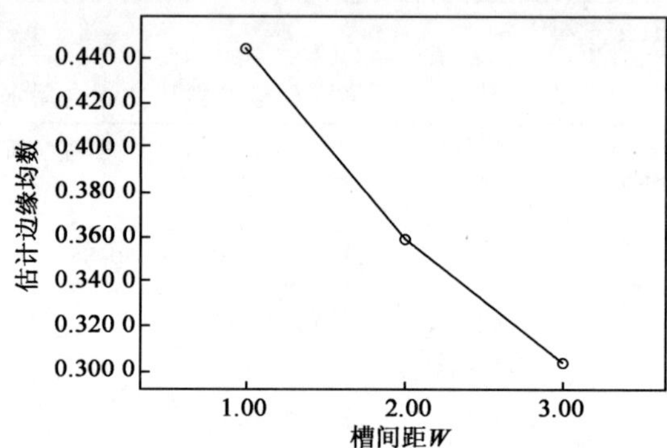

图3-2-11 槽间距对横向刻槽水泥混凝土路面磨耗率的效应曲线

采用极差分析法对正交试验结果进行分析,结果见表3-2-3和表3-2-4。

正交试验结果的极差分析1 表3-2-3

	因子	水平1	水平2	水平3
总和	槽深 D	1.1831	1.0746	1.0654
	槽宽 W	1.0681	1.1345	1.1205
	槽间距 S	1.3338	1.0772	0.9121
均值	因子	水平1	水平2	水平3
	槽深 D	0.3944	0.3582	0.3551
	槽宽 W	0.356	0.3782	0.3735
	槽间距 S	0.4446	0.3591	0.304

正交试验结果的极差分析2 表3-2-4

因子	极小值	极大值	极差 R	调整 R'
槽深 D	0.3552	0.3944	0.0392	0.0353
槽宽 W	0.3561	0.3782	0.0221	0.0199
槽间距 S	0.304	0.4446	0.1406	0.1266

极差分析结果表明，刻槽三参数对刻槽水泥混凝土路面耐磨性的影响程度不同，刻槽间距的极差最大，亦即刻槽间距是影响刻槽水泥混凝土磨耗率的重要因素，刻槽深度的极差次之，刻槽宽度的极差最小，可以看作是影响刻槽水泥混凝土磨耗率的一般因素和次要因素。

根据极差分析结果还可以看出，磨耗率较大的刻槽组合为 *D*1*W*2*S*1，为了延长刻槽水泥混凝土路面构造的使用寿命，应尽量避免使用这种刻槽组合形式；相反地，应使用磨耗率较小的组合 *D*3*W*1*S*3。

由于极差分析不能估计试验过程及试验结果测定中必然存在的误差，因而不能区分某因素各水平所对应的试验结果的差异究竟是由于水平的改变所引起的，还是由于试验误差所引起的，所以，往往会导致极差分析法得到的结论不够精确，而且对影响结果的各因素的重要程度也不能给出精确的数量估计。因此，需要对正交试验结果进行方差分析，结果见表3-2-5。

正交设计的方差分析表（完全随机模型）　　表3-2-5

变异来源	平方和	自由度	均方	*F* 值	*p* 值
槽深 *D*	0.002 9	2	0.001 4	2.719 2	0.268 9
槽宽 *W*	0.000 8	2	0.000 4	0.777 4	0.562 6
槽间距 *S*	0.030 1	2	0.015 1	28.654 8	0.033 7
误差	0.001 1	2	0.000 5		
总和	0.034 8				

正交试验的方差分析结果表明，刻槽间距对横向刻槽水泥混凝土路面耐磨性影响显著，而槽宽与槽深对刻槽水泥混凝土磨耗率影响不是很显著。为了加速水泥混凝土路面的磨损，在刻槽水泥混凝土试板上撒布的金刚砂填充刻槽的沟槽部分，没有真实地反映初刻槽宽度与深度对磨损的影响。

2.5.2　纵向构造深度衰减结果分析

按正交试验表3-2-2制备的9块纵向刻槽水泥混凝土试板在磨损过程中不同时刻的构造深度值见表3-2-6。

不同时刻纵向刻槽水泥混凝土板构造深度衰减结果　　表3-2-6

槽型	磨耗时间（h）								磨耗率（mm/h）
	初始	0.5	1	2	3	4	5	6	
2-2-10	21.1	21.65	21.71	21.93	22.76	22.87	23.81	24.1	0.484 5
2-4-20	22.53	23.23	23.83	24.42	24.68	24.9	24.98	25.28	0.404 4
2-6-30	26.03	26.37	27.06	27.1	27.28	27.84	27.66	27.7	0.264 4
4-2-20	23.94	24.01	24.3	24.59	24.7	24.82	25.04	25.15	0.201 3
4-4-30	21.95	22.27	22.37	22.48	22.81	23.34	23.52	23.63	0.284 3
4-6-10	19.76	19.86	20.43	20.63	20.81	20.58	20.85	21.24	0.205 6
6-2-30	22.18	22.58	22.76	23.65	23.73	23.69	23.92	24.62	0.349 8
6-4-10	20.04	20.19	20.34	21.38	21.61	21.35	22.31	22.70	0.433 4
6-6-20	23.16	23.42	23.64	24.13	24.26	24.48	25.5	25.56	0.400 1

(1)槽深对构造深度衰减的影响分析

根据正交试验的直观分析结果,绘制槽深对纵槽构造深度影响的效应曲线,见图3-2-12。

可以看出,随着刻槽深度的增加,磨耗率先减小后增大。这也主要是因为水泥混凝土表面的材料组成主要为振捣过程中提出的砂浆,构造深度较小时,在轮胎作用下很容易被磨蚀掉。随着深度的增加,水泥混凝土路面沟槽逐渐被由于加速磨耗的金刚砂所填充,而且金刚砂容易被往复的轮载碾压密实,导致轮胎作用面积增大,轮胎对水泥混凝土路面特别是刻槽凸出部分的冲击作用减弱,使得磨耗率降低。

虽然金刚砂在车轮往复作用下会被压密,但是槽内的金刚砂的密实程度毕竟没有水泥混凝土高,呈松散体系。此外,轮胎在往复运行过程中的不稳定造成的摆动对路面刻槽凸出部分会有一定的力矩,且在轮胎揉搓作用下会随着深度的增加而增大,因此,磨耗率又随着深度的增加开始增大。

还可以发现,对于纵向刻槽水泥混凝土路面,刻槽磨耗率随深度的变化比横向明显,这主要是因为轮胎在纵向刻槽水泥混凝土路面上运动时轮胎与路面纹理接触面积减小,近似于"点接触",水泥混凝土刻槽凸出体受到的作用力较横向刻槽水泥混凝土路面大。

(2)槽宽对构造深度衰减的影响分析

根据正交设计试验的直观分析结果,绘制槽宽对纵槽构造深度影响的效应曲线,见图3-2-13。从该图中可以看出,纵向刻槽水泥混凝土路面磨耗率随刻槽宽度的变化与横向刻槽水泥混凝土路面呈相同的趋势,即随着宽度的增加磨耗率先增大后减小。

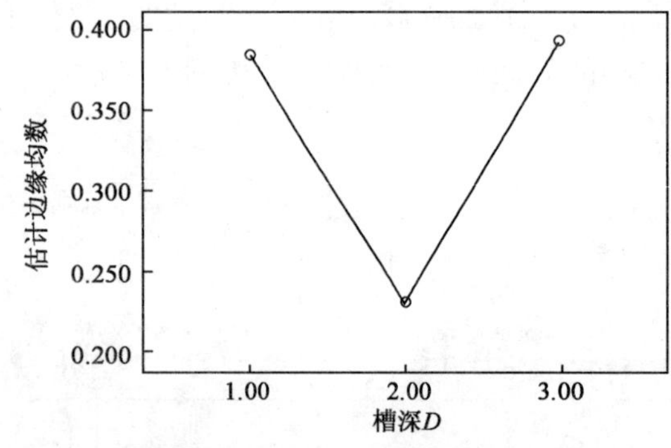

图3-2-12　槽深对纵向刻槽磨耗率的效率曲线

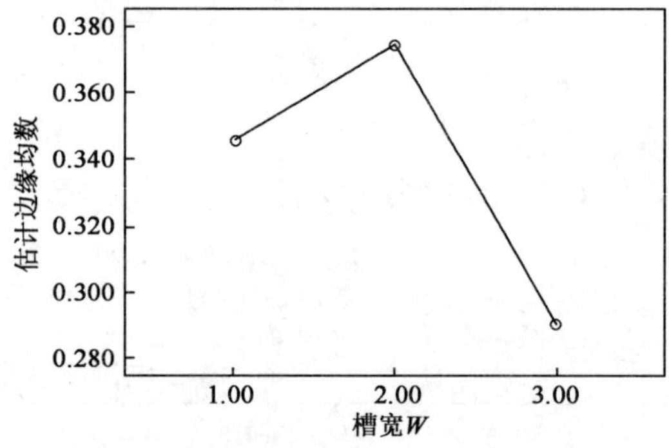

图3-2-13　槽宽对纵向刻槽磨耗率的效率曲线

这也主要是因为刻槽宽度较小时,轮胎作用范围内的凸出体较多,单位面积上的荷载应力较小,轮胎荷载对水泥混凝土凸出体的磨耗作用减弱。当刻槽宽度增加时,轮胎作用范围内刻槽凸出体数量减少,与轮胎相接触的水泥混凝土面积减小,单位面积上的荷载应力增大,造成了水泥混凝土路面磨耗率的增大。当刻槽宽度继续增大时,虽然接触区内的刻槽数量减少了,但是刻槽宽度增加后,填充刻槽宽度的金刚砂的面积会增加,金刚砂容易被往复的轮载碾压密实,轮胎作用面积增大,对水泥混凝土路面特别是刻槽凸出部分的冲击作用减弱,使得磨耗率降低。

(3)槽间距对构造深度衰减的影响分析

根据正交设计试验的直观分析结果,绘制槽间距对纵槽构造深度影响的效应曲线,见图3-2-14。

从刻槽间距对横向刻槽水泥混凝土路面磨耗率的效应曲线图3-2-14可以看出，随着刻槽间距的增加，磨耗率亦呈减小的趋势。因为轮胎在纵向刻槽上往复作用时轮迹带大小一定，在相同的刻槽宽度时，刻槽间距越大轮迹带内与轮胎接触的凸出体面积越大，凹下部分数量也越少，而凸出体主要为较为密实的水泥混凝土，其磨耗能力比经过压密后的金刚砂要强，因此，纵向刻槽水泥混凝土路面的磨耗率表现为随着刻槽宽度的增加而减小。

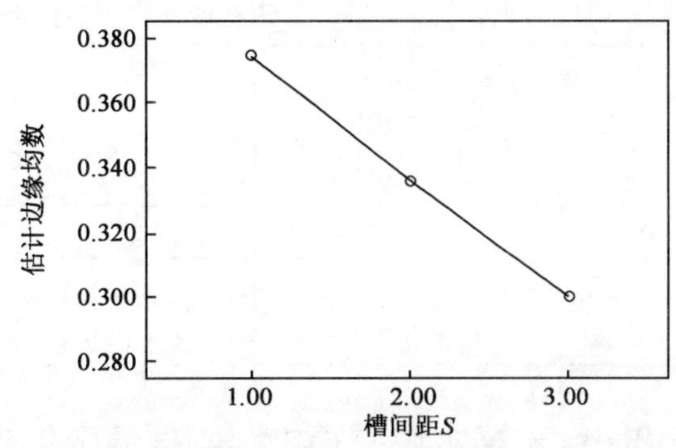

图3-2-14　槽间距对纵向刻槽水泥混凝土路面磨耗率的效应曲线

采用极差分析法对表3-2-5中正交试验结果进行分析，结果见表3-2-7和表3-2-8。

正交试验结果的极差分析1　　表3-2-7

	因子	水平1	水平2	水平3
总和	槽深 D	1.1533	0.6912	1.1833
	槽宽 W	1.0356	1.1221	0.8701
	槽间距 S	1.1235	1.0058	0.8985
均值	因子	水平1	水平2	水平3
	槽深 D	0.3844	0.2304	0.3944
	槽宽 W	0.3452	0.374	0.29
	槽间距 S	0.3745	0.3353	0.2995

正交试验结果的极差分析2　　表3-2-8

因子	极小值	极大值	极差 R	调整 R'
槽深 D	0.2304	0.3944	0.164	0.1477
槽宽 W	0.29	0.374	0.084	0.0757
槽间距 S	0.2995	0.3745	0.075	0.0675

极差分析结果表明，刻槽三参数对纵槽刻槽水泥混凝土路面耐磨性的影响与对横向刻槽水泥混凝土的影响有很大不同，刻槽深度的极差最大，亦即刻槽深度是影响纵向刻槽水泥混凝土磨耗率的重要因素，刻槽宽度的极差次之，刻槽间距的极差最小，可以看作是影响刻槽水泥混凝土磨耗率的一般因素和次要因素。

根据极差分析结果还可以看出，磨耗率较大的刻槽组合为 $D3W2S1$，为了延长刻槽水泥混凝土路面构造的使用寿命，应尽量避免使用这种刻槽组合形式；相反地，应使用磨耗率较小的组合 $D2W3S3$。

纵向刻槽水泥混凝土路面磨损正交试验结果的方差分析，见表3-2-9。

正交试验的方差分析结果表明，刻槽的三个参数对纵向刻槽水泥混凝土路面耐磨性影响均不是很显著。刻槽间距对纵向水泥混凝土路面沟槽磨损不显著，主要原因也是在试验中撒布的金刚砂填充刻槽沟槽部分，同时轮胎运行方向与刻槽方向一致所致。

正交设计的方差分析表(完全随机模型)　　表 3-2-9

变异来源	平方和	自由度	均方	F 值	p 值
槽深 D	0.050 7	2	0.025 4	3.798 7	0.208 4
槽宽 W	0.010 9	2	0.005 5	0.818 4	0.549 9
槽间距 S	0.008 4	2	0.004 2	0.632 2	0.612 7
误差	0.013 4	2	0.006 7		
总和	0.083 5				

2.6 刻槽水泥混凝土路面摆值变化规律试验结果分析

2.6.1 横槽摆值变化规律

横向刻槽水泥混凝土路面磨损不同时刻的摆值见表 3-2-10。

各刻槽组合横向水泥混凝土路面不同磨损时刻的摆值(BPN)　　表 3-2-10

槽型	磨耗时间(h)							
	初始	0.5	1	2	3	4	5	6
2-2-10	86	88	78	74	75	70	—	—
2-4-20	72	86	70	68	62	54	64	65
2-6-30	74	64	82	72	74	76	70	68
4-2-20	97	80	84	74	72	78	72	72
4-4-30	86	76	84	72	74	80	80	76
4-6-10	91	78	84	73	73	80	74	76
6-2-30	83	64	66	60	56	66	74	72
6-4-10	90	80	72	66	66	71	75	77
6-6-20	98	95	78	72	76	75	76	70

由表 3-2-8 可以看出,在磨耗初期水泥混凝土水泥混凝土试块的摆值都出现了不同程度的下降,最大的衰减为 19BPN(试块 6-2-30),平均衰减达 11.2BPN。这主要是水泥混凝土进行拉毛时的作用深度范围也大多在砂浆层内,而砂浆本身的强度比水泥混凝土差很多,在轮胎对砂浆的竖向挤压和水平推挤作用下,分散的砂浆小块很容易被磨耗掉,造成摆值减小。因此,水泥混凝土提浆工艺和拉毛工艺是决定水泥混凝土面板初期摆值衰减的最主要因素。

由图 3-2-15 可以看出,当磨耗作用到 3h,水泥混凝土板的摆值到达了一个波谷,这主要是因为在胶轮往复作用下水泥混凝土板拉毛部分的砂浆层被磨耗完,水泥混凝土表面被磨光造成的。此时,水泥混凝土板磨耗进入了中期,水泥混凝土试块的摆值会出现增大,且在中后期保持较为平稳的发展趋势。这是因为砂浆被磨耗后,部分粗集料和天然砂会裸露出来,粗集料在轮胎荷载作用下会被磨光,而天然砂丰富的表面纹理会导致水泥混凝土面板摆值的增加。当裸露的天然砂被磨耗或磨光时,其他部位的天然砂又会裸露出来增加摩擦,这也是磨耗中期水泥混凝土摆值保持平稳发展的主要原因。

由于水泥混凝土磨耗速率较慢,为了探寻水泥混凝土板中后期的磨耗变化,选择试板 4-4-30

和 2-6-30 进行长期磨耗试验，结果如图 3-2-16 所示。

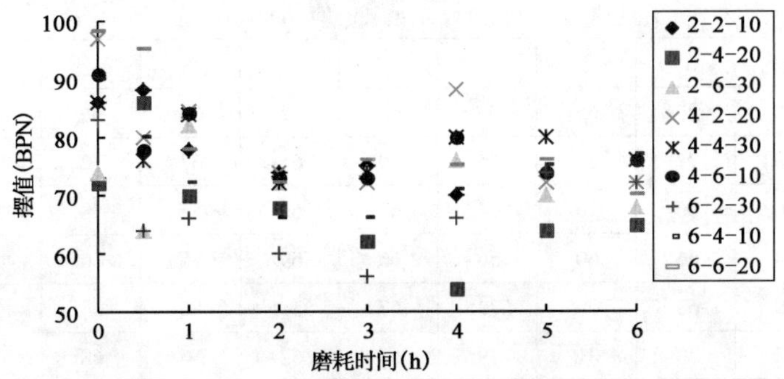

图 3-2-15 横向刻槽水泥混凝土路面摆值随磨耗时间变化

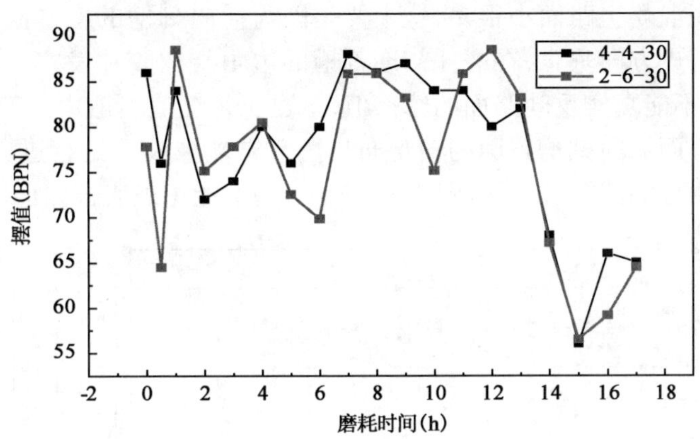

图 3-2-16 横向刻槽水泥混凝土板长时间磨耗过程中摆值变化

可以看出，当磨耗时间达到 12h 后，两块水泥混凝土板的摆值出现了非常明显的下降趋势，这主要是因为随着磨蚀深度的增加，轮胎的作用区域逐渐进入到了水泥混凝土内部，而在水泥混凝土内部往往会由于水泥混凝土离析导致石料聚集，石料的数量增多会导致单位体积内富含天然砂的砂浆数量减少。如前所述，在水泥混凝土板拉毛层被磨蚀后，其摩擦作用主要是由砂浆中天然砂来提供，单位面积内天然砂浆数量的减少会导致天然砂砾裸露部分出现机会的减少。此外，磨耗后期水泥混凝土更容易发生疲劳损坏，导致砂浆剥落速率加快，由此造成水泥混凝土板后期摆值的下降。

2.6.2 纵槽摆值变化规律

纵向刻槽水泥混凝土路面磨耗不同时刻的摆值见表 3-2-11。

各刻槽组合横向水泥混凝土路面不同磨耗时刻的摆值　　表 3-2-11

槽型	磨耗时间(h)											
	0	0.5	1	2	3	4	5	6	7	8	9	10
2-2-10	75	81	75	64	69	72	73	70	71	68	67	66
2-6-30	77	81	77	83	76	77	75	80	75	70	72	68
2-4-20	80	78	77	74	66	65	68.8	74	68	64	76	74

续上表

槽型	磨耗时间(h)											
	0	0.5	1	2	3	4	5	6	7	8	9	10
4-2-20	73.4	68	67.6	65	63	68	62	60	66	62	64	61
4-4-30	75	80	77	82	75	69	65	67	72	67	67	70
4-6-10	76	70	66	70	74	67	60	55	58	52	56	53
6-2-30	78	64	66	60	56	66	69	65	66	67	67	68
6-4-10	74	69	68	70.5	67.5	67	65.5	66	65	64	64	63
6-6-20	70	74	70	81	79	68	62	66	68	65	63	62

从表 3-2-11 及图 3-2-17 可以看出,同一磨耗时间和槽型的纵向刻槽水泥混凝土路面的摆值要比横向刻槽水泥混凝土路面小很多,这主要是因为横向刻槽的槽走向与摆氏摩擦系数仪摆臂末端橡胶片的行进方向垂直,在磨耗初期刻槽的边角与橡胶片发生碰撞导致用摆式摩擦仪测得的摆值偏大,不能真实反映路面的摩擦值,这也正是摆值不适用于表征横向刻槽路面摩擦性能的主要原因。而纵向刻槽路面的槽走向与摆臂末端橡胶片的行进方向一致,刻槽尖角与橡胶片之间没有明显的碰撞,因此,测得摆值较小,基本能正确表征路面的摩擦性能。

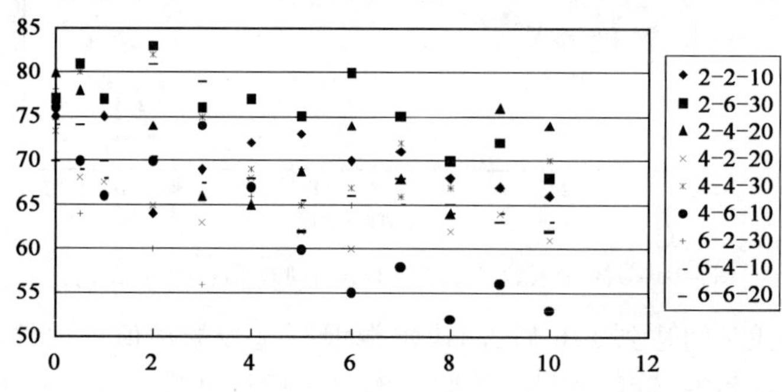

图 3-2-17　纵向刻槽水泥混凝土路面摆值随磨耗时间变化

还可以看出,在前 5h 左右的时间内,纵向刻槽水泥混凝土路面的摆值随着磨耗时间的增加也有明显的下降,这一阶段的摆值衰减也主要是由拉毛后的水泥净浆和砂浆的磨耗造成。但其衰减速率比横向刻槽水泥混凝土路面小很多,最大的摆值衰减为 11BPN,平均为 8BPN,这主要是因为纵向刻槽没有明显的"尖角效应"和轮胎与横槽作用时的剪切作用。当纵向刻槽水泥混凝土板磨耗到 5h 后,摆值的变化幅度不大,基本维持在 67BPN 左右,表明水泥混凝土路面的摆值进入了第二阶段,即稳步衰减阶段。

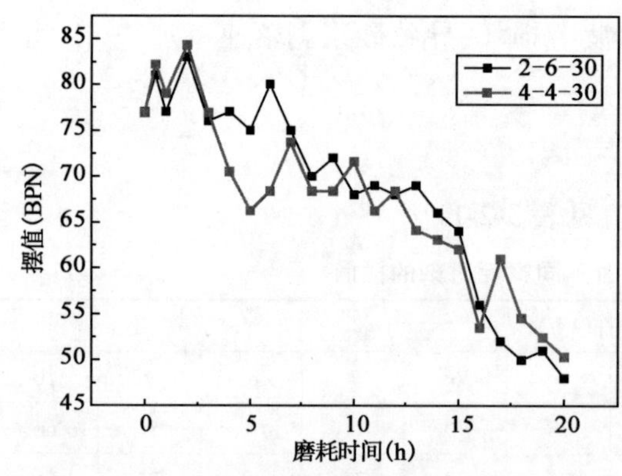

图 3-2-18　纵向刻槽水泥混凝土板长时间磨耗过程中摆值变化

为了探寻纵向刻槽水泥混凝土板中后期的磨耗变化,仍选择试板 4-4-30 和 2-6-30 进行长期磨耗试验,结果如图 3-2-18 所示。

可以看出,当磨耗到 14h 后纵向刻槽水泥混凝土路面的摆值也出现了一个较为明显的下降趋势，这也主要是因为水泥混凝土的疲劳磨耗和单位面积内的天然砂数量减少。与横向刻槽水泥混凝土板长期磨耗过程中摆值变化相比磨耗衰减的"突变"时间推迟了两个小时，这也说明了纵向刻槽水泥混凝土路面磨耗速率较慢。此时，水泥混凝土刻槽已基本被磨耗完毕，轮胎的磨耗只是作用于水泥混凝土。可以看出，纵向刻槽水泥混凝土路面磨耗后期的路面摆值规律与横向刻槽水泥混凝土路面基本一致。

由此可见，刻槽水泥混凝土路面磨耗过程中摆值的变化规律大致可分为三个阶段：第一个阶段水泥净浆的磨耗，摆值下降很快；第二个阶段水泥砂浆的磨耗，摆值平稳衰减；第三个阶段水泥混凝土的磨耗，摆值显著下降。

2.6.3　基于GM(1,1)模型的摆值预测

由上节可以看出，影响水泥混凝土路面摆值变化规律的因素很多，其中包含有水泥混凝土板刻槽参数、作用时间等已知信息，又含有荷载变化、单位面积内金刚砂的分布和作用等非确定信息的系统。磨耗过程中所显示的现象是随机的、杂乱无章的，但总体看水泥混凝土板的磨耗是有序的、有界的，因此这一数据集合具备潜在的规律。总结水泥混凝土板的磨耗规律，并利用这种规律对水泥混凝土板磨耗过程中的摆值进行预测，对保证水泥混凝土路面的抗滑性，减少交通事故具有非常重要的意义。

利用灰色理论建立灰色模型对水泥混凝土板加速磨耗规律进行预测。灰色预测是应用灰色模型对灰色系统进行分析、建模、求解、预测的过程。灰色预测通过鉴别系统因素之间发展趋势的相异程度，并对原始数据进行生成处理来寻找系统变动的规律，生成有较强规律性的数据序列，然后建立相应的微分方程模型，从而预测事物未来发展趋势的状况。其用等时距观测到的反应预测对象特征的一系列数量值构造灰色预测模型，预测未来某一时刻的特征量，或达到某一特征量的时间。

灰色预测用的GM(Grey Model)模型一般为GM(n,1)(n代表微分方程的阶)，其中最重要的同时在实际中应用最多的是GM(1,1)模型，GM(1,1)模型是一阶单变量的常系数微分方程。

(1)基于GM(1,1)模型的横槽摆值预测

如前节所述，刻槽水泥混凝土路面磨耗过程中摆值的变化规律大致可分为三个阶段。为了了解各个阶段的摆值的变化规律，建立了三个阶段的摆值预测的GM(1,1)模型。

①摆值变化第一阶段

从图3-2-16可以看出，虽然试验中6个水泥混凝土试件同一个磨耗时间时的摆值不尽相同，但它们在这一阶段的变化规律却非常相似，因此，将6个试件前6h内同一时刻摆值的平均值作为原始数列，采用上述GM(1,1)模型进行拟合运算，结果见表3-2-12及图3-2-19。

横向刻槽水泥混凝土路面磨耗过程中摆值第一阶段实测及预测值　　表3-2-12

数据序列	1	2	3	4	5	6	预测值	
时间	0.00	1.00	2.00	3.00	4.00	5.00	6	7
实测值	86.33	77.62	70.11	69.78	73.33	73.13	72.0	
拟合值	86.33	79.00	77.62	70.11	69.78	73.33	71.03	70.49

按照上一节建模方法，建立的横向刻槽水泥混凝土板第一阶段摆值变化的GM(1,1)模型为：

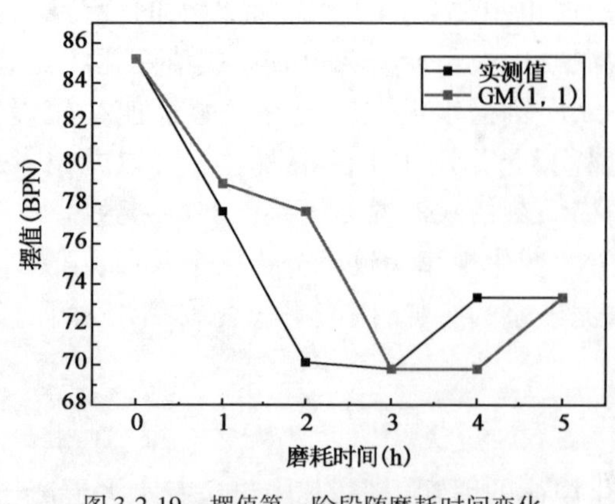

图 3-2-19 摆值第一阶段随磨耗时间变化

$$x^{(1)}(t+1) = -9\,132.094\,191e^{-0.008\,134t} + 9\,218.427\,521 \tag{3-2-1}$$

由图 3-2-19 可以看出,除了 2h 的摆值预测值与实测值相差较大,其他各个时刻的摆值预测值与实测值较为一致,参与 GM(1,1)模拟预测值与实测值的误差小,基本控制在 5% 以内。预测精度检验结果为:后验均方差 $C=0.477\,2$,$p=1.0$,预测精度的等级为一级,达到了合格标准。

②摆值变化第二阶段

a. 横槽磨耗第二阶段摆值变化的 GM(1,1)模型

从图可以看出,在长时间磨耗过程中 4-4-30 和 2-6-30 两个试块在同一个磨耗时间时的摆值不尽相同,但它们在这一阶段的变化规律却也非常相似,两个试块 5 ~ 13h 内的摆值呈锯齿状稳步下降。以两个试件在这一时段内同一时刻的摆值的平均值作为原始数列,采用上述 GM(1,1)模型进行拟合运算,结果见图 3-2-20。

由图 3-2-20 可以看出,磨耗过程第二阶段摆值变化实测及 GM(1,1)预测值差异较大,结合后验差参数 C 和 p 值,按照原始数列建立的 GM(1,1)模型不符合要求。这是因为虽然这一阶段的摆值没有突变,在较为平稳的减小,但是却有明显的波动性变化,因此导致原始数列建立的 GM(1,1)模型精度不能令人满意。在此情况下,需要对模型进行改进来进行灰色预测。

b. 基于残差 GM(1,1)模型的结果修正

以 GM(1,1)模型的残差作为原始数列,采用上述残差 GM(1,1)模型进行 3 次残差序列拟合运算,结果见图 3-2-21。

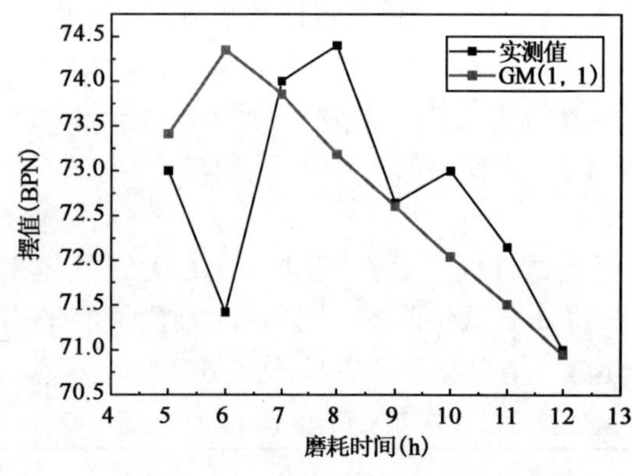

图 3-2-20 摆值变化第二阶段随磨耗时间变化

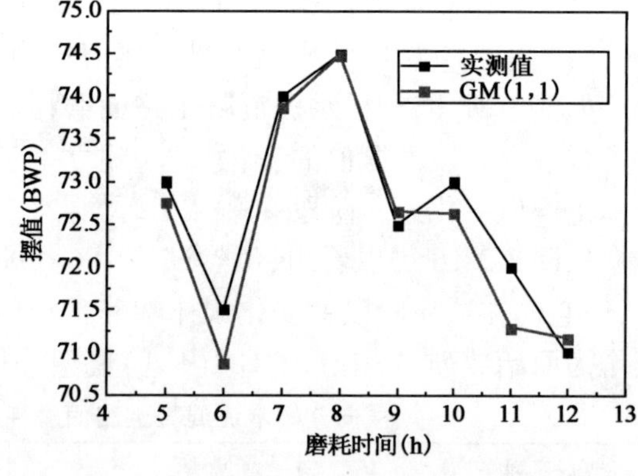

图 3-2-21 摆值变化第二阶段随磨耗时间变化

这一阶段摆值变化的 GM(1,1)残差模型为:

$$x^{(1)}(t+1) = -3.047\,044e^{0.105\,969t} - 2.059\,589 \tag{3-2-2}$$

可以看出,经过 3 次残差序列调整后,所建立预测模型曲线和这一阶段的实测数值非常接近,后验差参数 $C=0.371$ 和 $p=1.0$ 也非常好,符合要求。

③摆值变化第三阶段

以两个试件在这一时段内同一时刻摆值的平均值作为原始数列，采用 GM(1,1) 和残差模型进行拟合运算，结果见图 3-2-22。

这一阶段摆值变化的 GM(1,1) 残差模型为：

$$x^{(1)}(t+1) = -18.679\,098e^{-0.230\,311t} + 21.316\,157 \tag{3-2-3}$$

可以看出，经过 1 次残差序列调整后，所建立预测模型曲线和这一阶段的实测模型非常的接近，后验差参数 $C=0.29$ 和 $p=1.0$ 也非常好，符合要求。

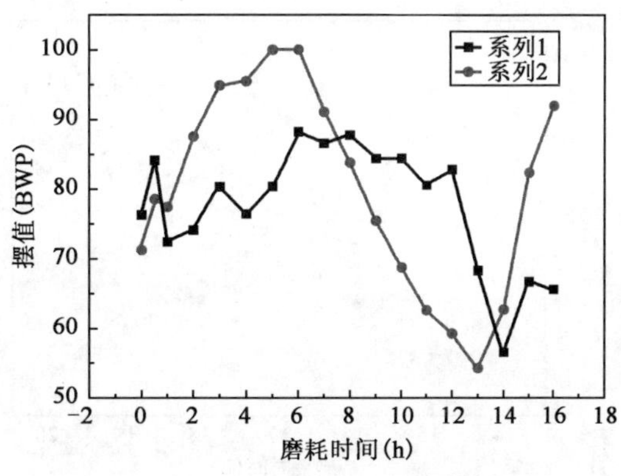

图 3-2-22　摆值变化第三阶段随磨耗时间变化

(2)基于 GM(1,1) 模型的纵槽摆值预测

①摆值变化第一阶段

从图 3-2-17 可以看出，虽然试验中 6 个水泥混凝土试件同一个磨耗时间时的摆值不尽相同，但它们在这一阶段的变化规律却也非常相似。因此，将 6 个试件前 6 小时内同一时刻摆值的平均值作为原始数列，采用上述 GM(1,1) 模型进行拟合运算，结果见图 3-2-23。

第一阶段纵向刻槽水泥混凝土路面摆值变化的 GM(1,1) 模型为：

$$x^{(1)}(t+1) = -3\,932.265\,463e^{-0.001\,894\,6t} + 4\,007.645\,463 \tag{3-2-4}$$

可以看出，各个时刻的摆值预测值与实测值差较为一致，参与 GM(1,1) 模拟预测值与实测值的误差小，基本控制在 2% 以内，预测精度检验结果为：后验均方差 $C=0.227\,9$，$p=1.0$，预测精度的等级为一级，达到了合格标准。

②摆值变化第二阶段

以两个试件在这一时段内同一时刻的摆值的平均值作为原始数列，采用上述 GM(1,1) 模型进行拟合运算，结果见图 3-2-24。

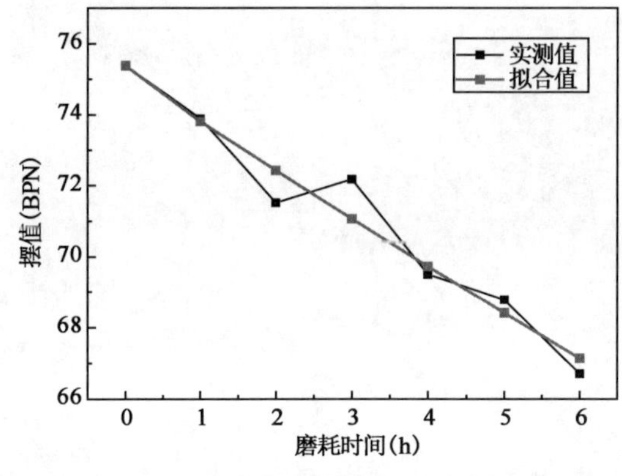

图 3-2-23　摆值第一阶段随磨耗时间变化

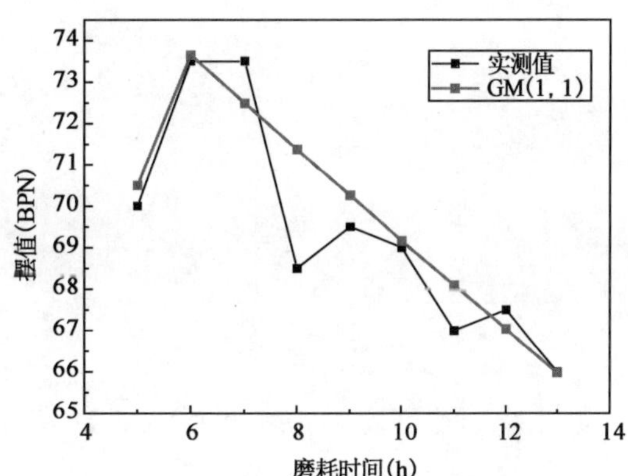

图 3-2-24　摆值变化第二阶段随磨耗时间变化

得到的回归模型为：

$$x^{(1)}(t+1) = -4\,663.684\,615e^{-0.015\,808t} + 4\,733.684\,615 \tag{3-2-5}$$

可以看出,所建立预测模型曲线和这一阶段的实测模型非常的接近,后验差参数 $C=0.3669$ 和 $p=0.8889$ 也非常好,符合要求。

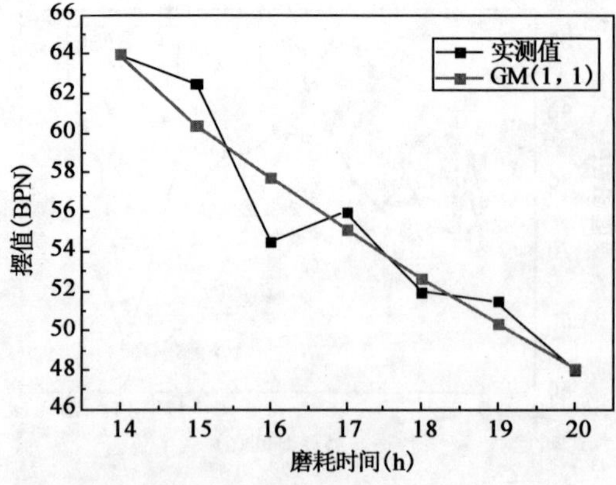

图 3-2-25　摆值变化第三阶段实测及 GM(1,1)预测值随磨耗时间变化

③摆值变化第三阶段

以两个试件在 14~20h 这一时段内同一时刻的摆值的平均值作为原始数列,采用 GM(1,1)和残差模型进行拟合运算,结果见图 3-2-25。

摆值变化的 GM(1,1)模型为:

$$x^{(1)}(t+1) = -1\,355.482\,456e^{-0.045\,97t} + 1\,419.482\,456 \quad (3\text{-}2\text{-}6)$$

可以看出,所建立预测模型曲线和这一阶段的实测结果非常的接近,后验差参数 $C=0.3121$ 和 $p=1.0$ 也非常好,符合要求。

第3章　水泥混凝土路面预养护技术

3.1　预防性养护

预防性养护概念早在20世纪70年代末由加拿大安大略省交通部门提出并在该省市政道路中得到了应用,而较为系统并全面地提出预防性养护的定义则是由美国各州公路工作者协会(AASHTO)于20世纪90年代初提出的,其有别于传统的道路养护理念。该定义主要有以下两个观点:第一,在不增加结构承载能力的前提下改善系统的功能状况,让状态良好的道路系统保持更长时间,延缓路面破坏;第二,在恰当的时间,用恰当的方法,在合适的路段(简称"3R")进行养护。

近年来,我国交通运输部和部分地方政府也已开始认识到预防性养护的重要性,国内在预防性养护的应用技术方面也有了一定的研究,但主要集中在沥青路面方面,尚缺乏系统的研究,至今也都还没有形成较系统的预防性养护的技术规范。因此,有必要系统地开展水泥混凝土路面预养护技术研究,把握预养护条件下水泥混凝土路面使用性能的衰变规律,弄清不同预养护措施的技术特点及适用范围,建立预养护措施和实施时机的选择方法,合理界定预防性养护与一般养护的区别与联系,构建耐久性灌浆材料的试验和评价标准,合理选择灌浆材料,用于指导我国水泥混凝土路面的预防性养护实践。

3.2　水泥混凝土路面预养护措施与预养护时机

3.2.1　水泥混凝土路面预养护措施适应性分析

水泥混凝土路面作为我国高等级路面的重要组成部分,具有寿命长、养护量小、耗能少、施工简便,以及对集料品质要求较低和对环境适应性强等优点。但是,在投入使用的早期往往会出现局部的错台、接缝填缝料损坏、表面起皮、板底脱空等问题。这些损坏是由多方面原因产生的,如设计、材料、施工技术、施工管理等方面的不足,特别是超载和水损坏。这些前期、局部病害处理不好,水泥混凝土路面远未达到设计使用年限就会出现大面积严重的损坏现象,严重影响行车速度、行车安全、行车舒适性,增加油耗,加速车辆损坏,影响水泥混凝土路面在我国的使用前景。

针对以上几种病害,水泥混凝土路面常用的预防性养护措施包括:接缝补封、裂缝密封、金刚石打磨、传力杆修复、板底灌浆、喷丸打毛、稀浆封层、刻槽等单项措施。与沥青路面不同,水泥混凝土路面的预防性养护措施针对性较强,一般情况下,一种预防性养护措施往往只针对某种特定的路面损坏状况,而水泥混凝土路面的损坏不是单一的,所以往往要同时采取多种预防性养护措施,且各种措施的实施顺序要进行合理安排。各种病害可以使用的预养护措施见表3-3-1。

水泥混凝土路面预养护措施适应性　　表 3-3-1

路面主导损坏类型	亚　类	预养护措施							
		接缝补封	微裂缝密封	金刚砂打磨	传力杆修复	板底灌浆	稀浆封层	刻槽	喷丸打毛
接缝类	填缝料损坏	√							
	接缝错台	√		√					
	接缝传荷效率低	△			√				
支承类	板底脱空	△				√			
表面类	起皮、露骨						√		
	磨光							√	△
	微裂缝		√				△		

注:"√"表示必选,"△"表示可选。

3.2.2　预养护时机确定方法

使用年限内的路面在分析期内一般需要进行若干次预防性养护,路面长期保持良好的状态须有一个强有力的养护维修计划来支撑。从这一意义上来说,预防性养护实际上是公路建设的一种继续。预防性养护计划是一种随着时间采用一系列预防性养护措施的系统方法。一个有效的路面养护计划应包括多次预防性养护维修措施。

在不同时期采取不同的养护措施产生的效益及所需的费用相差可能很大,因此需要确定预防性养护的效益费用关系。效益费用法通过现值效益与费用的比值来衡量,比值越大,项目的效益越大,养护方案的优先顺序越高。对于路面的预防性养护来说,存在一个最佳时机。无论是对于沥青路面还是水泥混凝土路面,预养护时机的适宜选取方法通常都包括:行驶质量指数和破坏指数法、基于时间或路况的方法、费用效益评估法、等效年度费用评估法、排序法、生命周期费用评估法以及决策树/决策矩阵等。

在计算各预防性养护措施的等效年度费用时,首先要确定其单位费用和预期使用寿命。其中单位费用包括所有与措施实施有关的费用,主要包括设计费(含室内试验费)、材料费、施工费用和交通控制费等,而其使用寿命是指路面实施预防性养护措施后所延长的路面使用寿命。对于某种预防性养护措施而言,原路面处理费用和所使用的材料可能不同,材料和人工费的价格也存在地区差异,而该措施应用于不同的路况和交通量的道路时,其使用寿命也不尽相同。

3.2.3　预养护时机的确定

由于预防性养护措施对路面的结构性能几乎没有改进作用,对较严重的路面损坏也起不到修复作用,所以预防性养护措施只适用于结构性能良好的路面,且路况尚处于良好状况,或者只有某些微小病害的时候,与路面的小修保养相类似,其维修界限应小于小修。预防性养护措施与小修保养的界限标准见表 3-3-2。

在工程研究或工程实践中,我们会发现,前面提到的很多预养护时机确定的基本方法对于沥青路面更为适用,但这些基本方法在我们进行水泥混凝土路面的预养护时机的选择上依然有着重要的指导意义,从而保证水泥路面正常的使用性能。一般而言,水泥混凝土路面具有刚度大、强度高、抗弯拉强度较低的特点，再加上有接缝的存在，使得其损坏特征与衰变规律与沥青路面相比有着较大的不同，因此二者的预防性养护时机确定方面需要考虑的东西也不尽相同。总的来说，水泥混凝土路面预养护时机大致可从以下四个层面来考虑：

预养护与小修的最佳维修界限　　表 3-3-2

养护模式	接　缝	错台(mm)	脱空唧泥	磨损、露骨(mm)
预养护	填缝料情况良好，碎裂范围在 8cm 内	<5	板没有颤动感且唧泥量较少	<1
小修保养	填缝料缺失 1/3，碎裂范围大于 8cm	5～10	板有颤动感且唧泥量较大	1～3

①针对预养护措施层面：需要制定相应的养护时间表，该时间表是一个宏观意思上的概念，其好处是可以给相关管理部门提供指导或建议作用，具有较强的可操作性。

②针对路面损坏发展规律层面：给出各种损坏需要进行相应维修养护的初始值或阈值和该种损坏不适宜进行预养护的极限值。该方法比单纯的给出各种预防性养护措施的实施时间更具有针对性和广泛性，操作性也更强。

③针对路面综合性能发展规律层面：根据路面使用性能发展规律，如路面状况指数(PCI)、路面平整度(IRI)、行驶质量指数(RQI)等综合性能指标，寻找路面损坏发展加速前的使用年限。

④针对措施与路面发展规律配伍性层面：前面三个层面指出了需要实施预养护的最佳时机，但尚未完全考虑到具体应该怎么考虑预养护措施与路面损坏以及路面综合性能的配伍问题。对于同一最佳时间段，可能有多种预养护措施可以实施，但具体到最佳时间段里面，每一种措施又有其自身的最佳时间段，超出其最佳时间段，应考虑其他匹配的预养护措施。

以上四个层面的考虑并不是独立存在的，在确定预养护时机以及制定具体预养护计划时，往往需要同时考虑这些基本原则，并结合当地具体情况确定。

(1)基于养护措施的预养护时机确定

一般而言，同一地区路面和交通量水平类似的水泥混凝土路面出现损坏的时间是较为接近的。为了便于养护管理，可对其进行分组，然后进行调查和综合分析，确定各组路面需进行某种预养护的大致时间或实施周期。根据国内外研究成果将预养护措施的实施规律(时间)汇总成表 3-3-3。

水泥混凝土路面预养护措施实施时机(建议值)　　表 3-3-3

预养护措施	首次实施(年)	实施周期(年)	备　注
接缝补封	3～5	2～6	路况越差、路龄越长则取低值
裂缝密封	—	2～4	与施工质量、交通量、气候等有关
稀浆封层	—	2～5	首次实施时间可根据路面行驶质量要求高低定
板底灌浆	—	2～7	视施工质量、基层状况及气候条件而定
金刚砂打磨	5～10	2～3	取决于当地对路面行驶舒适性的要求
刻槽	—	2～6	与路面抗滑性能有关，取决于当地对路面抗滑能力的要求
传力杆更换/设置	—	10～15	视接缝错台严重程度而定

(2)基于损坏的预养护时机确定

在交通荷载和环境等因素的综合作用下，路面会逐渐出现错台、开裂、接缝料剥落、断板、断角等损坏。因此,需根据各类路面损坏的发展规律,针对每一种损坏制定相应的维修时间段,即“最佳时机”。路面损坏严重程度和数量共同决定了最佳时机的阈值和极限值是应该考虑采取养护措施的起始点,而超过极限值则表明采用预养护措施已经不再经济了。值得指出的是,这种限定值是基于经验而来的,它在路面结构、路面材料、交通量和环境等方面尚欠考虑,在应用上可能具有一定的局限性。但从另一方面来看,由于它是专门针对各种路面损坏的具体特征而制定的,因此具有较好的可操作性和实际应用价值,对于改善和提高养护管理水平具有现实意义。各损坏指标的预养护最佳时机的经验值见表 3-3-4。

美国水泥混凝土协会预养护路况阈值与极限值(普通混凝土路面)　　表 3-3-4

交通量(AADT)	重(>10 000)	中(3 000 ~ 10 000)	轻(<3000)
开裂率(%)	1.5 ~ 5	2 ~ 10	2.5 ~ 15
接缝碎裂(%)	1.5 ~ 15	2 ~ 17.5	2.5 ~ 20
断角(%)	1 ~ 8	1.5 ~ 10	2 ~ 12
错台(mm)	2 ~ 12	2 ~ 15	2 ~ 18
填缝料损坏(%)	>25		
传荷能力损失(%)	<50		
抗滑损失	<当地最低可接受水平		

国内根据我国养护规范中各指标的等级评定标准,参考国外预养护标准的取值,提出了我国预养护标准建议值,如表 3-3-5 所示。

我国水泥混凝土路面预养护路况阈值与极限值(普通混凝土路面)　　表 3-3-5

公路等级	高速、一级	二级	三、四级
断板率(%)	1 ~ 5	2 ~ 10	2.5 ~ 15
接缝碎裂(%)	1.5 ~ 15	2 ~ 17.5	2.5 ~ 20
平均错台量(mm)	2 ~ 12	3 ~ 15	3 ~ 18
填缝料损坏(%)	>20	>25	>25
横向力系数(SFC)	<0.44	<0.37	<0.35

(3)基于平整度的预养护时机确定

随着路龄的增加,路面不平整性也会逐渐增加,其增加速度与路面类型、交通量和环境因素等有关。在路面平整度增长的过程中,会存在一个阈值,当路面平整度超过该值后,动态荷载的急剧增加会加速路面损坏。这个值可用来确定预养护时机,从而起到改善路面平整度并延长使用寿命的目的。

长安大学从公路路面平整度与乘客感受舒适性着手进行的研究分析认为,为了体现乘客的舒适性,对应高等级公路使用中的最差平整度应是乘客对行为有明显振动感,即乘客一旦有轻微不舒适感,路面即需要进行整修。通过反算,当路面不平整度 $\sigma = 6$ 时要求维修。“需要达到的维修标准”应以乘客不舒适性为准,但从经济角度考虑,认为达到评价标准中“优”即可,此时 $\sigma = 1.5$。由于国际平整度指数 IRI 与均方差之间存在如下换算关系:$\sigma = 0.6\text{IRI}$,针对 IRI 不同的路面在行驶感觉等方面有如表 3-3-6 所示的特性描述。可见适宜的平整度范围为 IRI≤10,维修后应达到 IRI≤2.5,符合此前的 σ 标准,其提出的平整度评价指标的养护标准如表 3-3-7 所示。

国际平整度的主观评价表　　表 3-3-6

国际平整度范围	描述性规定
1.5 ~ 2.5	车速超过 120km/h 时仍舒适。平整度在 1.3 ~ 1.8 范围内车速在 80km/h 时很少感到起伏不平
4.0 ~ 5.3	车速达 100 ~ 120km/h 时仍舒适。在 80km/h 时可能感到中等或大的起伏不平
7.0 ~ 8.0	车速达 70 ~ 90km/h 时仍舒适。可强烈感到运动和摇摆
9.0 ~ 10.0	车速达 50 ~ 60km/h 时仍舒适。频繁的剧烈运动和摇摆
11.0 ~ 12.0	车速必须降低到 50km/h 以下

平整度评价指标养护标准　　表 3-3-7

度量指标	需要维修的标准	要求达到的标准
均方差 σ(mm)	6	≤1.5
IRI(m/km)	10	≤2.5

对于公路系统而言，路面平整度 IRI 小于 3m/km 时，由此引起汽车的跳跃可通过汽车的悬挂系统自行消化，而当路面平整度指数 IRI 大于 7m/km 时，汽车车身就会在悬挂系统上颠簸。同时，当路面平整度指数 IRI 小于 4m/km 时，能使汽车油耗值较小，较大程度上降低了用户费用。因此，综合考虑我国相关研究以及国外的一些相关研究成果，以及考虑不同交通量水平和不同等级路面对路面行驶质量的要求，在平整度指标方面，预养护的阈值可按表 3-3-8 选择。

基于 IRI 的预养护阈值和极限值(建议值)　　表 3-3-8

公路等级	高速、一级	二级公路	其　他
IRI(m/km)	1.5 ~ 3.0	2.0 ~ 4.0	2.5 ~ 5.0

整理得到平均错台量 F_t 与断板率 DBL、国际平整度 IRI 的关系式：

$$F_t = 2.25\text{IRI} - 0.342\text{DBL} - 0.574 \qquad (3\text{-}3\text{-}1)$$

断板率按优良级考虑(取 5%)，国际平整度依据表 3-3-8 取值，可得到预养护条件下水泥混凝土路面平均错台量限值，列于表 3-3-9 中。

预养护条件下水泥混凝土路面平均错台量限值　　表 3-3-9

公路等级	高速、一级	二级公路	其　他
平均错台量(mm)	1 ~ 5	2 ~ 7	3 ~ 9

(4)基于配伍性考虑的预养护时机确定

通常情况下，对于某种路面损坏，会有多种预养护措施可以实施。同时，对于同一最佳时间段，可能有多种预养护措施可以实施，但具体到最佳时间段里面，每一种措施又有其自身的最佳时间段，超出其最佳时间段，则应考虑其他相应预养护措施。这个原则跟决策树(决策矩阵)和效益费用评估法是一样的。比如，对于错台的预养护，通常认为其最佳养护时机是当平均错台量处于 2 ~ 15mm 时(中等交通量水平)，而对于接缝错台的预养护措施，一般有板底灌浆、打磨等，其中金刚砂打磨自己也具有一个经济值，也即当错台量处于 2 ~ 12mm 时适用。

一般当错台量不大于 5mm 时可单独进行金刚石打磨，大于 5mm 时，应配合其他措施一起使用才具有较大的效益费用比,而当错台量大于10mm时则不再经济,需要考虑其他措施,如板底灌浆预养护。

此外,对于传力杆设置或修复,在错台量小于2.5mm内实施才比较有效,当发生了较大的错台量且接缝、裂缝边缘发生了破碎时,往往需要进行其他的处理措施后才能实施。因此,从配伍性层面考虑,还需要注意预养护措施实施的先后顺序。

基于配伍性的部分路面预养护时机阈值和极限值见表3-3-10~表3-3-12。

基于配伍性的接缝错台预养护时机 表3-3-10

平均错台量(mm)	2~2.5	2.5~6	6~12	12~15
预养护措施	传力杆设置或修复	金刚石打磨或全厚度修补	板底灌浆+金刚石打磨或全厚度修补	CPR

基于配伍性的裂缝预养护时机 表3-3-11

裂缝缝宽(mm)	<3	3~6			6~15
路况要求	细小裂缝	无碎裂、错台	错台量<2.5mm	路况要求	细小裂缝
预养护措施	裂缝密封	扩缝灌缝	传力杆设置+扩缝灌缝	预养护措施	裂缝密封

基于配伍性的接缝补封预养护时机 表3-3-12

接缝缝宽(mm)	<3	3~10	
路况要求	少量填缝料脱落	填缝料脱落<1/3缝长	路况要求
预养护措施	填缝料灌缝	清缝后填缝料灌缝	预养护措施

3.3 水泥混凝土路面预养护效益分析

预养护计划的制定,需要综合考虑经济性、适用性以及习惯性等因素。由于预养护措施的多样性以及不同路面具体情况的复杂性,往往会让人觉得预养护计划的制定具有随意性和不确定性,以至于似乎进行科学、合理、经济的计划制定工作,这也正是目前很多公路运营管理部门都还没有制定自己的预养护计划的根本原因。其实,除了必须考虑预养护时机的四个层面外,我们更应从整体上或者说从长期效益上去把握,这就涉及经济效益问题,也即我们既要遵从预养护技术基本特点,又要获得大的效益。把握这一基本原则,预养护计划的制定就会较明确,也更具针对性和合理性。通常认为,最小费用方法适用于矫正性养护的评价,而最大收益法适用于大中修行为的评价。预防性养护行为的性质以及预防性养护行为所要实现的目的,使得预防性养护行为处于矫正性养护和重修之间,我们要在其中找到一种平衡。通过采取预防性养护,轻微的缺陷可得到矫正,道路的性能可得到部分恢复,但是其性能提高值没有重修的大。正是由于这个原因,Geoffroy(1996)认为,最小费用方法和最大收益方法相结合,更适合于预防性养护行为的评价。

3.3.1 预养护效益面积计算

路面服务水平越高,使用寿命越长,路面性能曲线下的面积就越大。从理论上来看,在路面状况良好的情况下,较早地使用预养护措施,可使路面服务水平保持在一个较高的水平,路面的使用寿命也较长,路面性能曲线下的面积也随之越大,具有较大的效益。通常情况下,我们可以把预养护效益用性能—时间曲线下的面积来表示。这种方法可简单理解为:养护良好的路面(比较缓的路面性能曲线,获得较大的曲线下面积)比养护不善的路面(较陡的路面性能曲线,其下的面积很小)可以为使用者提供更大的利益。

养护效益分析指标衰变曲线可分为两种(图3-3-1),一种为上升型曲线,即效益指标值会随着时间而增大,如国际平整度指数、错台量、断角等指标;另一种是下降型曲线,即效益指标值会随着时间而减小,如PCI,PSI等。

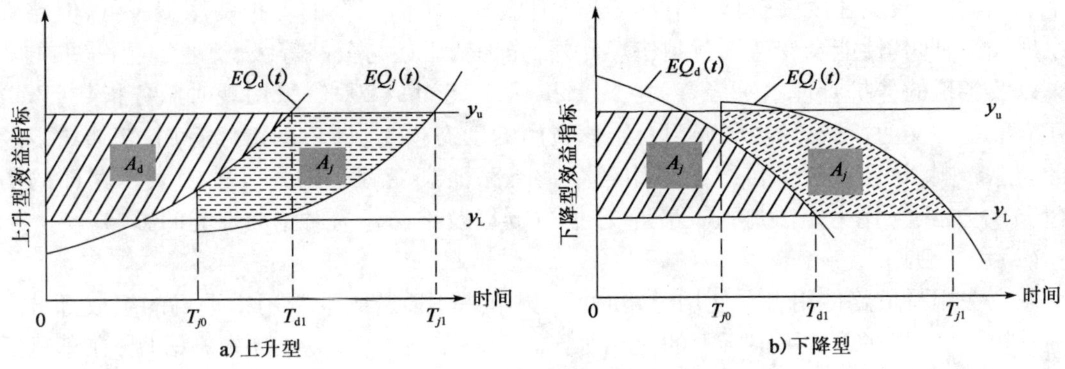

图3-3-1　上升型和下降型效益度量指标示意图

一般养护条件下的效益面积和预养护条件下的效益面积见图3-3-2中的$A_{d(IRI)}$和$A_{j(IRI)}$。

时间零点为路面新建或大中修的初始时间。图3-3-2中的$EQ_{d(IRI)}(t)$为一般养护条件下的性能衰变曲线,$EQ_{j(IRI)}(t)$为第j个预养护比选方案下的路面性能衰变曲线,时刻T_{j0}为第j个比选方案的预养护起始时间点,T_{d1}、T_{j1}分别为$EQ_{d(IRI)}(t)$和$EQ_{j(IRI)}(t)$与效益计算基线的交点,即效益计算的终止时间点。y_L为效益计算的下基线,效益计算上基线取纵坐标与$EQ_{d(IRI)}(t)$交点的纵坐标值。由此可得一般养护条件下和预养护条件下的效益计算公式分别为:

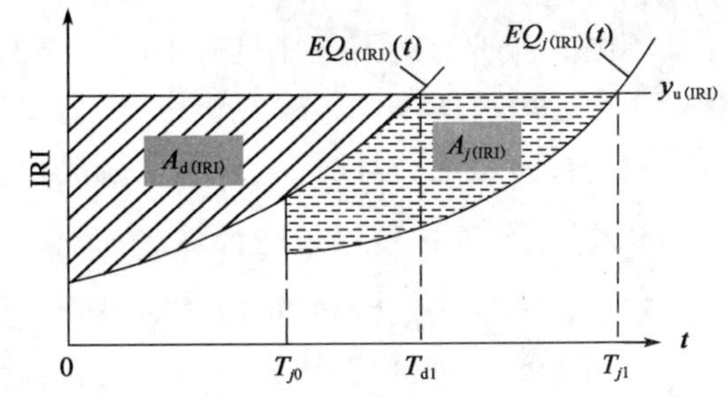

图3-3-2　预养护效益面积计算示意图

$$A_{d(IRI)} = \int_0^{T_{d1}} [y_u - EQ_{d(IRI)}(t)]dx \tag{3-3-2a}$$

$$A_{j(IRI)} = \int_{T_{j0}}^{T_{j1}} [y_u - EQ_{j(IRI)}(t)]dx - \int_{T_{j0}}^{T_{d1}} [y_u - EQ_{d(IRI)}(t)]dx \tag{3-3-2b}$$

$$B_{j(IRI)} = \frac{A_{j(IRI)} + A_{d(IRI)}}{A_{d(IRI)}} \tag{3-3-2c}$$

式中:$B_{j(IRI)}$——第j种养护方案的效益;

$A_{j(IRI)}$、$A_{d(IRI)}$——分别为一般养护条件下和预养护条件下的效益面积。

3.3.2　费用组成及其计算

路面养护维修费用的组成主要包括:养护费用、用户费用、残值以及其他费用等。路面养护费用是指路面使用性能保持在预定水平上而进行的养护维修所需要的费用;用户费用指的是道路使用者(用户)所花费的、可以用货币形式表示的费用,其主要包括车辆运营费、交通延误费、事故率等;残值则是到分析期末性能尚未下降到预定的最低可接受水平,即路面还具有剩余使用寿命,这部分剩余寿命所具有的价值即是残值。

(1)养护费用

路面养护费用的大小取决于路面养护水平的高低,而养护水平又与路面的使用性能密切相关。一般而言,养护水平越高,所需花费的养护费用就越高,使用性能就可以维持在较高的水平上,其性能衰变速度就较慢;相反,养护水平越低,所需花费的养护费用就越低,但路面损坏发展较快,即其性能衰变速度就越快。此外,养护费用还与公路等级、交通量、所采取的养护对策以及各地的养护管理水平等有关。S. Labi 和 K. Sinha(2003)采用现时服务指数(PSI)指标建立了基于交通荷载、环境气候以及维修费用的动态模型,即考虑维修费用、交通量以及环境的动态影响,并且改变了传统的采用各个动态路面衰变因子的累计值来表示路面的历史(经历)的方法,采用力矩法加强了最近交通、气候以及维修行为对路面性能的影响。

(2)用户费用

用户费用是道路使用者在使用道路时所支出的费用,是成本费用中重要的组成部分。当交通量较大时,其在总费用中所占的比例可高达90%以上。有关统计资料表明,在车辆运营费中,燃油消耗费占了较大一部分,燃油消耗费用占汽车运输成本的23.11%,或占与形成有关的可变资本(燃油费、轮胎损耗费和保养费)的55.18%。其中燃料消耗、轮胎消耗以及保修材料等受路况的影响较大。

(3)残值

不同的养护对策下往往具有不同的路面性能衰减速度,因此,到相同的性能分析期末,其剩余寿命也就有所不同,在经济分析中需要考虑这一部分价值对成本费用的影响。路面残值可采用多种方法进行计算,一般可采用剩余使用寿命占预期使用寿命的比例进行确定。

3.3.3 预养护费用效益计算

对于预养护效果,通常可以用效益费用比(BCR)来表征。效益费用比是基于经济学上的投入产出概念,它是预养护的效益与所投入预养护成本之间的比值。同时,考虑到预养护对路面性能的改善程度均是针对一般养护而言的,因此,可以用预养护效益面积占一般养护效益面积的百分率来表示,它是预养护的效益与一般养护的效益之间的比值关系,以此使预养护效益具有可比性和可加性。

$$\mathrm{BCR}_j = \frac{B_j}{C_j} \tag{3-3-3a}$$

$$B_j = \frac{A_j + A_{\mathrm{d}}}{A_{\mathrm{d}}} \tag{3-3-3b}$$

式中:BCR_j——第 j 种比选方案预养护效益费用比;

B_j——第 j 种比选方案预养护效益;

C_j——第 j 种比选方案预养护费用;

A_j、A_{d}——分别为预养护条件下和一般养护条件下的效益面积。

参 考 文 献

[1] 徐学祖,邓友生.冻土中水分迁移的实验研究[M].北京:科学出版社,1991.

[2] Konrad,J.M.,Mogenstern,N.R..A mechanistic theory of ice lens formation in fine-grained soils[J].Canadian Geotechnical Journal.1980(17):476-486.

[3] Cheng guodong.The mechanism of repeated segregation for the formation of thick layered ground ice[J].Cold Region and Technology.1983(8):57-66.

[4] 梁冰,刘晓丽,薛强,等.非等温入渗条件下土壤中水分运移的解析分析[J].辽宁工程技术大学学报.2002,21(6):56-60.

[5] Van Bochove,Eric.Effects of freeze-thaw and soil structure on nitrous oxide produced in a clay soil[J].Soil Science Society of America Journal,v 64,n 5, Sep,2000: 1638-1643.

[6] Podgorney,RobertK.,Bennett,J.E.Evaluating the long-term performance of geosynthetic clay liners exposed to freeze-thaw[J].Journal of Geotechnical and Geoenvironmental Engineering,2006,132(2): 265-268.

[7] 郇文山.冰冻地区水泥混凝土路面设计与施工的特殊问题[J].东北公路,1992,1(2):13-16.

[8] Gilpin,R.R..A model for the prediction of ice lensing and frost heave in soils[J].Water Resources Research.1985(21):251-296.

[9] Sheng Daichao.Thermodynamics of freezing soils[D].Sweden:Lulae University of Technology,1994.

[10] 郭力,苗天德.Thermodynamic model of heat-moisture migration in saturated freezing soils[J].岩土工程学报.1998,20(5):87-91.

[11] LiNing,ChenBo,ChenFeixong.The coupled heat-moisture-mechanic model of the frozen soils[J].Cold Region Science and Technology.2000,31(3):199-205.

[12] 李宁,陈飞熊.饱和土体固液两相介质动力耦合问题有限元解析[N].西安公路交通大学学报.1997,19(4):6-10.

[13] NingLi,Feixiong Chen,BoSu.Theoretical frame of the saturated freezing soils[J].Cold Region Science and Technology.2002,35:73-80.

[14] 王铁行,胡长顺,李宁.冻土路基应力应变数值模型[J].岩土工程学报.2002.24(2):193-197.

[15] 胡长顺,何子文,窦明健,等.青藏公路纵向裂缝成因及处治对策研究总报告[R].西安:长安大学,2003.

[16] 毛雪松.多年冻土地区路基水热力三场耦合效应研究[D].西安:长安大学,2004.

[17] 毛雪松,胡长顺,侯仲杰.冻土路基温度场室内足尺模型试验[J].长安大学学报:自然科学版,2004.

[18] 毛雪松,胡长顺,窦明建,等.正冻土中水分场和温度场耦合过程的动态测试与分析

[J]. 冰川冻土,2003,25(1):5559-5561.

[19] 周正峰,凌建明. 基于 ABAQUS 的机场刚性道面结构有限元模型[J]. 交通运输工程学报,2009,9(3):39-44.

[20] 唐益民. 连续配筋水泥混凝土路面荷载应力分析[D]. 南京:东南大学,1996.

[21] 周正峰. 机场水泥混凝土道面接缝传荷能力研究[D]. 上海:同济大学,2008.

[22] 陈锋锋. 连续配筋混凝土与沥青混凝土复合式路面工作机理和结构设计方法的研究[D]. 南京:东南大学,2006.

[23] 王虎. 连续配筋混凝土路面静动力学计算与分析[D]. 西安:长安大学,2001.

[24] Hibbitt, Karlsson & Sorensen Inc. ABAQUS keywords reference manual [M]. Providence Rhode Island, USA: ABAQUS Inc,2006.

[25] 曹东伟. 连续配筋混凝土路面结构研究[D]. 西安:长安大学,2001.

[26] 王斌,杨军. 移动荷载作用下连续配筋混凝土路面三维有限元分析[J]. 东南大学学报,2008,38(5):850-855.

[27] 姚祖康. 水泥混凝土土路面设计理论和方法[M]. 北京:人民交通出版社,2003.

[28] 姚祖康. 水泥混凝土路面的温度翘曲应力[J]. 同济大学学报,1981. 44-54.

[29] 邓学钧,陈荣生. 刚性路面设计[M]. 2 版. 北京:人民交通出版社,2005.

[30] Jun Zhang and Victor C. Li. Influence of supporting base characteristics on shrinkage-induced stresses in concrete pavements [J]. Journal of Transportation Engineering, 2001: 455-262.

[31] 张君,祁锟,张明华. 早龄期混凝土路面板非线性温度场下温度应力的计算[J]. 工程力学,2007,24(11):136-145.

[32] 白桃. 连续配筋水泥混凝土路面温度应力研究[D]. 南京:东南大学,2010.

[33] 邓学钧,黄晓明. 路面设计原理与方法[M]. 2 版. 北京:人民交通出版社, 2007.

[34] 朱照宏,王秉纲,郭大智. 路面力学计算[M]. 北京:人民交通出版社,1985.

[35] 高俊启. 连续配筋混凝土路面裂缝的分析与研究[D]. 南京:东南大学,2000.

[36] 陈锋锋,黄晓明,秦永春. 连续配筋混凝土路面横向裂缝分布模型的研究[J]. 公路交通科技,2008,23(6):18-21.

[37] Jeong-Hee Nam, Early-age Behavior of CRCP and its implications for long-term performance [D]. University of Texas at Austin,2005.

[38] 交通部水泥混凝土路面推广组. 水泥混凝土路面研究[M]. 北京:人民交通出版社,1995.

[39] 李灏,陈树坚. 断裂理论基础[M]. 成都:四川人民出版社,1983.

[40] 刘孝敏. 工程材料的微观结构和力学性能[M]. 合肥:中国科学技术大学出版社,2003.

[41] 沈成康. 断裂力学[M]. 上海:同济大学出版社,1996.

[42] 赵建生. 断裂力学及断裂物理[M]. 武汉:华中科技大学出版社,2003.

[43] 范天佑. 断裂理论基础[M]. 北京:科学出版社,2003.

[44] 邵长卿,周利,张克实. 属韧性破坏的细观力学及其应用研究[M]. 北京:国防工业出版社,1995.

[45] lshihara S, McEvily A J. A coaxing efect in the small fatigue crack growth regime[J]. Scripta Materialia,1999,5(40).

[46] Nicholas T. Step loading for very cycle fatigue[J]. Fatigue Fracture of Engineering Materials Structures,2002.

[47] Kanninen M F,Popelar C H. 高等断裂力学[M]. 北京:北京航空学院出版社,1987.

[48] 赵利军. 混凝土振动搅拌的合理振动参数[J]. 混凝土:工艺与设备,2009,(242).

[49] 庞强特. 混凝土制品工艺学[M]. 武汉:武汉工业大学出版社,1990:51-66.

[50] 傅智. 新拌混凝土振动结构黏度研究[J]. 公路交通科技,1996.

[51] Mohammad Ibrahim Safawi. The segregation tendency in the vibration of high fluidity concrete[J]. Cement and Concrete Research ,34 (2004)219-226

[52] 孟祥龙. 道路水泥混凝土施工流变性能研究[D]. 西安:长安大学,2009:21-25.

[53] 马骉. 嵌锁密实型水泥混凝土粗集料级配振动分析[J]. 混凝土,2008(221).

[54] C. S. Poon. Influence of moisture states of natural and recycled aggregates on the slump and compressive strength of concrete[J]. Cement and Concrete Research,34 (2004) 31-36.

[55] Sandor Popovics. 新拌混凝土[M]. 陈志源,译. 北京:中国建筑工业出版社,1990:170-174.

[56] Tournon, G. Segregation of non-cohereents mixtures and concretes [J]. Rilem Bulletin,(24)1995:15-31.

[57] 包秀宁,张肖宁. 颗粒材料离析性的评价方法[J]. 华南理工大学学报(自然科学版),2010,38(3): 32-33.

[58] 冯乃谦. 高性能混凝土[M]. 北京:中国建筑工业出版社,1996.

[59] 丛卓红,郑南翔. 沥青混合料级配优化设计[J]. 长安大学学报(自然科学版),2007,27(3):15-19.

[60] 高小建. 高性能混凝土早期开裂机理与评价方法[D]. 哈尔滨:哈尔滨工业大学,2003.

[61] Kovler K. ,Bentur A. International RILEM Conference on early age cracking in cementitious systems "EAC'01"[J]. Cachan: RILEM TC 181-EAS, 2002:13-15.

[62] 傅智. 水泥混凝土路面滑模施工技术[M]. 北京:人民交通出版社,2000.

[63] 梁军林. 广西地区水泥混凝土路面三轴式摊铺整平施工技术研究[R]. 广西:交通部重点科技项目计划研究报告,1998.

[64] 胡长顺,王秉纲. 复合式路面设计原理与施工技术[M]. 北京:人民交通出版社,1999.

[65] 徐定华,徐敏. 混凝上材料学概论[M]. 北京:中国标准出版社,2002.

[66] Bensted J. , Barnes P. . 水泥的结构和性能[M]. 廖欣,译. 北京:化学工业出版社,2009.

[67] 胶凝材料编写组. 胶凝材料学[M]. 北京:中国建筑工业出版社,1978.

[68] 沈威. 水泥工艺学[M]. 武汉:武汉理工大学出版社,1991.

[69] 长安大学,广西交通科学研究院. 西部交通建设科技项目研究报告[R]. 西安:道路水泥混凝土组成设计研究总报告,2008.

[70] 王启宏. 材料流变学[M]. 北京:中国建筑工业出版社,1985.

[71] 陈建奎. 混凝土外加剂的原理与应用[M]. 北京:中国计划出版社,1997.

[72] 缪昌文. 高性能混凝土外加剂[M]. 北京:化学工业出版社,2008.

[73] 钱觉时.粉煤灰特性与粉煤灰混凝土[M].北京:科学出版社,2002.
[74] 黄士元,蒋家奋,杨南如,等.近代混凝土技术[M].西安:陕西科学技术出版社,1998.
[75] 廉慧珍,童良,陈恩义.建筑材料物相研究基础[M].北京:清华大学出版社,1996.
[76] 黄大能编译,新拌混凝土的结构和流变特征[M].北京:中国建筑工业出版社,1983.
[77] Mehta P K,Monteiro P J.混凝土微观结构性能和材料[M].覃维组,王栋民,丁建彤,译.北京:中国电力出版社,2008.
[78] de LARRARD F.混凝土混合料的配合[M].廖欣,叶枝荣,李启令,译.北京:化学工业出版社,2004.
[79] 同济大学,重庆建筑工程学院,武汉建筑材料工业学院.混凝土制品工艺学[M].北京:中国建筑工业出版社,1981.
[80] 冯忠绪.混凝土搅拌理论与设备[M].北京:人民交通出版社,2001.
[81] 陈宜通.混凝土机械[M].北京:中国建材工业出版社,2002.
[82] 过镇海.混凝土的强度和变形试验基础和本构关系[M].北京:清华大学出版社,1997.
[83] 申爱琴.水泥与水泥混凝土[M].北京:人民交通出版社,2004.
[84] 谈至明.水泥混凝土路面断板分析及防治技术研究[R].同济大学,2005.
[85] Leslie J,Struble. Rheological changes associated with setting of cement paste[J]. Advanced Cement based material 1995,2.
[86] 丁建彤.水泥性能变化对混凝土性能的影响[J].建材发展导向, 2003,1.
[87] 林永权.水泥质量波动对预拌混凝土性能的影响[J].水泥,2003,1.
[88] 谢勇成.提高水泥混凝土路面的耐磨技术[J].国外公路,1998,2.
[89] 吴中伟,廉慧珍,高性能混凝土[M].中国铁道出版社,1999.
[90] 宋开伟.粗集料对混凝土抗折强度影响的研究[D].重庆:重庆大学,2005.
[91] 吴历斌,颜志勇,江莞.高强高性能混凝土中的集料研究[J].四川建筑科学研究,2002,03.
[92] 付智.水泥混凝土路面滑模施工技术[M].北京:人民交通出版社,2000.
[93] 重庆建筑工程学院,南京工学院.混凝土学[M].北京:中国建筑工业出版社,1981.
[94] 费祥俊,舒安平.泥石流运动机理与灾害防治[M].北京:清华大学出版社,2004.
[95] 胡进如.从混凝土角度谈水泥生产[M].北京:化学工业出版社,2007.
[96] 蒲心诚.超高强高性能混凝土 原理·配制·结构·性能·应用[M].重庆:重庆大学出版社,2004.
[97] 刘崇熙,文梓芸,汪在芹,等.混凝土骨料性能和制造工艺[M].广州:华南理工大学出版社,1999.
[98] 郝柏林.从抛物线谈起——混沌动力学引论[M].上海:上海科学教育出版社,1993.
[99] 同济大学,武汉建筑材料工业学院,南京工学院,重庆建筑工程学院编.起重运输机械及混凝土制品机械[M].北京:中国建筑工业出版社,1982.
[100] 中华人民共和国行业标准.JTG F30—2014 公路水泥混凝土路面施工技术细则.北京:人民交通出版社,2003.
[101] 吴光强.汽车理论[M].北京:人民交通出版社,2007.

[102] Bharat Bhushan. 摩擦学导论[M]. 葛世荣,译. 北京:机械工业出版社,2007.

[103] 李波,韩森. 混凝土路面的表面纹理与抗滑性[J]. 交通标准化,2008(7).

[104] Horne. W. B. , Tanner J. A. . Joint NASA-British Ministry of Technology skid correlation study: Results from American vehicles: Pavement grooving and traction studies[R]. Washington, D. C: National Aeronautics and Space Administration, 1969:325-360.

[105] 文斌,曹东伟. 高速公路路面抗滑力与交通事故的统计分析[J]. 公路交通科技,2006,23(6):72-75.

[106] Tabor D. . First Intern. Skid Prevention Conf. , Parts 1 and 2. Virginia Council of Highway Investigation and Research[M]. Univ. of Virginia. Charlottesville. 1958.

[107] Kummer, H. W. Lubricated Friction of Rubber Discussion[J]. Rubber Chemistry and Technology, 1968(41):895-906.

[108] Moore D F. The friction of pneumatic tyres[M]. New York: Elsevier Scientific Pub. Co.

[109] 温诗铸,黄平. 摩擦学原理[M]. 3 版. 北京:清华大学出版社,2008.

[110] 王野平. 论轮胎与路面间的摩擦[J]. 汽车技术,1999(2).

[111] Sakai H. Friction and wear of tire tread rubber[J]. Tire Science and Technology. 1996, 24(3) :252-275.

[112] Veith A. G. A review of imporant factors affecting treadwear[J]. Rubber Chemistry and Technology, 1992, 65 (3):601-658.

[113] Walters M H. Uneven wear of vehicle tires[J]. Tire Science and Technology, 1993, 21 (4): 202-219.

[114] 徐延海. 轮胎路面接触问题里及其分片 Ritz 法[D]. 上海:上海交通大学,2001.

[115] Farhad Tabaddor. Finite element analysis of a rubber block in frictional contact[J]. Computers&Structures, 1989, 32 (3):549-562.

[116] L. O. F aris, J . M. Bass, J. T. Oden. A three-dimensional rolling contact model for a reinforced rubber tire[J]. Tire Science and Technology, 1989, 17 (3):217-233.

[117] Son-Joo Kim, Arvin R. Savkoor. The contact problems of in-plane rolling of tires on a Flat road[J]. Vehicle System Dynamics Supplement, 1997(27):189-206.

[118] L. O. Faria, J. T. Oden, B. Yavari, W. W. Tworzydlo, J. M. Bass, E. B. Becker. Tire modeling by & nite elements[J]. Tire Science & Technology, 1992, 20(1):33-56.

[119] Hiroma T. , Wanjii S. , Kataoka T. Stress analysis using FEM on stress distribution under a wheel considering friction with adhesion between a wheel and soil[J]. Journal of Terramechanics, 1997, 3 4(4):225-233.

[120] 吴宝国,高雁,杜星文. 子午胎三维大变形有限元分析[J]. 固体力学学报,1993,14(3):228-235.

[121] 吴桂忠,何晓玫,梁守智. 轿车子午线轮胎的三维有限元分析[J]. 橡胶工业,1993,40(12):720-723.

[122] Clapp T. G. , Eberhardt, A. C. Computation and analysis of texture-Induced contact information in tire-pavement interaction[M]. Transportation Research Record, 1986.

[123] Liu C. H, Wong, J. Y. Numerical simulations of tire-soil interaction based on critical states oil mechanics[J]. Journal of Terramechanics, 1996, 33 (5): 209-221.

[124] Purushothaman. N, Heaton. B. S., Moorne. I. D. A numerical analysis of the friction mechanism of grooved road surface[J]. Surface Characteristics of Roadway International Research and Technologies, 1990(1031): 127-131.

[125] Y. P. K. Lee, Liu Yurong, Liu Ying, T. F. Fwa, Y. S. Choo. Skid Resistance Prediction by Computer Simulation[C]. Proceedings of the Eighth International Conference. Beijing: ASCE, Applications of Advanced Technologies in Transportation Engineering, 2004: 465-469.

[126] 刘洪辉. 水泥混凝土路面抗滑性能评价指标与方法研究[D]. 西安:长安大学,2009.

[127] 姚思国. 国外路面抗滑标准(建议)综述[R]. 北京:中国公路学会道路工程学会,1985.

[128] 刘朝晖,郑健龙. 水泥混凝土路面抗滑性能研究综述[J]:国外公路,1995,15(6):30-31.

[129] 刘建华. 路面抗滑性能检测与评价技术研究[D]:郑州:郑州大学,2002.

[130] Todd E. Hoerner, et al. Current practice of PCC pavement texturing[R]: Transportation Research Board, Washington, DC, 2003.

[131] David A. Noyce, Ph. D. PE. Hussain U. Bahia, Ph. D. Josué M. Yambó Guisk Kim. Maximizing asphalt pavement sureface friction for road safety improvements[J]. DRAFT Literature Review & State Surveys, 2005, 4.

[132] Nakajima Y, Inoue Y, Ogawa H. Application of the boundary element met hod and modal analysis to tire acoustics problems[J]. Tire Science and Technology, 1993, 21 (2): 175-188.

[133] Bob Bernhard, Vince. Dnevich. Institute for Safe, Quiet, and Durable Highways[R]. Purdue University Schools of Civil and Mechanical Engineering, 2000/2001.

[134] Larry S. Arizona SR202 PCCP whisper grinding test sections[R]. Arizona Department of Transportation, 2003.

[135] Kulakowski, B. T., et all. Skid resistance manual[R]. FHWA-IP-90-1384 Unpublished Final Draft, FWHA. 1990.

[136] Kane, M., Do, M. T. Tribological approach to study polishing of road surface under traffic [J]. Tribology-Materials, Surfaces & Interfaces, 2007, 1(4): 203-210.

[137] G. Arnold, B. Steven, D. Alabaster & A. Fussell effect on pavement wear of increased mass limits for heavy vehicles-concluding report[R]. Land Transport New Zealand, 2005.

[138] 杨众,郭忠印,侯芸. 沥青混凝土防滑磨耗层防滑性能加速试验方法的研究[J]. 华东公路,2002(2):50-54.

[139] 赵战利. 基于分形方法的沥青路面抗滑技术研究[D]. 西安:长安大学博士学位论文,2005.

[140] 卿笃干,陈瑜. 水泥混凝土路面磨蚀与抗滑构造衰减的模拟试验研究[J]. 2008,25

(2):24-29.

[141] Keith W. Anderson. Performance of a portland cement concrete pavement with carpet drag finish[R]. Washington: Dept. of Transportation. Materials Laboratory,2007.

[142] DO Minh-Tan,ZHENZHONG TANG,KANE Malal. Pavement polishing: Development of a dedicated laboratory test and its correlation with road results[J]. Wear,2007,263(1): 36-42.

[143] 刘清泉. 路面防滑机理与应用[J]. 南京:东南大学博士学位论文,2000.

[144] 韩森. 露石混凝土路面研究[D]. 西安:长安大学博士学位论文,2006.

[145] Witte L. P., Bachstrom J. E. Some properties effecting the abrasion resistance of air entrained concrete[J]. ASTM Proceedings,1951,51:1141-1155.

[146] Dhir R. K., P. C. Hewlett, Y. N. Chan. Near-surface characteristics of concrete: abrasion resistance[J]. Materials and Structures,1991,24(2):122-128.

[147] C. D. Atis, O. N. Celik. Relation between abrasion resistance and flexural strength of high volume fly ash concrete[J]. Materials and Structures,2002,35(4):257-260.

[148] 傅智. 滑模摊铺混凝土路面材料耐久性研究[J]. 公路交通科技,1997,14(4):1-6.

[149] R. Andersson, P. Persson. Construction and Maintenance of Rigid Pavements [C]: Bruseels:8th World Roads Congress,1987:123-129.

[150] Ukita K., Shigematsu S., Ishic M.. Improvements in the Properties of Concrete Utilizing Classified Fly Ash[A]. Proceedings of the CANMET/ACI Third International Conference on the Use of Fly Ash, Silica Fume, Slag, and Natural Pozzolans in Concrete[C]. Trondheim: 1989: 219-240.

[151] Ghafoori N., Diawara H.. Abrasion resistance of fine aggregate-replaced silica fume concrete[J]. ACI Materials Journal,1999,96(5):559-567.

[152] A. Nanni. Abrasion resistance of roller compacted concrete[J]. ACI Materials Journal, 1989, 86(53):559-565.

[153] 曾阳春,郑克仁,李益进. 矿物掺和料对道路混凝土耐磨性的影响及机理[J]. 铁道科学与工程学报,2007,4(2): 59-62.

[154] 袁春毅. 高掺量磨细矿渣高性能路面混凝土研究[D]. 西安:长安大学硕士,2005.

[155] 彭旭东,郭孔辉,丁玉华,等. 橡胶和轮胎的摩擦[J]. 橡胶工业,2003,50(9).

[156] 郭筱穆. 季冻地区水泥混凝土路面抗滑构造研究与应用[D]. 西安:长安大学,2006.

[157] Hartwig W. Kummer. Unified theory of rubber and tire friction[R]. Pennsylvania State University, College of Engineering in University Park. 1966.

[158] 郑木莲,陈拴发,王选仓,等. 纵向摩擦系数在路面抗滑性能评价中的应用[J]. 长安大学学报:自然科学版,2005,25(4):9-12.

[159] CharlesE, J. J. Henry. International PIARC experiment to compare and harmonize texture and skid resistance measurements[R]. World Road Association ,1995.

[160] Horne W. B., U. T. Joyner. Pneumatic tire hydroplaning and some effects on vehicle performance[J]. SAE Technical Paper,1965.

[161] Chemical Rubber Company. Handbook of chemistry and physics(69th Edition)[M]. Ohio:CRC Press,1988.

[162] Blevins R. D. Applied Fluid Dynamics Handbook[M]. New York:Van Nostrand Reinhold Co. Inc., 1984.

[163] Lebanon. Fluent 6.0 User Guide. Fluent inc[M]. New Hampshire,2001.

[164] 姚祖康.水泥混凝土路面设计[M].合肥:安徽科技出版社,1999.

[165] Nissoux,J. L. -Goux,M. T.,Sommer,H. Synopic table on standards and practices for concrete roads[R]. International Revue . 7th International Symposium on cement Concrete Roads . Vienna ,1994.

[166] S. J. Shaffer et al. Assessment of friction-based pavement methods and regulations [R]. NATION TRANSPORTATION RESEARCH CENTER INCROPORATED HEAVY VEHICLE RESEARCH CENTER, 2006.

[167] Hayden R E. Roadside noise from the interaction of a rolling tire with the road surface[J]. The Journal of the Acoustical Society of America,1971,113(50):59-64.

[168] Schaaf K,Ronneberger D. Noise radiation from rolling tires-sound amplification the 'Horn-Effect'[J]. Inter-Noise,1982(5).

[169] 邓聚龙. 灰预测与灰决策(修订版)[M]. 武汉:华中科技大学出版社,2002.

[170] 陈瑜,张大千. 水泥混凝土路面磨损机理及其耐磨性[J]. 混凝土与水泥制品,2004(2).

[171] 付巧峰. 关于TOPSIS法的研究[J]. 西安科技大学学报,2008,28(1):190-193.

[172] 杨保安,张科静. 多目标决策分析理论、方法与应用研究[M]. 上海:东华大学出版社, 2008 .

[173] 尤天慧, 樊治平. 区间数多指标决策的一种TOPSIS方法[J]. 东北大学学报:自然科学版,2002,23(9):840-843.

[174] 余斌,吴笑梅,樊粤明.粗集料对混凝土耐磨性影响的探讨[J]. 商品混凝土,2009(12):37-40.

[175] Naik T. R.,Ramme B. W.,Tews J. H. Pavement construction with high volume class C and class fly ash concrete[J]. ACI Materials Jounal,1995,92(2):200-210.

[176] Celik Ozyildirim. Durability of certain configurations for providing skid resistance on concrete pavements[R]. Virginia Highway Research Council,1974.

[177] Weller D. E.,Maynard,D. P. The influence of materials and mix design on the skid resistance value and texture depth of concrete[R]. Crowthorne: Road Research Laboratory, 1970.

[178] 邓初首. 提高道路混凝土耐磨性的措施[J]. 现代交通技术,2005(5).

[179] 刘永兵,蒲万芬,倪新宇,等.模糊正交法在吸水树脂合成中的应用[J].化学工业与工程,2004,22(3) :193-196.

[180] 赵庆新,孙伟,郑可仁,等. 水泥、磨细矿渣、粉煤灰弹性模量的比较[J]. 硅酸盐学报,2005,33(7):837-841.

[181] 李宁,杨丽君. 复合掺和料技术配制高性能混凝土[J]. 混凝土, 2007 (10): 60-62.

[182] 杨华全,董维佳,王仲华. 掺矿渣微粉和粉煤灰的混凝土性能试验研究[J]. 人民长江,2001,32(11): 30-32.

[183] Scot field L, SR202 PCCP whisper grinding test sections-construction report [EB/OL]. http://www. igga. net/downloads/noise/Arizona-SR202-WhisperGrinding _10-21- 03. pdf, 2003-10.

[184] 霍明,水泥混凝土路面抗滑功能衰减规律及评价方法研究[D]. 西安:长安大学,2009.